전남 완도군 해녀의 삶과 언어

이 저서는 2021년 대한민국 교육부와 한국연구재단의 지원을
받아 출판되었으며 과제번호는 2021S1A5B5A160776650이다.

전남 완도군 해녀의 삶과 언어

김경표

도서출판 온샘

서문

해녀는 바닷속에 산소공급 장치 없이 잠수하여 해산물을 채취하는 여성을 일컫는다. 그런데 완도군에서는 과거에 해녀를 '무레꾼'이라고도 불렀으며 남녀가 함께 작업하였으나 현재는 '해녀'라는 명칭만 사용하고 여성만 물질하고 있다. 해녀는 제주도뿐만 아니라 동해안, 서남해안에서 활동하고 있는데 완도군에서 활동하는 해녀는 제주에서 이주한 출향해녀와 지역 출신인 자생해녀가 함께 활동하고 있다.

완도군 해녀는 제주도 해녀와 달리 세 가지 방식으로 물질을 해왔다. 첫째, 전통적인 물질 방법으로 수경과 오리발을 착용하고 테왁과 망사리를 가지고 바닷물에 들어가 해산물을 채취하는 것이다. 둘째, 잠수복을 입고 공기호스가 연결된 청동 헬멧을 쓰고 깊은 바다에서 오랜 시간 동안 해산물을 채취하는 것으로 일명 머구리라고 한다. 셋째, 스쿠버 다이버에게 장비 사용 방법을 배워 공기통을 지고 바다에 들어가 해산물을 채취하는 것이다. 완도읍을 기준으로 완도군의 서부지역 해녀는 전통적인 방법으로 물질을 하고 있고 동부지역 해녀는 공기통을 지고 물질을 하고 있었다. 이러한 물질 방법의 변화는 새로운 환경에 적응한 결과이지만 바다 자원의 고갈, 해녀들의 수 감소와 고령화, 경제적인 부분도 영향을 미쳤을 것이다.

이 책은 총 2부로 구성되어 있다. 1부 자료편에는 전남 완도군의 보길도, 소안도, 신지도, 약산도, 생일도, 평일도 해녀들의 생애와 해녀 활동과 관련된 내용을 담았다. 완도군 해녀들은 제주도에서 이주하여 완도군에 정착한 출향해녀와 지역 출신인 자생해녀가 공존하고 있다. 완도군 해녀들의 생애 전사 자료에는 출생, 부모님의 고향, 결혼식, 출산, 제사, 장사에 관한 내용을 담았고 해녀 활동 전사 자료에는 물질을 배운 시기, 물질 방법, 물질 교육 유무, 채취 해산물, 채집용 도구, 해녀 공동체에 관한 내용을 담았다. 2부 연구편에는 전남 완도군 서부지역인 보길도, 소안도, 추자도 자생해녀들의 언어를 문법적, 음운론적, 어휘적으로 분석한 논문을 실었다.

　서남해 해녀에 관심을 가지고 첫발을 내디딘 연구 결과물은 신안군 해녀의 언어 연구였다. 이후에도 해녀 연구를 계속했는데 이제 '완도군 해녀의 삶과 언어'라는 두 번째 결과물을 내놓게 되었다. 서남해 해녀에 대한 관심이 부족한 상황에서 완도군 해녀 구술 자료집을 간행해주신 온샘 출판사 가족들에게 고마움을 표한다. 그리고 현지 조사에 제보자로 기꺼이 동참해 주신 보길도, 소안도, 신지도, 약산도, 생일도, 평일도 해녀들께 감사를 드린다.

2023년 5월 20일
김경표

차 례

서문

제1부 자료편

전남 완도군 해녀의 삶과 언어

조사지역 소개

과거에 완도에서 해산물을 채취하는 사람을 '무레꾼'이라고 하였는데 남자와 여자가 함께 물질하였다고 한다. 송기태(2015)에 의하면 무레꾼과 관련된 기록은 ≪성종실록≫ 246권에 제주 출신의 포작인들이 전라도 연해지역에 흩어져 거주하였던 기록이 있고 위백규의 '금당도 선유기'에서는 평일도 무레꾼의 활동에 대해 묘사한 기록이 있다. 현재 완도군에서는 여자만 물질을 하고 있으며 '무레꾼'이라는 명칭은 거의 사라지고 근대 이후 보편화된 '해녀'라는 명칭을 주로 사용하고 있다.

20세기 초부터 제주 해녀들이 서남해 일대에서 활동하였는데 일부는 완도군에 정착하여 물질하였다. 완도군에서 활동하는 해녀는 제주도에서 와서 완도군에 정착한 출향해녀와 지역 출신인 자생해녀가 공존하고 있는데 출향해녀가 더 많았다. 물질 방법의 경우 제주도와 달랐는데 완도읍을 기준으로 서쪽은 전통적인 방법으로 물질하였고 동쪽은 공기통을 메고 바다에 들어가 작업하는 경우가 많았다.

완도군은 3읍 9면으로 보길도, 소안도, 신지도, 약산도, 생일도, 평일도, 청산도에서 해녀가 활동하고 있는데 조사지역에 대한 소개는 다음과 같다.[1]

보길도는 현재 1,263가구 2,603명이 거주하고 있다. 보길도는 산지가 발달하였으며 섬 중앙에 협소한 저지대가 있어 경지로 이용되고 있다. 난류의 영향으로 온화한 해양성기후가 나타난다. 연안에서는 도미, 삼치, 멸치가 잡히며 양식업도 이루어지고 있다. 교통은 목포, 완도에서 여객선이 운행되고 있으며, 해남군 송지면의 땅끝에서도 운항되고 있다. 보길도 해

---

1 완도군청의 읍면 소개와 『한국민족문화대백과사전』에서 관련 내용을 정리한 것이다.

녀들은 중리에서 활동하고 있는데 전복, 다시마, 청각, 소라를 채취한다.

소안도는 현재 1,287가구 2,436명이 거주하고 있다. 소안도는 경지보다는 산지가 많고 지형이 남북으로 길게 뻗어 장고와 유사한 장고형을 이루고 있으며 기후가 온화하다. 수심이 깊고 물이 맑으며 간만의 차가 심하고 황무궁화가 자생하고 있다. 근해에서 멸치, 삼치, 도미, 장어가 잡히며 양식업도 활발하다. 교통은 완도 화흥포항에서 여객선이 운행되고 있다. 소안도 해녀들은 미라리, 진산리에서 활동하고 있는데 전복, 해삼, 성게, 톳을 채취한다.

신지도는 현재 1,845가구 3,275명이 거주하고 있다. 신지도는 완도와 2005년 12월에 완공된 신지대교를 통해 연결된다. 산이 남북으로 뻗어 있으며 서남쪽에 소규모의 평지가 있다. 근해에서 멸치류가 가장 많이 잡히고 섬 주변의 해안에서는 김양식업이 아주 활발하다. 신지도 해녀들은 가인리, 동고리에서 활동하고 있는데 전복, 해삼, 소라를 채취한다.

약산도는 현재 1,320가구 2,279명이 거주하고 있다. 약산도는 조약도라고도 하며 고금도와는 연도교로 연결된다. 섬의 중앙에 삼문산이 있으며 북서쪽과 북동쪽 일대에는 평지를 형성하고 있다. 삼지구엽초를 비롯한 약초를 먹고 자란 흑염소가 유명하며 근해에서 멸치, 농어, 장어, 낙지, 문어가 잡힌다. 그리고 김과 미역양식업이 활발하다. 약산도 해녀는 해동리에서 활동하고 있는데 전복, 해삼, 소라, 미역, 다시마를 채취한다.

생일도는 현재 455가구 826명이 거주하고 있다. 생일도는 백운산을 중심으로 산지를 이루며 해안가에 각각 소규모의 평지와 완경사지를 형성하고 있다. 기후가 온난하여 난대림이 무성하다. 근해에서 멸치, 삼치, 장어, 숭어가 잡히며 양식업이 활발하다. 교통은 약산면 당목항과 완도항만터미널에서 정기여객선이 운항된다. 생일도 해녀는 서성리에서 활동하고 있으며 전복, 해삼, 소라, 미역, 다시마를 채취한다.

평일도는 현재 2,066가구 3,538명이 거주하고 있다. 평일도는 금일도

라고도 하며 산지와 평지의 구분이 뚜렷하고 해안가에는 평지가 발달해
있다. 근해에서 멸치, 삼치, 도미, 넙치, 농어가 잡히며 다시마가 평일도의
유명한 특산물이다. 교통은 평일도와 완도간, 평일도와 고흥군 도양읍 녹
동항 간에 여객선과 쾌속선이 운항된다. 평일도 해녀들은 동백리, 사동리
에서 활동하고 있으며 전복, 해삼, 소라, 성게, 미역, 다시마를 채취한다.

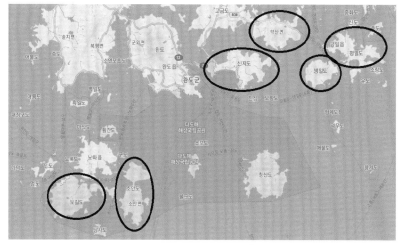

〈완도군 조사지역 지도[2]〉

제보자

이 책의 제보자는 완도군 보길도, 소안도, 신지도, 약산도, 생일도, 평일
도에 사는 해녀이다. 완도군 해녀는 제주도에서 이주하여 완도군에 정착
한 출향해녀와 지역 출신인 자생해녀가 공존하고 있다. 보길도는 2021년

---

2 이 지도는 카카오맵에서 가져와서 편집한 것이다.

8월 3일에 현장 조사를 하였고 소안도는 2021년 8월 19일에 현장 조사를
하였다. 신지도는 2022년 1월 7일, 18일에 현장 조사를 하였고 약산도는
2022년 8월 2일에 현장 조사를 하였다. 생일도는 22년 8월 25일에 현장
조사를 하였고 평일도는 22년 12월 29일에 현장 조사를 하였다. 구체적인
인적 사항은 다음과 같다.

성함	성별	나이	조사지역	비고
한○○	여	84	보길면 중리	출향해녀(구좌읍 김녕리 출신)
신○○	여	78	소안면 미라리	자생해녀
이○○	여	74	신지면 동고리	출향해녀(한림읍 금능리 출신)
홍○○	여	67	약산면 해동리	출향해녀(한림읍 협재리 출신)
김○○	여	69	생일면 서성리	자생해녀
오○○	여	63	금일읍 동백리	출향해녀(구좌읍 평대리 출신)

책의 구성 및 전사

이 책은 총 2부로 구성되어 있다. 1부 자료편에는 전남 완도군의 보길
도, 소안도, 신지도, 약산도, 생일도, 평일도 해녀들의 생애와 해녀 활동과
관련된 내용을 담았다. 완도군 해녀들은 제주도에서 이주하여 완도군에
정착한 출향해녀와 지역 출신인 자생해녀가 공존하고 있다. 완도군 해녀
들의 생애 전사 자료에는 출생, 부모님의 고향, 결혼식, 출산, 제사, 장사
에 관한 내용을 담았고 해녀 활동 전사 자료에는 물질을 배운 시기, 물질
방법, 물질 교육 유무, 채취 해산물, 채집용 도구, 해녀 공동체에 관한 내
용을 담았다. 2부 연구편에는 전남 완도군 서부지역인 보길도, 소안도, 추
자도 자생해녀들의 언어를 문법적, 음운론적, 어휘적으로 분석한 논문을

실었다.

이 책은 제보자의 발화를 문장 단위로 전사하여 제시하였고 그 아래 표준어 대역을 붙이고 부연 설명이 필요한 부분은 각주를 달았다. 각 마을에서 조사한 제보자는 각 마을에 제보자를 제시하였다. 제보자는 성만 표시하였고 조사자는 조로 표시하였다.

전사는 가독성과 전산 처리를 하는 데에 도움이 되는 형태음소 전사를 기본으로 하고 음소 전사도 병행하였으며 어간과 어미를 구분하여 전사하였다.

- 현용 한글 자모를 이용하여 전사하였다.
- 체언과 용언 어간이 여러 변이형을 보일 때에는 소리 나는 대로 적되 어간과 어미를 구분하여 전사하였다.
- 조사와 어미는 소리 나는 대로 적었다.
- '-하다'의 경우에 'ㅎ'이 있는 형태로 전사하였다.
- 표기로 발음을 예측할 수 있는 음운 현상은 표기에 반영하지 않았다.
- 표기로 발음을 예측할 수 없는 음운 현상은 표기에 반영하였다.

표준어 대역은 직역을 원칙으로 하되 독자의 가독성을 위해 표현을 달리한 부분도 있다. 주석은 주로 어휘의 의미를 풀이하는 데에 사용하였으며 전남이나 다른 지역의 방언형을 밝혀 적거나 문법적, 음운적 형태에 해석이 필요한 경우에도 사용하였다.

제1장

보길도 해녀의 삶과 언어

보길도 해녀의 삶과 언어

조 태어나신 곳 어디세요?

한: 제주도요.

　　【제주도요.】

조 제주도 어디에서 태어나셨어요?

한: 위하면 김녕리

　　【구좌읍 김녕리】

조 제주도에서는 해녀 교육을 받으셨어요? 물질 교육요?

한: 그때는 인자 어촌계에서 안 하고 그냥 자기 마음대로 했죠. 가고 싶으
문 가고 말고 싶으문 말고 그랬었는데, 인자 중간에 내가 시집을 가비
해 갖고 애 데리고 중산천에 울드리라고 거기가 살아 있어 못 했어요.
그래 갖고는 신랑이 3년간 살아 갖고 또 연기를 한 것이 10년을 연기
해 빘어. 10년을 연기한디 나는 즈그 할아버지랑 살았거든요. 즈그 할
아버지랑 살았는데 제대하고 올 걸로만 생각해 갖고 살았잖아요. 그랬
는데, 그래서 왔다는 하는데 안 들어오는 거예요. 각시를 얻어 갖고 다
른 사람 봐 갖고 인자 거기서 살림 차려 살아 불고 안 들어왔어요. 그
때 내 마음이 틀레 버렸어요. 그러자 우리 친정 엄매가 나가 혼자 사니
까 제주서는 띠를 해서 집을 해 일었을 거예요. 밭에 띠를 띠다가, 저
희가, 우리가 밧이 많이 있으니까 띠를 지러 왔는데 아침에 일찍 와 갖
고는 인자 낫을 갈아 갖고 한디 나보다 하는 말이 '죽은 사람은 지케
사는데.' 엄마가 그게 말해. 죽은 사람들이 지케 사는데 '살고 있어라.'
그 말을 하더라고요. 그랑께 그때 나 비렀어. 확 울어 빌었어. 그러
니까 시할아버지가 생일을 지서서 참 볼가방 했다만 또 후짓거리했대.

그렇게 말이라도 아니 했으문 내가 마음이 조금 풀리겠는디, 아이 울기는 머단디 우냐고 내보다 그러더라고요. 아이구, 안 되겠구나! 머단디 산 사람 죽는 서까지 지케쓰까 싶었는디 인자 친정을 내려왔어요. 친정 김녕을 내려왔는디 이제 김녕서 살다가 인자 이토삼 씨라고 인자 그 엄매 돌아가시고 작년 후자 중에 돌아가셨는디 인자 해녀 모집을 가는 거요. 제주서 이리 모집 왔는데, 모집을 해 갖고 와서 여기 와서 산다는 것이 여기서 파묻혀 불었잖아요.

〔그때는 이제 어촌계에서 안 하고 그냥 자기 마음대로 했죠. 가고 싶으면 가고 말고 싶으면 말고 그랬었는데, 이제 중간에 내가 시집을 과부가 돼 가지고 애 데리고 중산천에 울드리라고 거기에서 살아서 못했어요. 그래 가지고 신랑이 군대를 3년간 살아 가지고 또 연기를 한 것이 10년을 연기해 버렸어. 10년을 연기했는데 나는 자기 할아버지랑 살았거든요. 자기 할아버지랑 살았는데 제대하고 올 것으로만 생각해 가지고 살았잖아요. 그랬는데, 그래서 왔다고는 하는데 안 들어오는 거예요. 아내를 얻어 가지고 다른 사람을 맞아 가지고 이제 거기에서 살림을 차려 살아 버리고 안 들어왔어요. 그때 내 마음이 나빠져 버렸어요. 그러자 우리 친정어머니가 내가 혼자 사니까, 제주도에서는 띠를 해서 집을 해 지붕 위를 덮었을 거예요. 밭에서 띠를 떼어다가, 저희가, 우리가 밭이 많이 있으니까 띠를 지러 왔는데 아침에 일찍 와 가지고 이제 낫을 갈아 가지고 하는데 나에게 하는 말이 '죽은 사람은 지켜 사는데.' 엄마가 그렇게 말해. 죽은 사람들은 지키며 사는데 '살고 있어라.' 그 말을 하더라고요. 그러니까 그때 마음을 놓아 버렸어요. 확 울어 버렸어요. 그러니까 시할아버지가 생일을 지어서 참아볼까 했지만 또 헛짓거리했대. 그렇게 말이라도 아니 했으면 내가 마음이 조금 풀리겠는데 아니 울기는 왜 우냐고 나보고 그러더라고요. 아이구, 안 되겠구나! 왜 산 사람이 죽는 순간까지 지켰을까 싶었는데 이제 친

정에 내려왔어요. 친정 김녕에 내려왔는데 이제 김녕에서 살다가 이제 이토삼 씨라고 이제 그 엄마가 돌아가시고 작년 후에 돌아가셨는데 이제 해녀 모집을 가는 거예요. 제주에서 이곳으로 모집 왔는데, 모집을 해 가지고 와서 여기 와서 산다는 것이 여기에서 파묻혀 버렸잖아요.】

조 여기는 몇 살에 오신 거예요?

한: 삼십에, 삼십에 와 갖고 너무 힘이 들었었어요. 안:것도 없는 집에 와 갖고 신랑도 아무것도 없었지. 좀 그렇게 살다가 인자 지금 집 장만해서 살고 제제금 나와서 살았는디 즈그 아버지는 욕심이 많은 사람이라 막 멋을 벌려야 되는디 나는 작업을 가야 되고 또 한푼이나 갖다 해 나문 보탤라고 보태야 돼. 인자 계산할 때는 떨어져도 마이 안 떨어지는데 하이, 여기도 갈라 여그도 갈라. 또 그라문 인자 자기가 인자 또 어디 안 갈라문 나를 보내야 그러문서 '가야 되겠구나.' 마음 놓고 다니고 댕겼어요. 그러다 저러다 인자 본인은 가 불고 나 혼자 인자 이렇게 살다가 남바리를 댕긴다고 댕겼어요. 발목 고등학교 1학년 때 안 나왔을 때 이건 천만 원짜리 발 수술했어요. 그라고 대리 수술하고 작업이 끝나뻤지.

【삼십에, 삼십에 와 가지고 너무 힘이 들었었어요. 아무것도 없는 집에 와 가지고 신랑도 아무것도 없었지. 좀 그렇게 살다가 이제 지금 집을 장만해서 살고 제각기 나와서 살았는데 저희 아버지는 욕심이 많은 사람이라 막 무엇을 벌려야 되는데 나는 작업을 가야 되고 또 한푼이나 가지고 해 놓으면 보태려면 보태야 돼. 이제 계산할 때는 떨어져도 많이 안 떨어지는데, 하이, 여기도 가려고 저기도 가려고. 또 그러면 이제 자기가 이제 또 어디 안 가려면 나를 보내야 그러면서 '가야 되겠구나.' 마음 놓고 다니고 다녔어요. 그렇게 저렇게 하다가 이제 본인은 죽어 버렸고 나 혼자 이제 이렇게 살다가 고기를 잡으러 다닌다고 다

넀어요. 발목을 고등학교 1학년 때 안 나았을 때 천만 원짜리 발 수술 했어요. 그리고 다리 수술하고 작업이 끝나버렸어요.】

조: 물질하시다가 다치신 거예요?
한: 물질하다가.
　　【물질하다가 다쳤어.】

조: 그래도 수술하시긴 하셨네요.
한: 하, 그랑께 놀러 갈라 하문 저것도 끗어야 되고 몸은 어지러서 이리 디척 저리 디척하지. 그래서 내가 놀러 안 나가.
　　【하, 그러니까 놀러 가려고 하면 저것도 끌어야 되고 몸은 어지러워서 이리 뒤척 저리 뒤척하지. 그래서 내가 놀러 안 나가.】

조: 그러면 여기 오셔서 완도 바다에서 무슨 일 하셨어요?
한: 여기는 최근은 인자 미역, 다시마 안 나왔을 때는 김빨 했었어요. 김빨 을 손이로 해다가 손으로 떠서 인자 또 산에 저다가 넣고 그리고 했는데 인자 그거 넘어서, 그라다 끝나 불고 자기는 가고 전복도 못 해 불고.
　　【여기는 최근에 이제 미역, 다시마 안 나왔을 때는 김 양식을 했었어 요. 김발을 손으로 해다가 손으로 떠서 이제 또 산에 져다가 넣고 그렇 게 하고 했는데 이제 그거 넘어서, 그러다 끝나 버리고 자기는 가고 전 복도 못 해 버리고.】

조: 혹시 그러면 와서 결혼하실 때는 가마 타고 그러셨어요?
한: 아니, 그것도 없고. 나는 한 번 갔다 오고 여기 아부지는 총각으로 살 다 죽어 불고, 결혼을 못 하고 놓쳐 버려 갖고.
　　【아니, 그것도 없고. 나는 한 번 갔다 오고 여기 아버지는 총각으로 살

다 죽어 버리고, 결혼을 못 하고 놓쳐 버리고.】

조 그때 결혼식 때는 무슨 옷 입으셨어요?
한: 제주도 결혼식 할 때 족도리 썼어요.
　【제주도에서 결혼식 할 때 족두리를 썼어요.】

조 완도에서는요?
한: 여기선 안 했죠.
　【여기서는 안 했죠.】

조 그냥 하신 거예요? 사진도 찍으셨어요?
한: 사진도 찍었는디 어디 어디가 없디요.
　【사진도 찍었는데 어디가 있는지 없데요.】

조 혹시 예물 같은 거 하셨어요?
한: 그것도 없고 그때는 그런 거 없어. 그냥 사진만 찍었제.
　【그것도 없고 그때는 그런 것 없어. 그냥 사진만 찍었지.】

조 사람들이 부조는 어떻게 해요?
한: 그때는 이런 거지. 성제간은 인자 성제간에서 옷을 해 줘요. 옷감을 줘
　요. 옷감을 노:면 인자 바느질을 치는데. 부잣집에 가문 옷감이 겁나
　있거든요. 옷도 들어오고 그란디, 거그는 좀 가난한, 부잣집이긴 부잣
　집인데 성제간이 없어. 그러니까 받은 것도 없고 *도[3] 있었는데 지금
　가 불고 했는디. 이런 것도 없고 저런 것도 없고 사진만 찍고 있다가
　살다가 나와 빗제.

───────────

3 알아들을 수 없는 부분은 '*'로 표시하였다.

【그때는 이런 거지. 형제간은 이제 형제간에 옷을 해 줘요. 옷감을 줘
요. 옷감을 놓으면 이제 바느질을 하는데. 부잣집에 가면 옷감이 굉장
히 있거든요. 옷도 들어오고 그런데, 거기는 좀 가난한, 부잣집이기는
한데, 부잣집인데 형제간이 없어. 그러니까 받은 것도 없고 *도 있었는
데 지금 가 버리고 했는데. 이런 것도 없고 저런 것도 없고 사진만 찍
고 있다가 살다가 나와 버렸지.】

조 결혼식 때 먹는 국이 따로 있어요?

한: 있지. 옛날처럼 우리 살 때는 무자게 숭년 들어 갖고 무자게 고생했어
요. 엄매들이 고생했제. 그때는 우리는 애리고. 톳밥도 해 먹고 파래밥
도 해 먹고 살았고 그랬었죠. 그랬는디 인자 우리 때 넘어가니까 다 풀
리고 시장테도 겁나게 하문 그때는 다 공출로 받게 해 갖고 이어가지
않으문 이제 한:참 다 쟁여 노:문 거기로 가서 다 된 걸로 먹은다 해도
다 곰팡 난 거 다 싸 먹고 그렇게 살았죠.

【있지. 옛날처럼 우리 살 때는 심한 흉년이 들어 가지고 아주 고생했
어요. 어머니들이 고생했지. 그때는 우리가 어리고. 톳밥도 해 먹고 파
래밥도 해 먹고 살고 그랬었죠. 그랬는데 이제 우리 때가 넘어가니까
다 풀리고 시장터도 아주 하면 그때는 다 공출로 받게 해 가지고 이어
가지 않으면 이제 한:참 다 쌓아 놓으면 거기로 가서 다 된 것으로 먹
는다 해도 다 곰팡이가 난 것을 다 싸 먹고 그렇게 살았죠.】

조 결혼할 때 뭐 가져가신 것 있으셨어요?

한: 가져간 게 머 없었어요. 그 시절에는 앞닫이라고 인자 이런 농이 없었
고, 앞닫이. 양짝 인자 그거 놓아서 살지. 인자 아그들이 다 가져갔어요.

【가져간 것이 뭐 없었어요. 그 시절에는 반닫이라고 이제 이런 농이
없었고, 반닫이. 양쪽 이제 그것을 놓아서 살지. 이제 아이들이 다 가

져갔어요.】

조 집은 어떻게 장만하셨어요?

한: 이 집요, 융자 받아 짓죠. 아저씨가 안 할라 하더라고. 근디 빚이 있어
도 집을 짓고 봅시다. 집을 짓고 보문 어찌게 하제. 그런디 3년 만에
자기는 가 불고 돈 1천만 원 선이자 떼 부니까 700만 원 갖고 집을 인
자 우리가 돈을 다 했는디 그러게 내가 집세를 다 끼고 살았잖아요.
【이 집요, 융자를 받아서 지었죠. 아저씨가 안 하려고 하더라고요. 그
런데 빚이 있어도 집을 짓고 봅시다. 집을 짓고 보면 어떻게 하지. 그
런데 3년 만에 자기는 죽어 버리고 돈 1천만 원 선이자 떼 버리니까
700만 원을 가지고 집을 이제 우리가 돈을 다 했는데 그렇게 내가 집
세를 다 내고 살았잖아요.】

조 그러면 물질하시면서 다 갚으셨어요?

한: 예.
　【예.】

조 바깥 어르신은 어떤 분이셨어요?

한: 시간 있으문 고기도 잡아다 먹고 미역도 먹고.
　【시간 있으면 고기도 잡아다 먹고 미역도 먹고.】

조 어머니한테 잘해 주셨어요?

한: 잘해 줬죠.
　【잘해 줬죠.】

조 첫 아이 가지셨을 때 태몽 꾸셨어요?

한: 없었어.

　【없었어.】

조 임신하셨을 때 입덧도 하셨어요?

한: 입덧은 없었어요. 바닥에 가문 멀미한 거 그것뿐이제 입덧은 없었어요.

　【입덧은 없었어요. 바다에 가면 멀미한 것 그것뿐이지 입덧은 없었어요.】

조 건강하신 거네요.

한: 예, 젊을 때는 건강했어요. 하간듸[4] 수술하고 나고 나니까 몸이 이렇게 되붓제. 젊을 때는 한 번 아파 놀러 가심 좋겠다 했어요. 어지러 갖고 멧 번. 작년에는 서울에서 아침에 일어나서 화장실 간다고 침대에 앉았다가 하는 것이 어디 손불에 걸렸던가 넘어진 것이 여기 옆꾸리가 네 개 나가버리고 여기가 두 개 나가고 여섯 개 나가배 갖고. 작년 8월 달에 왔어요. 여그 있는 것이 안 갔어요. 집이서 멧 번 엎으러져 갖고 여그 문지방 문턱에다 옆꾸리 박아 불고.

　【네, 젊었을 때는 건강했어요. 여기저기 수술하고 나니까 몸이 이렇게 되어 버렸지. 젊었을 때는 한 번 아파 놀러 가면 좋겠다고 생각했어요. 어지러워 가지고 몇 번. 작년에는 서울에서 아침에 일어나서 화장실에 간다고 침대에서 앉았다가 가다가 어디에 걸렸던지 넘어진 것이 여기 옆구리가 네 개 나가 버리고 여기가 두 개 나가고 여섯 개가 나가 버려 가지고. 작년 8월에 왔어요. 여기 있는 것이 안 갔어요. 집에서 몇 번 엎어져 가지고 여기 문지방 문턱에다 옆구리를 박아 버리고.】

---

4 '여기저기'의 제주방언이다.

⊠ 방에서 밀고 다니는 거는 있으세요?

한: 있죠. 방에 있어요. 방에 있는데 **니까⁵ 안 하고 앉았다 일어설라 해도
너무나 힘들고 어지러 갖고.

【있죠. 방에 있어요. 방에 있는데 불편하니까 안 하고 앉았다 일어서려
고 해도 너무나 힘들고 어지러워 가지고.】

⊠ 임신하고 아기 낳았을 때 뭐 먹이셨어요?

한: 그때는 여기서도 우유가 잘 없었어요. 인자 아그들 낳았을 때는 서석
쌀도⁶ 고아서 멕이고 인자 고렇게 하다가 밥 먹어 버리니까 밥 먹이고
살았는디 있는 집이나 우유가 있제.

【그때는 여기서도 우유가 잘 없었어요. 이제 아기들 낳았을 때는 좁쌀
도 고아서 먹이고 이제 그렇게 하다가 밥을 먹어 버리니까 밥을 먹이
고 살았는데 있는 집이나 우유가 있지.】

⊠ 아기 낳을 때 혹시 누가 도와주셨어요?

한: 저는, 저 혼자 났어요. 제주도서도 다 혼자 나오고 여기서도 다 혼자
나오고.

【저는, 저 혼자 낳았어요. 제주도서도 다 혼자 낳고 여기에서도 다 혼
자 낳고.】

⊠ 제사는 어떻게 지내세요?

한: 제사 없어요. 아들이 인자 이천에서 사니까 거의 못했다고.

【제사 없어요. 아들이 이제 이천에서 사니까 거의 못했다고.】

---

5 문맥상 불편하다는 것을 말하는 것 같다.
6 서석은 '조'의 전남 방언이다.

조 시집살이는 하셨어요?

한: 그것이 우리 큰집이에요. 그때는 그 엄매가 제지금[7] 살고 우리가 큰 집
에 살았죠. 근데 시어머니가 하는 말이 그가 큰아들이니까 아들들 오
니까 큰아들 느가 ** 할 소리요. 내가 나아 빗제. 나아 부니까 또 따라
오대요. 나오지 마라고 했어. 나오지 말고 있으문 난 어디 가든지 내가
갈 거니까 나오지 마랑께 쫓아 나온데 어찌게 할 꺼요. 그러다 보니까
이때끔 지앙 비렛제.

【그것이 우리 큰집이에요. 그때는 그 어머니가 따로따로 살고 우리가
큰 집에 살았죠. 그런데 시어머니가 하는 말이 그가 큰아들이니까 아
들들 오니까 큰아들 네가 ** 할 소리요. 내가 나아 버렸지. 나아 버리
까 또 따라오대요. 나오지 말라고 했어. 나오지 말고 있으면 난 어디
가든지 내가 갈 거니까 나오지 말라니까 쫓아 나오는데 어떻게 할 거
요. 그러다 보니까 이때까지 살게 되었지.】

조 어떤 명절을 크게 쇄요?

한: 명절은 인자 추석, 구정.

【명절은 이제 추석, 구정.】

조 또 다른 거 크게 쇠는 명절이 있어요?

한: 옛날은 여기도 하루도 안 시고 설 시고 5월달 시고 6월 유두, 7월 칠
석, 그런 것 다 했었어요. 그런디 인자 그런 것 다 치우고 이제 추석하
고 설날만.

【옛날은 여기도 하루도 안 쇠고 설 쇠고 5월 단오 쇠고 6월 유두, 7월
칠석, 그런 것 다 했었어요. 그런데 이제 그런 것 다 치우고 이제 추석

---

7 '제가끔'의 전남 방언이다.

하고 설날만 쇄요.】

조 사람 죽으면 장례는 어떻게 해요?

한: 장례, 인자 집에서, 옛날 다 집에서 인자 동네 사람들이 다 했죠. 인자
는 죽어 불고 다 저기 나가 부니까 여기서 차단한 것 같애요.

【장례, 이제 집에서, 옛날 다 집에서 이제 동네 사람들이 다 했죠. 이
제는 죽어 불고 다 저기 나가 버리니까 여기서 차단한 것 같아요.】

조 옛날에 장의사가 와서 했어요?

한: 그런 거 없었어요. 동네 사람들이 아주 왔다리 갔다리⁸, 왔다리 갔다리
하면서 초상 치는 거죠.

【그런 것 없었어요. 동네 사람들이 아주 왔다 갔다, 왔다 갔다 하면서
초상을 치르는 거죠.】

조 수의는?

한: 수의는 인자 이녁 자식들만 입고 동네 부인들은 인자 왔다리 갔다리
인자 해.

【수의는 이제 자기 자식들만 입고 동네 부인들은 이제 왔다 갔다 이제
해.】

조 돌아가신 분을 땅에 묻고 제사도 지내요?

한: 그때는 그랬죠. 방에다 노:문 상 차려 놓고 다 절하고 그랬었는디 여기
는 또 옛날 제주식하고 틀리대요.

【그때는 그랬죠. 방에도 놓으면 상 차려 놓고 다 절하고 그랬었는데

---

8 일본어 '잇타리 깃타리'에 우리말 '왔다 갔다'를 합쳐 만들어진 외래어이다.

여기는 또 옛날 제주식하고 다르대요.】

조 제주하고는 어떻게 달라요?

한: 제주는 방에다 인자 할 것 아니요. 그라문 인자 펭풍 치고 그라문 옛날
에는 제주도는 그 문 있잖아요. 여기다 인자 상자들이 다 안즈문 손님
들이 왔다리 갔다리 인자 하고 인자 나가는 날은 마당서 나와서 제곡
허고 인자 나가제. 요즘은 글안하대요.[9]

【제주는 방에다 이제 할 것 아니요. 그러면 이제 병풍을 치고 그러면
옛날에는 제주도는 그 문이 있잖아요. 여기에 이제 상주들이 다 앉으
면 손님들이 왔다 갔다 이제 하고 이제 나가는 날은 마당에 나와서 큰
소리로 울고 나가지. 요즘은 그렇게 안 하대요.】

조 여기에 무당이 있어요?

한: 무당 있는지 모르겠소. 우리는 교회로 가붕게.

【무당 있는지 모르겠소. 우리는 교회로 가버리니까.】

조 어머니는 몇 살 때부터 물질하셨어요?

한: 아까 말했는데, 아까 제주서는 장남 인식이 열야달 살 때부터 히미질
을[10] 하문서 인자 바닥에 그 말 캐다가 인자 몰랴서 그런 것도 했고 밭
에다 쏜 것도 했고 인자 미역도 이고 머다가 머다가 바닥 없는 데
내가 살았잖아요.

【아까 말했는데, 아까 제주에서는 장남 인식이 열여덟 살 때부터 헤엄
을 치면서 이제 바다에 그 말을 캐다가 이제 말려서 그런 것도 했고

---

9 제주에서는 발인 전 문상객을 받는 날이 정해져 있는데 이를 '일포'라고 한다.
10 '헤엄'의 경북 방언이다.

밭에도 쏜은 것도 했고 이제 미역도 이고 뭣하다가 뭣하다가 바다 없
는 데에 내가 살았잖아요.】

조 물질은 누가 알려준 건 아니고 그냥 스스로 하신 거네요.
한: 그쵸. 스스로 히미질 함시로 했다니까. 히미질 함시로 한 것이 잠수질
이지.
【그렇죠. 스스로 헤엄치면서 했다니까. 헤엄치면서 한 것이 잠수질이지.】

조 밭에 가서 일도 하셨어요?
한: 밭에도 가서 인자 밭 매고.
【밭에도 가서 이제 밭을 매고.】

조 밭에서 주로 무슨 일을 하셨어요?
한: 밭에 서석 깔아 노:문 서석도 찾고 지심도 매고.
【밭에 조를 깔아 놓으면 조도 찾고 김도 매고.】

조 그러면 제주도에서는 미역 채취 같은 거 많이 하신 거죠?
한: 그때는 미역 채취 많이 했제.
【그때는 미역 채취 많이 했지.】

조 완도에서는 별로 안 하셨어요?
한: 완:도는 그렇게 미역 채취 안 하고 바닥 임재가 따로 있어 갖고 그란갑
디여. 근디 채취 안 해.
【완도는 그렇게 미역 채취 안 하고 바다 임자가 따로 있어 가지고 그
런가 봐요. 그런데 미역 채취 안 해.】

조 주로 여기서 뭐 많이 했을까요?

한: 미역이 겁나게 좋지만은 못 해웠잖아요. 바닥이 임재가 따로 있으니까. 미역이 무자게 좋지만은. 제주도는 막 그냥 학: 바다 한가운데 가문 미역이 있어 갖고 배:로 타 갖고 무레질 함시로 미역 해 왔죠.

【미역이 매우 좋지만 못 했잖아요. 바다가 임자가 따로 있으니까. 미역이 매우 좋지만. 제주도는 막 그냥 확 바다 한가운데 가면 미역이 있어 가지고 배를 타 가지고 물질하면서 미역을 해 왔죠.】

조 물질할 때 쓰던 물건들은 뭐 가지고 가셨어요?

한: 낫. 들어가서 미역 시차서 올라와서 인자 망아리에 담아 불고 또 호이, 호이 하다가[11] 인자 또 들어가서 인자 또 지: 갖고 나오고.

【낫. 들어가서 미역 씻어서 올라와서 이제 망사리에 담아 버리고 또 호이, 호이 숨을 쉬고 이제 또 들어가서 이제 또 쥐어 가지고 나오고.】

조 미역 말고 또 다른 거는 뭐가 있어요?

한: 다른 건 천추 많이 나와. 천추, 인자는 천추 나오는데 우리 천추는 안 해봤어요.

【다른 것은 우뭇가사리 많이 나와. 우뭇가사리, 이제는 우뭇가사리 나오는데 우리는 우뭇가사리는 안 해봤어요.】

조 전복 같은 것도 하시나요?

한: 전북, 고동, 소라.

【전복, 고동, 소라.】

---

11 물질하고 나와서 숨을 쉬는 것을 제주는 '숨비소리'라고 하고 전남은 '휘께소리'라고 한다.

조 전복할 때는 뭘 가지고 가세요?

한: 피창. 전복 따는 피창 있잖아.

　【빗창. 전복 따는 빗창 있잖아.】

조 미역은 몇 월에 따러 가세요?

한: 그때는 미역 논 시간이 있었어요. 3월달이나 6월 며칠 때나 인자 그때
　되문 미역바다 통계를 놔:요. 얼마나 크고 아주 징합디여 징해, 아주.
　데려간 사람 데려가고.

　【그때는 미역을 놓는 시간이 있었어요. 3월이나 6월 며칠에나 이제 그
　때 되면 미역바다를 통계를 놓아요. 얼마나 크고 아주 징합디까 징해,
　아주. 데려가는 사람을 데려가고.】

조 미역 끝나고 나서 또 뭐 한가요?

한: 미역 끝나고 나서는 인자 전북 잡는 사람은 잡고 천추 하는 사람은 천
　추 하고.

　【미역 끝나고 나서는 이제 전복 잡는 사람은 전복 잡고 우뭇가사리 하
　는 사람은 우뭇가사리 채취하고.】

조 해삼 같은 것도 여기서 하셨나요?

한: 예, 해삼도 하고 고등어도 잡고 전북도 잡고.

　【예, 해삼도 하고 고등어도 잡고 전복도 잡고.】

조 거북손이나 따개비, 고둥 그런 것도 다 하셨어요?

한: 인자 저, 저도로 인자 가문 한 삼일썩 남바리라고[12], 배 타고 가서 한

---

12 명태, 오징어, 꽁치 따위의 회유에 따라, 항구를 정해 놓고 며칠씩 고기를 잡으러
　바다에 나가는 일을 말한다.

삼일썩 살고 와요.

【이제 저, 저도로 이제 가면 한 3일씩 남바리라고, 배 타고 가서 한 3일씩 살고 와요.】

조 저도는 무인도인가요?

한: 무인도도 있고 산 산놈도 있고 그런디 옛날에는 그렇고 무대고 댕겼는디 인자는 다 거기도 어촌계라 다 바닥 사고팔고 하잖아요. 그럼 여기서 인자 업자들이 사, 바다을 몇 군데. 몇 부락이 나나.

【무인도도 있고 사람 사는 곳도 있고 그런데 옛날에는 그렇게 돈을 안 내고 다녔는데 이제는 다 거기도 어촌계라 다 바다를 사고팔고 하잖아요. 그럼 여기서 이제 업자들이 사, 바다를 몇 군데. 몇 마을이 나눠.】

조 작살로 고기도 잡으셨어요?

한: 아니, 여기는 작살이 안 돼. 왜 안 되냐문 엉바구가,[13] 엉바구가 있어야 고구가 들어가는데 제주는 엉바구, 굵은 엉바구가 있으문 그 속에 들어가문 작살을 갖고 쏘는데 여기는 그걸 못해.

【아니, 여기는 작살이 안 돼. 왜 안 되냐면 바위가, 바위가 있어야 고기가 들어가는데 제주는 바위, 굵은 바위가 있으면 그 속에 들어가면 작살을 가지고 쏘는데 여기는 그걸 못해.】

조 배 타고 고기 잡으러 가셨어요?

한: 신랑하고 저 추자도까지 고기 잡으러 댕겼어요.

【신랑하고 저 추자도까지 고기 잡으러 다녔어요.】

조 주로 뭐 잡으러 다니셨어요?

---

13 '바위'의 전남 방언이다.

한: 삼치. 산 말고 여기 와서 다 해봤어요.

【삼치. 산 말고 여기 와서 다 해봤어요.】

㊛ 조기는 없어요?

한: 조기는 안 하고 삼치, 우럭, 도미 같은 그런 걸 잡았지.

【조기는 안 하고 삼치, 우럭, 도미 같은 그런 걸 잡았지.】

㊛ 여기서는 해녀를 뭐라고 불렀어요?

한: 해녀는 이름을 불르제. '누구야.', '누구 엄매야.', '어서 온나.', 제주서
는 '자기 오라.', 여기서는 '언능 온나.'.

【해녀는 이름을 부르지. '누구야.', '누구 엄마야.', '어서 와라.', 제주에
서는 '자기 오라.', 여기서는 '얼른 와라.'.】

㊛ 잠녀, 해녀, 잠수 그런 말은 안 했어요?

한: 응, 그건 안 하고. 인자 바다에 갈라문 '어서 온나, 어서 온나.', '자기
오라.' 그라고 제주서는. 여기서는 '어서 온나.' 그러문 '언능 빨리 가
자.' 그라고.

【응, 그건 안 하고. 이제 바다에 가려면 '어서 오너라, 어서 오너라.',
'자기 오라.' 그러고 제주도에서는. 여기서는 '어서 오너라.' 그러면 '얼
른 빨리 가자.' 그러고.】

㊛ 물질 잘하는 해녀를 뭐라고 불렀어요?

한: 상군, 똥군, 중군. 상군은 잘하는 사람, 중군은 쪼금 못한 사람, 똥군은
아주 못한 사람. 제주 사람들 많이 죽었어요. 여기 와서. 재작년에도
죽어 불고.

【상군, 똥군, 중군. 상군은 잘하는 사람, 중군은 조금 못하는 사람, 똥

군은 아주 못하는 사람. 제주 사람들 많이 죽었어요. 여기 와서. 재작
년에도 죽어 버리고.】

조 바위 있는 바다를 뭐라고 해요?
한: 바다에 바위 있는 거, 그거.
　【바다에 바위 있는 것, 그거.】

조 모래 있는 바다는요?
한: 모랫바닥. 모랫바닥이라고 그라고. 바위는 그런 거는 안 해대요.
　【모래바다. 모래바다라고 그러고. 바위는 그런 거는 안 하대요.】

조 자갈이 있는 바다는요?
한: 자갈 있는 디도, 거기 자갈 있다. 그건 자갈, 자갈밧이다.
　【자갈 있는 데도, 거기 자갈 있다. 그건 자갈, 자갈밭이다.】

조 펄도 있어요?
한: 뻘 있죠.
　【갯벌이 있죠.】

조 펄바다라고 해요?
한: 뻘바다에 가문 해삼이 뻘 속에 있다가 나오데요. 그거 한번 봤어. 이렇
게 뻘에서 나온 거구나.
　【갯벌 바다에 가면 해삼이 갯벌 속에 있다가 나오데요. 그거 한번 봤
어. 이렇게 갯벌에서 나오는 거구나.】

조 파도가 센 바다를 뭐라고 불러요?

한: 파도가 쎈 데는 '아이고, 오늘 바다가 쎄 못 가겄다.', 인자 이 바다에
막 욕심이 있는 사람은 '아이, 현장에 가 봐야제 왜!' 또 그라고. 그란
디 현장에 가문 또 헐 수도 있고 여기는 물이 쎄요. 제주보다 안태 갖
고. 아주 물 맑을 때가 힘들어요. 여름 나문 조금 물을 맑을 때가 있는
데 가을만 들문 물이 확 어두워 불어요. 뻘 바닥이라.
【파도가 센 데는 '아이고, 오늘 바다가 세서 못 가겠다.', 이제 이 바다
에 막 욕심이 있는 사람은 '아이, 현장에 가 봐야지 왜!' 또 그러고. 그
런데 현장에 가면 또 할 수도 있고 여기는 물이 세요. 제주보다. 아주
물이 안 맑을 때가 힘들어요. 여름 나면 조금 물이 맑을 때가 있는데
가을만 되면 물이 확 어두워 버려요. 갯벌 바다라.】

조: 가까운 바다는 뭐라고 불러요?
한: 가찬 디, 가차운 바다. '우리 가까운 디 가제.' 그라고. 그 다음에 여
인자 남풍집이나 가까? 저 글 앞에 나갈까? 바다께 나갈까?
【가까운 데, 가까운 바다. '우리 가까운 데 가지.' 그러고. 그 다음에 여
기 이제 남풍집이나 갈까? 저 그리 앞에 나갈까? 바다에 나갈까?】

조: 글 앞은?
한: 가찬 디.
【가까운 데.】

조: 바다께는?
한: 백도 마을짝, 중리 바닥.
【백도 마을쪽, 중리 바다.】

조: 조금 때 작업 나가시죠?

한: 조금 뒤에 나가요. 조금 뒤에는 인자 여기 넘:은 사흘 없어요. 살 없고 저
　기만 가문 막 살문 서물,[14] 서무레밖에 못 해요. 물이 나쁘니까, 뻘이니까.
　【조금 뒤에 나가요. 조금 뒤에는 이제 여기 넘으면 사흘 없어요. 사흘
　이 없고 저기만 가면 막 하면 서물, 서물밖에 못 해요. 물이 나쁘니까,
　갯벌이니까.】

조: 조금하고 서물까지만 물질해요?
한: 여기는 서리빨에도 물질하는데, 늦은 때에도 할 수 있는데, 저 조도 등
　에 가문 막 거긴 너물, 섬셋날밖에[15] 못 해요. 또 어떤 때는 맨날 메칠
　인자 빙빙 돌아매 갖고 놀다 오는 때가 마이 있고 일을 못해 갖고.
　【여기는 서릿발에도 물질하는데, 늦은 때에도 할 수 있는데, 저 조도 등
　에 가면 막 거기는 너물, 서너물밖에 못 해요. 또 어떤 때는 맨날 며칠
　이제 빙빙 돌아 가지고 놀다 오는 때가 많이 있고 일을 못해 가지고.】

조: 물질은 언제 하신가요?
한: 아침에요.
　【아침에요.】

조: 물질할 때 불 쬐고 그런 데도 있어요?
한: 속옷 입어 갖고 욱에 또 인자 하얀 걸로 만들어서 입고 인자 금방 들어
　갔다 금방 나오고 금방 들어갔다 금방 나와 불제.
　【속옷 입어 가지고 위에 또 이제 하얀 것으로 만들어서 입고 이제 금
　방 들어갔다 금방 나오고 금방 들어갔다 금방 나와 버리지.】

---

14 물때를 나타내는데 음력 11일, 12일과 26일, 27일의 썰물과 밀물을 의미한다.
15 남해군 어촌에서는 '스무사흘'이라는 어휘보다는 '스무셋날'을 더 많이 사용한다고
　한다.

조: 거기를 뭐라고 불러요?

한: 불 쪼게 어서 온나. 자기 온나, 불 쪼게 어서 불 짜라. 춥다, 어서
　　불 쪼자. 그러다가 인자 고무옷 나오니까 불도 안 쪼고.
　　【불 쬐게 어서 오너라. 자기 오너라, 불 쬐게 어서 불 쬐라. 춥다, 어서
　　불 쬐자. 그러다가 이제 고무옷이 나오니까 불도 안 쬐고.】

조: 예전에는 상하 모두 물옷 입으셨어요?

한: 그랬죠!
　　【그랬죠!】

조: 적삼이랑 다 입고요?

한: 적삼이랑 속곳이랑 입고.
　　【물적삼이랑 속곳이랑 입고.】

조: 제주도에서는?

한: 제주서도 마찬가지.
　　【제주에서도 마찬가지.】

조: 완도에서는 고무옷을 입으신 거예요?

한: 여기서 인자, 여기서 와서도 그렇고 있다가 고무옷 나온 바람에.
　　【여기서 이제, 여기에 와서도 그렇게 있다가 고무옷이 나온 바람에.】

조: 허리에다가 뭐 차고 하신 거예요?

한: 응.
　　【응.】

조 만들어서 하셨어요? 아니면 사서 하신 거예요?

한: 산 것도 있고 만들어서 한 것도 있고. 저기 한 두름 있어요.

　　【산 것도 있고 만들어서 한 것도 있고. 저기 한 두름 있어요.】

조 지금도 가지고 계세요?

한: 저기 숨켜 나 갖고. 아니, 고물 장시가 와서 '갖고 갈래.' 그러니까 '안

　　된다고 나 두라고, 안 된다고 나 두라고.' 그래서 숨켜 났어.

　　【저기 숨겨 놓아 가지고. 아니, 고물 장수가 와서 '갖고 갈래.' 그러니까

　　'안 된다고 놓아 두라고, 안 된다고 놓아 두라고.' 그래서 숨겨 놓았어.】

조 오리발도 하셨어요?

한: 오리발도 있죠. 오리발도 있고 다 있어요. 수경도 있고.

　　【오리발도 있죠. 오리발도 있고 다 있어요. 수경도 있고.】

조 수경은 옛날에 큰 걸로 하신 거예요? 작은 걸로 하신 거예요?

한: 큰 거. 아이 때 한 것은 째깐한 거.

　　【큰 것. 아이 때 한 것은 조그마한 것.】

조 작은 것을 뭐라고 불렀어요?

한: 째깐 눈. 고무옷은 엊그저께 있었다가 하나는 욱에 것은 여기 토시 한

　　다고 줘 불고 밑에 것은.

　　【조그마한 눈. 고무옷은 며칠 전에도 있었는데 하나는 위의 것은 여기

　　토시 한다고 줘 버리고 밑의 것은.】

조 귀마개도 하세요?

한: 기마개 우리는 안 해 봤어요. 딴 사람은 헌 사람 있었어요. 기마개.

【귀마개 우리는 안 해 봤어요. 딴 사람은 하는 사람이 있었어요. 귀마개.】

조 끔 넣어서 하던대요.
한: 끔 씹어 갖고 끔으로 막는 사람이 있는데 우리는 안 해 봤어요.
　【껌 씹어 가지고 껌으로 막는 사람이 있는데 우리는 안 해 봤어요.】

조 물건 담는 그물을 뭐라고 불러요?
한: 망사리.[16] 두름박 망사리.
　【망사리. 태왁 망사리.】

조 주로 뭐 넣어요? 미역이랑.
한: 또 인자 째깐한 조락이라고[17] 인자 있어요. 그럼 망사리를 묶어 갖고 거기다 해삼도 잡아 넣고. 고동 그런 것은 같이 못 넣거든 해삼은, 뽈나니까. 따로 잡아 넣고 고동, 전북 그런 거.
　【또 이제 조그마한 조락이라고 이제 있어요. 그럼 망사리에 묶어 가지고 거기다 해삼도 잡아 넣고. 고동 그런 것은 같이 못 넣거든 해삼은, 상하니까. 따로 잡아 넣고 고동, 전복 그런 것.】

조 작업 갈 때 갈고리 그런 것도 가져가세요?
한: 갈고리도 있어요. 있었어요. 문에 잡는 거.
　【갈고리도 있어요. 있었어요. 문어 잡는 것.】

─────────────

16 제주도에서 해녀가 채취한 해물 따위를 담아 두는 그물로 된 그릇을 말한다.
17 물질 시 해녀가 태왁 망사리에 묶거나 배에 차는 주머니이다

⊠ 여기서 문어도 잡으셨나요?

한: 그렇죠. 아침무레 가서 문에 잡어요.

　【그렇죠. 아침물질 가서 문어 잡어요.】

⊠ 닻줄은 몇 미터 정도 해요?

한: 닷줄은 지러야 돼요. 다섯 발.[18]

　【닻줄은 길어야 돼요. 다섯 발.】

⊠ 물에 떠 있는 것을 뭐라고 해요?

한: 두름박.

　【테왁.】

⊠ 옛날에는 두름박을 뭐로 만들었어요?

한: 옛날에 박 있잖아요. 박, 그걸로 했었어요.

　【옛날에 박 있잖아요. 박, 그걸로 했었어요.】

⊠ 미역 말고 감태 그런 것도 있나요?

한: 감태 그런 거 없어요.

　【감태 그런 것 없어요.】

⊠ 모자반은?

한: 그런 것은 많이 있는데.

　【그런 것은 많이 있는데.】

---

18 한 발은 두 팔을 양옆으로 펴서 벌렸을 때 한쪽 손끝에서 다른 쪽 손끝까지의 길
　이이다.

조 톳은?

한: 톳은 엉덕에서 나온 것이고 청각도 인자 바닥에, 밑에가 있고 헌디 인자 주변에서 줄청각을 많이 하잖아요. 줄뻣대가 줄줄해서 청각을 하잖아요. 바닥은 없어요.

【톳은 바위에서 나온 것이고 청각도 이제 바닥에, 밑에 있고 한데 이제 주변에서 줄청각을 많이 하잖아요. 줄 구조물에 줄줄 청각을 하잖아요. 바닥은 없어요.】

조 우무는 있어요?

한: 우무는 있죠.

【우무는 있죠.】

조 소라하고 고둥은 언제 해요?

한: 지금 사철 있어요. 고둥 같은 것은 사철 해요. 여 바닥은 어촌계가 막았다가 막아분 한 달이나 두 달 막았다가 틈이 인자 하는데 여기는 막아 보도 안 하고 터 보도 안 하고 그냥 계속했어요.

【지금 사철 있어요. 고둥 같은 것은 사철 해요. 여기 바다는 어촌계가 막았다가 막아버린 한 달이나 두 달 막았다가 틈이 나면 이제 하는데 여기는 막아 버리지도 안 하고 터 버리지도 안 하고 해서 그냥 계속했어요.】

조 문어는 뭐라고 해요?

한: 문어라고. 제주서는 뭉게.

【문어라고. 제주에서는 뭉게.】

조 성게도 하셨어요?

한: 성게도 마이 했죠. 조도서 해 왔어요. 여기는 벨로 없고 조도서 마이
　　해 왔어요. 이만썩.
　　【성게도 많이 했죠. 조도서 해 왔어요. 여기는 별로 없고 조도서 많이
　　해 왔어요. 이만큼.】

조 성게 잡으면 자기가 다 가져가요?
한: 다 같이 까 갖고 선장집, 횟집, 해녀집 다 나나서.
　　【다 같이 까 가지고 선장집, 횟집, 해녀집 다 나눠서.】

조 선장 하나, 해녀 하나 계산하나요?
한: 팔아 갖고 돈 나눌 때는 선장목, 횟집, 우리 해녀들 그렇게서 나눠요.
　　【팔아 가지고 돈을 나눌 때는 선장 몫, 횟집, 우리 해녀들 그렇게 해서
　　나눠요.】

조 게 같은 것도 있나요?
한: 게 있죠.
　　【게 있죠.】

조 게로 뭐 해서 드세요?
한: 그거 손이로 잡을 수도 있고 그건 누가 신경 안 써요.
　　【그거 손으로 잡을 수도 있고 그건 누가 신경 안 써요.】

조 제주도에서 물질하실 때하고 여기에서 물질하실 때하고 가장 큰 차이
　　가 뭐예요?
한: 여기는 수심이 작죠. 제주도는 크고 수심이 지프고 그러니까 아무래도
　　여기서 얕은 데 가는 것이 낫죠.

【여기는 수심이 낮죠. 제주도는 크고 수심이 깊고 그러니까 아무래도
여기서 얕은 데 가는 것이 낫죠.】

조 그러면 물질할 때 쓰는 거는 다 똑같아요?

한: 예, 말 트지마, 특징이 머 다 똑같지 머. 두름박 가져 온나, 제주서는
테악. '아이고, 나 저 테악 좀 끄서라 주게, 여기서는 아이고, 두름박
내려간다 좀 잡아 주라.'
【예, 말 특징이, 특징이 뭐 다 똑같지 뭐. 두름박 가져 오너라, 제주서
는 테왁. '아이고, 나 저 테왁 좀 끌어 주라, 여기서는 아이고, 두름박
내려간다 좀 잡아 주라.'】

조 처음에는 오셔서 말이 잘 통하셨어요?

한: 잘 못 했죠. 제줏말을 많이 썼죠. 살다 보니까 애들도 있고, 살다 보니
까 인자 여기 말도 쓰는 거지.
【잘 못 했죠. 제주말을 많이 썼죠. 살다 보니까 애들도 있고, 살다 보
니까 이제 여기 말도 쓰는 거지.】

조 제주도 가시면 제주도말을 다 알아들으시죠?

한: 제주도 가문 또 여기 말이 많이 써지요. 또 안 쓴다 해도 그라문 에이,
언니는 에이, 일본서 멫 십년 살다 온 사람도 한국말 한디 무슨.
【제주도 가면 또 여기 말이 많이 써져요. 또 안 쓴다 해도 그러면 에
이, 언니는 에이, 일본서 몇십 년 살다 온 사람도 한국말 하는데 무슨.】

제2장

소안도 해녀의 삶과 언어

소안도 해녀의 삶과 언어

조 여기에서 태어나셨어요?

신: 예, 여기서 이 마을에서 태어났어요.

　【예, 여기서 이 마을에서 태어났어요.】

조 여기가 미라리 맞죠?

신: 예, 소안면 미라리요.

　【예, 소안면 미라리요.】

조 어르신의 어머니는 어디서 태어나셨을까요?

신: 우리 어머니는 여기 비자리 동네.

　【우리 어머니는 여기 비자리 동네.】

조 비자리요?

신: 예, 비자리라고 소안면 면 소재지. 우리 친정어머니는.

　【예, 비자리라고 소안면 면 소재지. 우리 친정어머니는.】

조 예전에 잘하는 해녀에게 물질하는 방법을 배우신 적 있으세요?

신: 그런 것도 없고. 옛날에 나는 인자 저 부산서 살다가 16살에 들왔어요.
　국민학교 2학년 때, 1학년 2학기 때 갔다가 열여섯 살 묵어서, 묵던 해
　여기 왔어요.
　【그런 것도 없고. 옛날에 나는 이제 저 부산에서 살다가 16살에 들어
　왔어요. 초등학교 2학년 때, 1학년 2학기 때 갔다가 열여섯 살 먹어서,
　먹던 해 여기 왔어요.】

조 그럼 여기에서 태어나셨어요?

신: 태어났다가 국민학교 1학년 2학기 때 가족이 인자 그리 뜨니까 갔다가
   인자 또 저 16살에 여기를 들왔어요.
   【태어났다가 초등학교 1학년 2학기 때 가족이 이제 그리 뜨니까 갔다
   가 이제 또 저 16살에 여기를 들어왔어요.】

조 다시 소안도로 오신 거예요?

신: 예, 그래 갖고 인자 그 교육을 받은 거 아니라 인자 옛날에는 막 그냥
   에려서[1] 인자 해수욕하고 글안했겠소. 그런 것을 배: 갖고 하다가 보니
   까 인자 물질을 하게 됐어요. 그 인자 우리 친구들이 다 있었어요.
   【예, 그래 가지고 이제 그 교육을 받은 것 아니라 이제 옛날에는 막 그냥
   어려서 이제 해수욕하고 그러지 않았겠소. 그런 것을 배워 가지고 하다가
   보니까 이제 물질을 하게 됐어요. 그 이제 우리 친구들이 다 있었어요.】

조 여기 다섯 분인가 말씀하시는 거죠.

신: 예. 그래 갖고 인자 댕긴 것이 그라고 댕겠죠. 그란 것이 인자 그것이
   생계가 됐제. 벌어 묵고 인자 그런 식으로 됐죠. 여기서 젤혼하고.
   【예. 그래 가지고 이제 다닌 것이 그렇게 다녔죠. 그런 것이 이제 그것
   이 생계가 됐지. 벌어먹고 이제 그런 식으로 됐죠. 여기서 결혼하고.】

조 따로 어떤 교육을 받지는 않으셨어요?

신: 교육 그런 거 받은 것이 없고. 지금은 제주 해녀들은 교육을 안 받읍디
   까? 우리는 옛날 것이라 그런 것이 전혀 없었어요. 그래 갖고 인자 한
   나, 한나 한 것이 결혼 인자 해 갖고도 그것이 이제 영리 목적이 되니

---

1 기본형은 '에리다'이고 '어리다'의 전남 방언이다.

까 돈이 없고 그라니까 이 돈 한 푼도 번 것이. 지금은 그때는 벨로 이렇게 해녀들 안 한 시줬소, 제주 비발이라고[2] 그란디 지금은 그것이 다 제주 보니까 교육받고 그렇게 하더라고요. 그래 우리도 지금까지 하고 있어요.

【교육 그런 것 받은 것이 없고. 지금은 제주 해녀들은 교육을 안 받습디까? 우리는 옛날 것이라 그런 것이 전혀 없었어요. 그래 가지고 이제 하나, 하나 한 것이 결혼을 이제 해 가지고도 그것이 이제 영리 목적이 되니까 돈이 없고 그러니까 이 돈 한 푼도 번 것이. 지금은 그때는 별로 이렇게 해녀들 인정하지 않았잖소, 제주 비바리라고 그런데 지금은 그것이 다 제주 보니까 교육받고 그렇게 하더라고요. 그래 우리도 지금까지 하고 있어요.】

조 결혼은 언제 하셨을까요?

신: 결혼은 열아홉에 해 갖고 스무 살에 애기를 낳고 그랬어요.

【결혼은 열아홉에 해 가지고 스무 살에 아기를 낳고 그랬어요.】

조 그러면 자녀분들은 어떻게 되세요?

신: 오 남매여. 아들 서이, 딸 둘이.

【오 남매야. 아들 셋, 딸 둘.】

조 바깥어른은 그전에 무슨 일 하셨을까요?

신: 지금 수협에 다니다가 정년 하셨어요.

【지금 수협에 다니다가 정년 하셨어요.】

---

2 제주도에서 바다에서 해산물을 채취하는 일을 하는 처녀를 말한다.

조 그러면 계속 수협에서 근무하신 거예요?

신: 수협에 다니시다가 정년해서 인자 나이가 있으니까 인자 정년했죠. 집에서 이라고 가족, 밭에 일하고 이런 가정일하고 그라제.

【수협에 다니시다가 정년이 되어서 이제 나이가 있으니까 이제 정년이 되었죠. 집에서 이렇게 가족, 밭에 일하고 이런 가정일하고 그렇지.】

조 어르신 형제분들도 다 여기 계세요?

신: 형제분들은 아니, 없지요. 거기도 사 남매. 아들 둘, 딸 둘이 해 갖고 다 결혼했제. 지금 우리 아저씨가 칠십 야달인디.

【형제분들은 아니, 없지요. 거기도 사 남매. 아들 둘, 딸 둘 해 가지고 다 결혼했지. 지금 우리 아저씨가 칠십 여덟인데.】

조 여기에는 안 계세요?

신: 여기는 없어요. 소안면은 인자 시누라고 고모, 진산리 동네로 결혼해 갖고 살제.

【여기는 없어요. 소안면은 이제 시누이라고 고모, 진산리 동네로 결혼해 가지고 살지.】

조 타 지역으로 간 건 아니에요?

신: 우리 도련님은 서울가 사시고.

【우리 도련님은 서울에서 사시고.】

조 어르신 어머니는 비자리에서 무슨 일을 하셨을까요?

신: 그건 잘 모르제. 옛날에 어머니가 결혼을 해 갖고 나를 낳았으니까 잘 모르죠. 외갓집 다니고 그랬는디 옛날에 다 시골에서 농사짓고 머 그

런 거 했것제 멋 했것어.

【그건 잘 모르지. 옛날에 어머니가 결혼을 해 가지고 나를 낳았으니까 잘 모르죠. 외갓집 다니고 그랬는데 옛날에 다 시골에서 농사짓고 뭐 그런 것 했겠지 뭣 했겠어.】

조 물질 같은 건 안 하셨어요?

신: 그런 거 전혀 없었어.

【그런 것 전혀 없었어.】

조 그러면 어머니만 물질하셨어요?

신: 예, 나는 인자 여기서 한 것이제.

【예, 나는 이제 여기서 한 것이지.】

조 바깥 어르신은 어떻게 만나셨어요?

신: 여기 와서 여기 바깥어른은 여기 동네, 연애해서 결혼했죠.

【여기 와서 여기 바깥어른은 여기 동네, 연애해서 결혼했죠.】

조 여기서 중매하시는 분은 없었어요?

신: 그런 건 없었어요.

【그런 건 없었어요.】

조 그럼 친척이 소개해 주는 것도 없어요?

신: 그런 건 없고요. 서로가 한동네에서 사니까, 만나다 보니까 인자 나랑 갑장이고³ 그렇게 친구 아니었겠어요.

---

3 육십갑자가 같다는 뜻으로, 나이가 같다는 말이다.

【그런 건 없고요. 서로가 한동네에서 사니까, 만나다 보니까 이제 나랑 같은 나이이고 그러니까 친구 아니었겠어요.】

⊠ 결혼하실 때 가마 타고 갔어요?

신: 예, 그거 했어요. 가마 타고. 한 동네래도 가마 타고 왔어요.

【예, 그거 했어요. 가마 타고. 한 동네라고 해도 가마 타고 왔어요.】

⊠ 친정집은 어디셨어요?

신: 친정집은 인자 여기서 살다가 부산, 내:나[4] 부산으로 갔다가 다시 여기 와서 저 큰몰이라고 거기 살았어. 큰몰이라고 여기가 신난막 큰몰로 됐어요. 동네가, 이짝은 신난막 저짝은 큰몰 그렇게 됐어요. 옛날 이름으로.

【친정집은 이제 여기서 살다가 부산, 내내 부산으로 갔다가 다시 여기 와서 저 큰몰이라고 거기 살았어. 큰몰이라고 여기가 신난막 큰몰로 됐어요. 동네가, 이쪽은 신난막 저쪽은 큰몰 그렇게 됐어요. 옛날 이름 으로.】

⊠ 큰몰에서 여기까지 오셨어요?

신: 여기가 아니고 인자 집이 이사 왔죠. 딴 쩌 욱에서 동네에 살았는디 턱 구석, 똥꼴, 잿등, 큰몰 그란다. 이 동네 이름이 옛날에, 골목으로 올라 간 그 골목 이름으로.

【여기가 아니고 이제 집이 이사 왔죠. 다른 저 위에서 동네에 살았는 데 턱구석, 똥골, 잿등, 큰몰 그런대요. 이 동네 이름이 옛날에, 골목으 로 올라간 그 골목 이름으로.】

---

4 '지금껏, 이제껏, 내내'의 의미로 사용된다.

⬜ 신혼집은 어디셨어요?

신: 잿등에서 살았제. 중앙 재야, 우리 동네에서는 중앙에가 제일 인자 낫
죠.
【잿등에서 살았지. 중앙 고개요, 우리 동네에서는 중앙이 제일 이제 낫
죠.】

⬜ 신혼집을 잿등에 하신 거예요?

신: 예, 나는 시집을 오고요.
【예, 나는 시집을 오고요.】

⬜ 그때는 무슨 옷 입으셨어요?

신: 한복 입고 쪽도리 쪘죠.[5]
【한복 입고 족두리 쪘죠.】

⬜ 결혼식을 잿등 마을 집 마당에서 하신 거예요? 아니면 다른 장소에서
하신 거예요?

신: 잿등이라고 옛날에 사무실, 동사무실. 거기서 했죠. 옛날에, 옛날에 몇
십 년 안 됐소. 지금 50년이 넘었응께.
【잿등이라고 옛날에 사무실, 동사무소. 거기서 했죠. 옛날에, 옛날에
몇십 년 안 됐소. 지금 50년이 넘었으니까.】

⬜ 신혼집에서는 안 하고.

신: 예, 집이서는[6] 인자 잔치하고 거기서 식은 하고 그랬어요.

---

5 기본형은 '찌다'인데 머리카락을 뒤통수 아래에 틀어 올리고 비녀를 꽂는다는 의
미이다.

6 전남 방언에서 '에서'는 '집'과 같은 명사 뒤에서 '이서'로 실현된다.

【예, 집에서는 이제 잔치하고 거기서 식은 하고 그랬어요.】

조 동사무소에서 식을 하시고 집에서 잔치하시고요?
신: 예.
　【예.】

조 사진도 찍으셨어요?
신: 사진도 찍었죠. 사진 찍었는디 어가 있는지 모르겄소. 사진 다 찍었죠.
　결혼식 사진.
　【사진도 찍었죠. 사진 찍었는데 어디에 있는지 모르겠소. 사진 다 찍었
　죠. 결혼식 사진.】

조 예전에 필름이 없어서 그냥 카메라만 가지고 사진을 찍었다고 하더라
　고요.
신: 우리는 정확하게 사진사가 찍었었어요. 그때는.
　【우리는 정확하게 사진사가 찍었었어요. 그때는.】

조 사진사가 따로 있었어요?
신: 예, 옛날에 대리[7] 절고 지금은 살아 계신디 비자리 동네에서 와서 찍었
　어요. 원칙 한 사람은 죽어 불고 다시 또 인자 대리 저는 장애자님이
　해 갖고 지금 아퍼.
　【예, 옛날에 다리를 절고 지금은 살아 계신데 비자리 동네에서 와서
　찍었어요. 원래 한 사람은 죽어 버리고 다시 또 이제 다리 저는 장애자
　가 해 가지고 지금 아파.】

---

7 '다리'에서 이-모음역행동화가 적용되어 '대리'가 되었다.

조 결혼할 때 예물이나 예단 그런 것도 하셨어요?

신: 그랬죠. 다 이불하고 시어머니네 형제간들 다 하고 그런 거 하지요.

【그랬죠. 다 이불하고 시어머니네 형제간들 다 하고 그런 것 하지요.】

조 형제간한테 이불 한가요?

신: 그때는 이불하고 그런 거 했죠.

【그때는 이불하고 그런 것 했죠.】

조 예물로 이불 말고 다른 건 뭐가 있어요?

신: 다른 거 머 인자 시어머니네 옷 그런 거 다 하고 그라죠. 시어머니네 이불 해 가고 그라고[8] 인자 시누, 동서 이런 사람들은 다 해 가야죠.

【다른 것 뭐 이제 시어머니네 옷 그런 것 다 하고 그라죠. 시어머니네 이불 해 가고 그리고 이제 시누이, 동서 이런 사람들 것도 다 해 가야죠.】

조 결혼할 때 남자 집에서 여자 집으로 가져온 것 있어요?

신: 있어요. 사성[9] 단지도 있고 글안하겠소.

【있어요. 사성 단지도 있고 그렇지 않겠소.】

조 어떤 거요?

신: 결혼하기 전에 사성 단지, 사성 단지라고. 머 옛날에는 옥양목,[10] 강목,[11] 짝지에다 발러서 하고 그랬어요. 결혼하문은. 함 식으로, 그런 식

---

8 '그리고'의 전남 방언이다.
9 혼인이 정해진 뒤 신랑집에서 신부집으로 신랑의 사주를 적어서 보내는 종이를 말한다.
10 옥양목(玉洋木)은 생목보다 발이 고운 무명을 말한다.
11 광목(廣木)은 무명실로 서양목처럼 너비가 넓게 짠 베를 말한다.

으로 오고 그랬죠.¹²

【결혼하기 전에 사성 단지, 사성 단지라고. 뭐 옛날에는 옥양목, 광목, 자갈에다 발라서 하고 그랬어요. 결혼하면. 함 식으로, 그런 식으로 오고 그랬죠.】

조 함에 넣는 것은?

신: 옥양목, 강목 그런 것 갖고 인자 옥양목은 안 바르고 강목은 눌르라니까 해수욕장에서 다 빨어서 메칠 발러야 돼요. 독 눌러서. 그람 흐개지문¹³ 인자 그놈 푸다듬¹⁴ 해 갖고 이불 해 갖고 그런 거 하지요.

【옥양목, 광목 그런 것 가지고 이제 옥양목은 안 바르고 광목은 눌러야 하니까 해수욕장에서 다 빨아서 며칠 발라야 돼요. 돌을 눌러서. 그러면 하얘지면 이제 그것을 다듬질해 가지고 이불 해 가지고 그런 것 하지요.】

조 천만 가져와서 빨고 눌러서 해요?

신: 예, 옛날에는 이렇게 일을 하고 상께 적삼도 하고 옥양목 갖고, 강목 갖고는 옛날에 삼각팬티가 없었어요. 다 그런 베. 그라고 인자 머 옛날에는 우리 때는 글안했지만 아주 자룬¹⁵ 팬티, 중간 팬티, 또 이렇게 맨 바지, 고쟁이라고¹⁶ 그거 있어요. 고쟁이 그런 것도 해 갖고 그랬죠.

【예, 옛날에는 이렇게 일을 하고 사니까 적삼도 하고 옥양목 가지고,

---

12 전라도에서는 함에 신부옷감, 이불, 솜, 명주, 광목, 패물, 술, 떡을 싸서 신부집에 보낸다.
13 기본형은 '흐가다'이고 '-아/어지다'가 결합하여 '흐개지다'가 된 것이다. '하얗다'의 전남 방언이다.
14 다듬질하는 것을 의미하는 것 같다.
15 기본형은 '자룹다'이고 '짧다'의 전남 방언이다.
16 한복 치마 안에 입는 바지 모양의 속옷으로 무명, 삼베, 모시 등을 이용해 만들었다.

광목 가지고는 옛날에 삼각팬티가 없었어요. 다 그런 베로. 그리고 이제 뭐 옛날에는 우리 때는 그렇지 않았지만 아주 짧은 팬티, 중간 팬티, 또 이렇게 맨바지, 고쟁이라고 그거 있어요. 고쟁이 그런 것도 해 가지고 그랬죠.】

㋵ 결혼하실 때 신부상, 신랑상 그런 거 있었어요?

신: 그런 거 있었죠. 주인 앙지고[17] 신랑은 오문은 거기 하고 각시가 신랑 집으로 오문은 마주댐이 앉고 그 젙에[18] 누가 마주댐이 앉고 또 주인도 앉고 그렇게 했어요. 사람들이 시집가문 그라대요. 상에다가 주인상, 마주댐이상 따로 다 나둬요. 신부상.

【그런 것 있었죠. 주인 앉고 신랑은 오면 거기 하고 각시가 신랑 집으로 오면 마주 앉고 그 곁에 누가 마주 앉고 또 주인도 앉고 그렇게 했어요. 사람들이 시집가면 그러대요. 상에다가 주인상, 마주댐이상 따로 다 놓아둬요. 신부상.】

㋵ 상에다가 뭐 특별히 놓는 게 있나요?

신: 떡 놓고 그날 장만한 돼지고기, 옛날에 잔치니까 옛날에 돼지고기 없었죠. 글안하문 그란 잔칫날이나 돼지괴기[19] 있었을까? 없었어요. 그렇게 했어요.

【떡 놓고 그날 장만한 돼지고기, 옛날에 잔치니까 옛날에 돼지고기 없었죠. 그렇지 않으면 그런 잔칫날이나 돼지고기 있었을까? 없었어요. 그렇게 했어요.】

---

17 기본형은 '앙지다'이고 '앉다'의 전남 방언이다.
18 '곁'의 전남 방언으로 ㄱ-구개음화가 적용된 것이다.
19 '고기'에서 이-모음역행동화가 적용되어 '괴기'가 되었다.

조 신랑상, 신부상을 따로 해주네요.

신: 지금 60년이 다 안 됐소. 겔혼이. 그라고 또 우리도 나이 더 묵으문 노망해 갖고 머 어쯯게 알겠소. 그런 것을, 인자 지금은 동영상 남으니까.

【지금 60년이 다 되지 않았소. 결혼이. 그리고 또 우리도 나이 더 먹으면 노망해 가지고 뭐 어떻게 알겠소. 그런 것을, 이제 지금은 동영상 남으니까.】

조 보길도 한 번 갔거든요. 거기는 제주도에서 오신 분이 있더라고요.

신: 거기는 제주서 많이 왔어요. 중리, 예송리 그런 데는 전부 제주서 많이 왔어요. 여기도 한참은 많이 왔어요. 그란디 이 제주 사람들이 와 갖고 처녀로 와 갖고 우리 동네 사람들하고 연애하고 그래서 결혼하고 돌아가시고. 우리가 제일 막낸디 막내 하나가 또 생겼어요. 대리 수술해서 안 하고 있는디 그분이 막내여. 그란디 우리 하고 나문 없다고 생각한디 모르죠. 인자.

【거기는 제주서 많이 왔어요. 중리, 예송리 그런 데는 전부 제주서 많이 왔어요. 여기도 한참은 많이 왔어요. 그런데 이 제주 사람들이 와 가지고 처녀로 와 가지고 우리 동네 사람들하고 연애하고 그래서 결혼하고 돌아가시고. 우리가 제일 막내인데 막내 하나가 또 생겼어요. 다리 수술해서 안 하고 있는데 그분이 막내야. 그런데 우리가 하고 나면 없다고 생각하는데 모르죠. 이제.】

조 여기에서 실제로 물질하시는 분은 몇 분이나 계신가요?

신: 네 분이랑께라.

【네 분이라니까요.】

조 그전에는 더 계셨어요?

신: 그전에는 일곱, 야달이 됐지라. 지금은 네 분배께 없당께. 그라고 5명 댕기다가 동생이라는 나이 어린 사람이 수술했어요. 대리. 그래서 못 다녀. 너이 하고 있어요. 칠십 야달, 칠십 일곱, 칠십 넷 또 칠십 셋 그 사람이 너이가 하고 있소.

【그전에는 일곱, 여덟이 됐지요. 지금은 네 분밖에 없다니까. 그리고 5명 다니다가 동생이라는 나이 어린 사람이 수술했어요. 다리. 그래서 못 다녀. 넷이 하고 있어요. 칠십 여덟, 칠십 일곱, 칠십 넷 또 칠십 셋 그 사람이 넷이 하고 있소.】

조 마을 잔치는 어떻게 한가요?

신: 마을 잔치는 인자 코로나 아니문은 동네 청년들이 여름 해수욕장 바: 갖고 동민의 날도 하고 그러는디 이 코로나 함스로는[20] 그런 잔치라는 건 없어요.

【마을 잔치는 이제 코로나 아니면 동네 청년들이 여름 해수욕장 시기 봐 가지고 동민의 날도 하고 그러는데 이 코로나 하면서는 그런 잔치라는 건 없어요.】

조 옛날에요?

신: 옛날에 잔치 그랬죠. 동민의 날이 있었어요.

【옛날에 잔치 그랬죠. 동민의 날이 있었어요.】

조 50년 전에도 있었어요?

신: 50년 전에는 없죠. 그건 못 살았으니까 그런 잔치는 없었어요.

---

20 '-음스로'는 '-으면서'의 전남 방언이다.

【50년 전에는 없죠. 그건 못 살았으니까 그런 잔치는 없었어요.】

조 결혼할 때 잔치는 어떻게 하나요?

신: 마을 사람들이 돈 갖고 부지하고 그라죠. 그렇게 해서 하죠.

【마을 사람들이 돈 가지고 부조하고 그러죠. 그렇게 해서 하죠.】

조 마을 사람들이 부조는 뭘로 한가요? 쌀로 한가요?

신: 아니요, 우리가 갈 때마다 돈으로 했어요. 돈으로 얼마썩. 머 한 3만
원이지라. 지금이 3만 원이제. 옛날에는 벨로 없어요. 2만 원도 하고
만 원도 하고 그런 식으로 하고 엔간한 디는 또 소주 갖고 가고 그랬어
요. 그라고 옛날에는 또 거렁지²¹ 부주다고 보쌀도²² 갖고 가고 쌀도 갖
고 가고 그렇게 했어요. 지금은 다 돈으로 하고.

【아니요, 우리가 갈 때마다 돈으로 했어요. 돈으로 얼마씩. 뭐 한 3만
원이지요. 지금이 3만 원이지. 옛날에는 별로 없어요. 2만 원도 하고
만 원도 하고 그런 식으로 하고 엔간한 사람은 또 소주 가지고 가고
그랬어요. 그리고 옛날에는 또 거지 부조라고 보리쌀도 가지고 가고
쌀도 가지고 가고 그렇게 했어요. 지금은 다 돈으로 하고.】

조 마을 잔치할 때 무슨 국을 주로 먹나요?

신: 옛날에, 옛날에는 밀가리, 저 이녁²³ 집서 밀 싱게²⁴ 갖고 방엣간에²⁵ 찍
어서 밀가리죽 쑤고 그랬어요. 떡국, 밀죽, 밀죽이라 했제. 떡국이 아

---

21 '거지'의 전남 방언이다.
22 '보리쌀'의 전남 방언이다.
23 '자기'의 전남 방언이다.
24 기본형은 '싱구다'이고 '심다'의 전남 방언이다.
25 '방앗간'의 전남 방언이다.

니라 밀죽.

【옛날에, 옛날에는 밀가루, 저 자기 집에서 밀 심어 가지고 방앗간에서
찍어서 밀가루죽 쑤고 그랬어요. 떡국, 밀죽, 밀죽이라 했지. 떡국이
아니라 밀죽.】

조 미역국 같은 국은 없었어요?

신: 그런 국은 없었어요. 잔치할 때 국은 없고 콩나물 쌂고 이녁 집서 질러
서 그라고 인자 돼지 잡으문은 빼 안 갈루요. 그놈 짐치해서 국 끓이
고²⁶ 그래요.

【그런 국은 없었어요. 잔치할 때 국은 없고 콩나물 삶고 자기 집에서
길러서 그리고 이제 돼지 잡으면 뼈를 가르지요. 그놈 김치해서 국 끓
이고 그래요.】

조 옛날에 쌀밥도 드셨나요?

신: 쌀밥은, 옛날에는 쌀밥이 제사나 멩절 때나 쌀밥이 있으까 쌀밥이 없
었죠. 그라고 보리에다가 인자 웁쌀²⁷ 연지고²⁸ 글안했겠소. 그런 잔칫
날은 쌀밥 묵었겠죠.

【쌀밥은, 옛날에는 쌀밥이 제사나 명절 때나 쌀밥이 있을까 쌀밥이 없
었죠. 그리고 보리에다가 이제 웁쌀 얹고 그렇지 않았겠소. 그런 잔칫
날은 쌀밥 먹었겠죠.】

조 결혼할 때 어머니가 가져오신 물건이 있을까요? 요강이나 빗이라든지.

신: 그런 건 없어.

---

26 '끓이다'의 전남 방언이다.
27 솥 밑에 잡곡을 깔고 그 위에 조금 얹어 안치는 쌀을 말한다.
28 '얹다'의 전남 방언이다.

【그런 건 없어.】

조 결혼식 때 가져온 것 없어요?
신: 그때는 다 있었죠.
　　【그때는 다 있었죠.】

조 옛날에 뭐 가져오셨을까요?
신: 머 미싱도 갖고 오고 그라고 머 이불도 다 해 오고 함 지고 오고 글안
　　하요. 각시 온 디는 한 일곱인가 머 지고 와요. 머 다 이녁 삼합에다
　　모재비에다[29] 옛날 안 있소. 그런 거 갖갔죠.[30] 머.
　　【뭐 미싱도 가지고 오고 그리고 뭐 이불도 다 해 오고 함 지고 오고
　　그렇지 않아요. 각시 오는 데는 한 일곱인가 뭐 지고 와요. 뭐 다 자기
　　동고리 삼합에다, 모재비에다 옛날 안 있소. 그런 것 가져왔죠. 뭐.】

조 신부만 따로 가져오는 물건요? 요강 같은 거요?
신: 요강 갖고 와야죠. 가매 뒤에다 요강 차야죠.
　　【요강 가지고 와야죠. 가마 뒤에다 요강 차야죠.】

조 가마 뒤에다가요?
신: 가매 안에다 요강 채서 보내지요.
　　【가마 안에다 요강 채워서 보내지요.】

조 또 뭐 다른 것은 없어요? 세숫대야는?

---

29 혼사나 제사 등의 큰일을 치를 때 떡이나 엿을 담는 그릇을 말하는데 형태에 따라
　　동그랗게 생긴 것을 동고리라 하고, 약간 모가 난 것을 모재비라고 한다.
30 기본형은 '갖고오다'이고 '가져오다'의 전남 방언이다.

신: 그런 것은 인자 다 해 갖고 와요. 이미 다 해 오고 짊어지고 오지라.
다라 그런 거 다 해 갖고 와요.
【그런 것은 이제 다 해 갖고 와요. 이미 다 해 오고 짊어지고 오지요.
대야 그런 것 다 해 가지고 와요.】

조 결혼한 다음에 신랑 발바닥 때리는 것도 허셨나요?
신: 그런 것은 안 했어요. 그때는. 지금 중간에는 많이 했는디 그때는 그런
거 없었어요.[31]
【그런 것은 안 했어요. 그때는. 지금 중간에는 많이 했는데 그때는 그
런 것 없었어요.】

조 결혼할 때 가장 기억에 남는 거 있으세요?
신: 그게 다 기억이제. 다 잊어 불제 어떻게 되겠소. 몰라 나. 그래도 선생
님께서 물어 봉께 사금사금[32] 기억나제. 그런 건 다 모르죠. 생각도 안
한 일이지.
【그게 다 기억이지. 다 잊어버리지 어떻게 되겠소. 몰라 나. 그래도 선
생님께서 물어보니까 사금사금 기억나지. 그런 건 다 모르죠. 생각도
안 한 일이지.】

조 예전에 잿등에 사셨다고 그랬잖아요.
신: 중앙이야, 바로 거기가. 이 우리 마을 중앙. 이 동네, 마을 중에서 중앙
이라고라.
【중앙이야, 바로 거기가. 이 우리 마을 중앙. 이 동네, 마을 중에서 중

---

31 설 명절에 처갓집에 인사하러 갈 때 청년들이 신랑 발바닥을 때렸다고 한다.
32 생각이 안 났는데 물어보니 하나씩 하나씩 기억이 나는 것을 표현하는 것 같다.

앙이라고요.】

조 그 집은?

신: 그 있어요, 그 집. 놈이 사서 살죠.

【그 있어요, 그 집. 남이 사서 살죠.】

조 처음에 그 집 돈을 주고 사신 거예요?

신: 아니, 옛날에 모르죠. 시어머니, 시아버지가 인자 옛날부터, 조상 때부
터 물려받은 거죠. 그라고 인자 이 집은 우리가 지스고.

【아니, 옛날에 모르죠. 시어머니, 시아버지가 이제 옛날부터, 조상 때
부터 물려받은 거죠. 그리고 이제 이 집은 우리가 짓고.】

조 그럼 조상 때 지은 집에 어머니가 가서 사신 거예요?

신: 예, 살았어요. 거기서. 할머니, 증조할머니 그런 분들이 다 지니고 살
던 분이에요. 거기서 결혼, 돌아가시고 초상 치고 그렇게 했지요.

【예, 살았어요. 거기서. 할머니, 증조할머니 그런 분들이 다 지내고 살
던 분이에요. 거기서 결혼, 돌아가시고 초상 치르고 그렇게 했지요.】

조 바깥어른이 수협 다니셨으니까 생활은 다른 분들보다 더 나으셨겠어
요?

신: 머 옛날에 먼 좋았겄소. 아그들을 갤치느라고[33] 아그들 다 갤쳐냈지요.
다섯이가, 지금은 인자 농사 안 짓고 다 해묵고 살아요.

【뭐 옛날에 뭔 좋았겠소. 아이들을 가르치느라고 아이들 다 가르쳐 냈
지요. 다섯을, 지금은 이제 농사 안 짓고 다 해 먹고 살아요.】

---

33 기본형은 '갤치다'이고 '가르치다'의 전남 방언이다.

조 결혼하시고도 물질을 계속 하셨어요?

신: 했제. 인제까지, 지금까지 했죠. 아그들을 다 그때 당시에 그거 유학시
키고 글안했겠소. 일본으로 애기들을 둘이나 갤쳤는디, 애기들 갤친
것배께 없어요.

【했지. 인제까지, 지금까지 했죠. 아이들을 다 그때 당시에 그거 유학
시키고 그렇지 않았겠소. 일본으로 아이들을 둘이나 가르쳤는데, 아이
들 가르친 것밖에 없어요.】

조 살림살이는 물질하셔서 장만하신 거예요?

신: 그전부터 있었죠. 다 이제 조상 때부터 갖고 이사하고 글안했거든. 전
적으로 해 갖고 머 그런 거 없어요.

【그전부터 있었죠. 다 이제 조상 때부터 가지고 이사하고 그렇지 않았
거든. 전적으로 해 가지고 뭐 그런 것 없어요.】

조 살림살이를 물질로 장만한 것은 아니네요.

신: 그런 건 없죠. 애기들은 인자 다, 그전에 살림이야 다 튼튼한 살림이었
죠. 인자 그전에 어머니, 아버지 때 갖고 있었죠. 전답도 인자 돌아가
시고 낭께 우리가 물려받고 장남이고 그랑께 그렇게 했죠.

【그런 건 없죠. 아이들은 이제 다, 그전에 살림이야 다 튼튼한 살림이
었죠. 이제 그전에 어머니, 아버지 때 가지고 있었죠. 전답도 이제 돌
아가시고 나니까 우리가 물려받고 장남이고 그러니까 그렇게 했죠.】

조 첫 아이 가지실 때 태몽 같은 거 꾸셨을까요?

신: 태몽은 놈우 태몽 꺼졌어요. 내가 이 임신을 한디 용이, 큰 용이 그 욱
에 문턱 밑으로, 문간 밑으로 들어갔는디 그건 놈우 태몽입디다. 그 집
은 아들 낳고 나는 딸 낳고 그랬소.

【태몽은 남의 태몽을 꿔졌어요. 내가 이 임신을 하는데 용이, 큰 용이 그 위에 문턱 밑으로, 문간 밑으로 들어갔는데 그건 남의 태몽입디다. 그 집은 아들 낳고 나는 딸 낳고 그랬소.】

조 첫째는 그렇고 둘째, 셋째 태몽은 없으실까요?

신: 아니, 저 우리 큰아들은 또 소를 운동장으로 몰고 댕기더만 그건 또 아들이었고 또 두째 아들은 인자 우리 큰어마니라고 돌아가신 분이 폿씨를[34] 씨 하라고 옛날에 그 저기 잿등에 살 때 그 집에서 씨 하라고 갖다 줬는디 폿도 아들이었습디다. 그래 갖고 인자 그놈 끊고는, 돌아가신 큰아머니가 씨 하라고 갖다 주더라고요. 그랬는디 그놈도 둘째 아들이었어요.

【아니, 저 우리 큰아들은 또 소를 운동장으로 몰고 다니더니 그건 또 아들이었고 또 둘째 아들은 이제 우리 큰어머니라고 돌아가신 분이 팥씨를 씨 하라고 옛날에 그 저기 잿등에 살 때 그 집에서 씨 하라고 갖다 줬는데 팥도 아들이었습디다. 그래 가지고 이제 그놈 끊고는, 돌아가신 큰어머니가 씨 하라고 갖다 주더라고요. 그랬는데 그놈도 둘째 아들이었어요.】

조 소나 폿이 아들이에요?

신: 예, 아들이고 다 태몽 꿨죠. 그때 당시에는.

【예, 아들이고 다 태몽 꿨죠. 그때 당시에는.】

조 입덧은 안 하셨어요?

---

34 '팥'의 전남 방언이다. '꽃/폿>팥'팥'의 변화 과정을 거쳤는데 어간말 자음 'ㅊ'이 'ㅌ'이 된 것은 '꽃'의 'ㅊ'을 'ㅌ'에서 변화한 것으로 오해한 과도교정이 적용된 것이다.

신: 그렇게 입덧은 드러눕고 그런 건 없었어요. 그라고 그때 당시에는 돼
지고기를 묵고 싶어도 없어요. 어디서 사다 묵을 수도 없고 그랍디다.
그라고 옛날에 우리 큰아들 설 때는 게란이 그렇게 묵고 싶었어요. 그
래 갖고 인자 했는디, 뒤로까지 애기도 다 낳고 인자 이렇게 세상이 풀
려 갖고 한 판 쌂아 갖고 많이 묵었습디다. 그런 때는 묵고 싶어도 못
묵어요. 돈이 없고 가게도 없고 쩌리 나가야 사 오고 그라고 인자 그런
때는 돼지를 이런 데는 잡어서 멩절에 몇 집이 얼러서 나누고 그랑께
고기를 못 묵어요. 지금은 인자 마음대로, 참 돈 없응께 못 사다 묵제
사 먹을 때 맨날 기잖어요. 그게 그라더라고라.

【그렇게 입덧은 드러눕고 그런 건 없었어요. 그리고 그때 당시에는 돼
지고기를 먹고 싶어도 없어요. 어디서 사다 먹을 수도 없고 그럽디다.
그리고 옛날에 우리 큰아들 설 때는 계란이 그렇게 먹고 싶었어요. 그
래 가지고 했는데, 뒤로까지 아기도 다 낳고 이제 이렇게 세상이 풀려
가지고 한 판 삶아 가지고 많이 먹었습디다. 그런 때는 먹고 싶어도 못
먹어요. 돈이 없고 가게도 없고 저리 나가야 사 오고 그리고 이제 그런
때는 돼지를 이런 데는 잡아서 명절에 몇 집이 얼러서 나누고 그러니
까 고기를 못 먹어요. 지금은 이제 마음대로, 참 돈 없으니까 못 사다
먹지 사 먹을 때 맨날 그러잖아요. 그게 그러더라고요.】

조 아이 낳고 처음에 뭐 먹나요? 미역국 먹나요?
신: 인자 미역국 줍디다. 한 이레까지는 다 밥으로, 저 시어머니가 다 해다
주고.

【이제 미역국 줍디다. 한 이레까지는 다 밥으로, 저 시어머니가 다 해
다 주고.】

조 한 이레까지는 해 주시면 계속 드시기만 하나요?

신: 아니, 한 이레가 넘도록 난 밥을, 해준 밥 묵었어요. 시어머니가 해준 밥 묵었어요.

【아니, 한 이레가 넘도록 난 밥을, 해준 밥 먹었어요. 시어머니가 해준 밥 먹었어요.】

㊂ 보통은 며칠인가요?

신: 보통은 서너 이레, 시 이레 넘도록 안 하는디 시골에서 그때 당시에 인자 가을이나 바쁜 때는 어쩔 수 없어. 그란디 나는 그렇게 오래 있다 나왔어요. 시어머니가 나오지 마라고 그라대요. 그래서 안 나오고 그랬어요.

【보통은 서너 이레, 세 이레를 넘도록 안 하는데 시골에서 그때 당시에 이제 가을이나 바쁠 때는 어쩔 수 없어. 그런데 나는 그렇게 오래 있다가 나왔어요. 시어머니가 나오지 말라고 그러대요. 그래서 안 나오고 그랬어요.】

㊂ 한 이레만 하면 나중에 몸이 많이 아프죠!

신: 예. 그란다고. 애기 날 때 조리 못 하문 안 된다고 나오지 마라고 산후조리가 제일 여자는 크다고 그람시롱³⁵ 그렇게 합디다. 어머니가, 그랑께 인자 안 나왔죠. 그래 갖고 서너 이레 가차이 됭께 나와서 인자 내 몸도 딲고 밥 묵고 설거지도 내가 하고 쪼깐썩 쪼깐썩 그렇게 하다 봉께 됐어요.

【예. 그런다고. 아기 날 때 조리 못 하면 안 된다고 나오지 말라고 산후조리가 제일 여자는 크다고 그러면서 그렇게 합디다. 어머니가, 그러니까 이제 안 나왔죠. 그래 가지고 서너 이레 가까이 되니까 나와서

---

35 '-으면서'의 전남 방언이다.

이제 내 몸도 닦고 밥 먹고 설거지도 내가 하고 조금씩 조금씩 그렇게
하다 보니까 됐어요.】

[조] 아기 낳을 때 옆에서 도와주는 산파가 있어요?

신: 그런 거 없어요. 옛날 산파가 어디가 있다, 없제. 인자 그 시만 기다리
고 있는 것이제 애기 나올 시기만. 병원도 없어.

【그런 것 없어요. 옛날 산파가 어디에 있다, 없지. 이제 그 시기만 기
다리고 있는 것이지 아기 나올 시기만. 병원도 없어.】

[조] 그럼 시어머니가 아이를 다 받아주신 거예요?

신: 그렇죠, 시어머니가 받죠. 시어머니가 다 받었어요.

【그렇죠, 시어머니가 받죠. 시어머니가 다 받았어요.】

[조] 제사도 지내시나요?

신: 제사, 우리가 인제까지 다 지내죠.

【제사, 우리가 인제까지 다 지내죠.】

[조] 1년에 몇 분이나 지내시나요?

신: 일 년에 일곱 번 지냈는디 지금은 다 합쳐서 지내니까 시 번. 두 번이
까? 시 번이까? 두 번, 두 번 지낸 거요. 어머니, 아버지 합당치고 또
시향으로[36] 모신 어머니 게실 때 또 시향으로 모신 할아버지 있고 그렇
게 두 번. 할머니, 할아버지 합쳐 갖고.

【일 년에 일곱 번 지냈는데 지금은 다 합쳐서 지내니까 세 번. 두 번일
까? 세 번일까? 두 번, 두 번 지낸 거예요. 어머니, 아버지 합당치고 또

---

36 음력 10월에 5대 이상의 조상 무덤에 지내는 제사를 말한다.

시향으로 모신 어머니 계실 때 또 시향으로 모신 할아버지 있고 그렇게 두 번. 할머니, 할아버지 합쳐 가지고.】

조 제사상에 뭐 올리나요?
신: 제사는 여기저기 나온 반찬에다 인자 지금은 걸게[37] 차르지라. 꽈일조차 머 생선조차 소고기, 돼지고기 다 들어가 있어. 요새는 지사 지낸 것은.
【제사는 여기저기 나온 반찬에다 이제 지금은 걸게 차리지요. 과일조차 뭐 생선조차 소고기, 돼지고기 다 들어가 있어. 요새 제사 지낸 것은.】

조 예전에 결혼하시고 빚도 있으셨어요?
신: 빚 있겄지, 없었겄소.
【빚 있겠지, 없었겠소.】

조 빚은 어떻게 갚으셨어요?
신: 인자 벌어서 빚 갚어야지 안 갚으문 되겠소.
【이제 벌어서 빚 갚아야지 안 갚으면 되겠소.】

조 물질하셔서 갚으셨어요?
신: 아니, 물질은 보다도 어른이 또 수협에 다니고 그런 거, 저런 거 해서 갚으지라.
【아니, 물질보다도 어른이 또 수협에 다니고 그런 것, 저런 것 해서 갚지요.】

---

37 음식 따위가 가짓수가 많고 푸짐하다는 뜻이다.

조 시집살이도 하셨어요?

신: 인자 시집살이가 머, 부모님네하고 상께 시집살이죠 머.

【이제 시집살이가 뭐, 부모님하고 사니까 시집살이죠 뭐.】

조 뭐 특별한 건 없고요?

신: 특별한 것은 없고요.

【특별한 것은 없고요.】

조 음식은 무엇을 준비해요?

신: 기본은 노물 세 가지에다가 머 생선.

【기본은 나물 세 가지에다가 뭐 생선.】

조 노물 세 가지는 뭐가 있어요?

신: 콩노물은 기본이고 꼬사리노물을 해야 되고, 콩노물, 녹두노물[38] 그라
고 인자 저 머 그런 말 한다, 까지노물, 호박노물 다 하지라. 시골에서
는 그런 거 있으니까.

【콩나물은 기본이고 고사리나물을 해야 되고. 콩나물, 숙주나물 그리
고 이제 저 뭐 그런 말 한다, 가지나물, 호박나물 다 하지요. 시골에서
는 그런 것 있으니까.】

조 무슨 생선을 올려요?

신: 생선도 올리죠. 머 인자 조기나 갈치나 삼치나 이런 것이죠.

【생선도 올리죠. 뭐 이제 조기나 갈치나 삼치나 이런 것이죠.】

---

38 '숙주나물'의 전남 방언이다.

조 이런 거는 다 어떻게 준비해요?

신: 사야죠. 이런 데서 인자 어장에서 사서 하죠.

【사야죠. 이런 데서 이제 어장에서 사서 하죠.】

조 여기서 다 잡혀요?

신: 딴 디 가서 사문 고기가 양식인지 그거 잘 모를 경우 여기서 사요.

【다른 데 가서 사면 고기가 양식인지 그거 잘 모를 경우에 여기서 사요.】

조 떡은 무슨 떡을 올려요?

신: 떡은, 제사 떡은 시루떡 해야죠. 지끔은 떡도 다 사다 합디다마는 나는 다 사다 한 적은 없어요. 한 되를 해도 인자.

【떡은, 제사 떡은 시루떡 해야죠. 지금은 떡도 다 사다 합디다마는 나는 다 사다 한 적은 없어요. 한 되를 해도 이제.】

조 어떻게 만드신 거예요?

신: 인자 방엣간에 가서 해 갖고 와야제. 지금은 거기서 떡 다 해줘요. 옛날에는 도구독에 뽀사서 다 했어요.

【이제 방앗간에 가서 해 가지고 와야지. 지금은 거기서 떡 다 해줘요. 옛날에는 절구에 빻아서 다 했어요.】

조 그다음에는요?

신: 치고 일곱 번 치고 시리떡도 하고 그렇게 했죠. 옛날에는, 이 떡을 불렀다가 도구통에[39] 찍으문[40] 일곱 번을 처야만이 그것이 다 돼요. 친 것

---

39 '절구'의 전남 방언이다.

은, 지금은 세상살이가 좋아서 기계에서 항께 일 없대요.

【치고 일곱 번 치고 시루떡도 하고 그렇게 했죠. 옛날에는, 이 떡을 불렸다가 절구에 찧으면 일곱 번을 쳐야만 그것이 다 돼요. 친 것은, 지금은 세상살이가 좋아서 기계에서 하니까 일이 없대요.】

[조] 시루떡 만들 때 시루에다 해요?

[신]: 예, 시루에다 해요. 그렇게 해야죠. 옛날에는 그랬어요. 지금은 안 해.

【예, 시루에다 해요. 그렇게 해야죠. 옛날에는 그랬어요. 지금은 안 해.】

[조] 과일은 뭘 올리나요?

[신]: 과일은 사과, 배 머 인자 여름에는 수박도 올리고 참외도 올리고 다 올리제. 그래도 꽂감 같은 거 다 올려야 돼요. 제사에는, 멩절이나 그런 때는 다.

【과일은 사과, 배 뭐 이제 여름에는 수박도 올리고 참외도 올리고 다 올리지. 그래도 곶감 같은 것 다 올려야 돼요. 제사에는, 명절이나 그런 때는 다.】

[조] 육고기는 뭘 올리나요?

[신]: 돼지고기, 소고기. 소고기 인자 뚜부 해서 국 끓이고 돼지고기 삶어서 놓고 그래요.

【돼지고기, 소고기. 소고기 이제 두부 해서 국 끓이고 돼지고기 삶아서 놓고 그래요.】

---

40 '찧다'의 전남 방언이다.

조 어떤 명절을 크게 쇄요?

신: 추석, 설이죠. 옛날에는 유두[41] 세고 칠석[42] 세고 엄청 여름에 일이 많
     었어요. 그란디 지금은 그냥 다 생략해 비레요.
     【추석, 설이죠. 옛날에는 유두 쇠고 칠석 쇠고 엄청 여름에 일이 많았
     어요. 그런데 지금은 그냥 다 생략해 버려요.】

조 지금은 어때요?

신: 암:것도 안 해요. 인자 옛날에는 다 했죠. 유두, 칠석 머 다 지냈어요.
     【아무것도 안 해요. 옛날에는 다 했죠. 유두, 칠석 뭐 다 지냈어요.】

조 음식은 뭐 하셨어요?

신: 근대노물.[43] 옛날에 근대 밭에다 심겨 갖고 근대노물하고 그런 거. 옛
     날에는 둔북도[44] 있었는디 지금은 없어요. 둔북노물 하고 그랬어요. 그
     란디.
     【근대나물. 옛날에 근대 밭에다 심어 가지고 근대나물하고 그런 것. 옛
     날에는 둔북도 있었는데 지금은 없어요. 둔북나물 하고 그랬어요. 그
     런데.】

---

41 우리나라 명절의 하나로 음력 유월 보름날이다. 신라 때부터 유래한 것으로, 나쁜
   일을 떨어 버리기 위하여 동쪽으로 흐르는 물에 머리를 감는 풍속이 있었다. 근래
   까지 수단(水團)·수교위 같은 음식물을 만들어 먹으며, 농사가 잘되라고 용신제를
   지내기도 하였다.
42 칠월 칠석에 용왕에게 지내는 제사를 말하며 농가에서 비를 내려 풍년이 들게 해
   달라고 지낸다.
43 명아줏과의 두해살이풀로 잎과 줄기가 두껍고 부드러워서 국이나 나물로 먹는다.
44 '강리'의 경남 방언이다. 이것은 홍조류 꼬시래깃과의 해조(海藻)로 검은 자주색
   또는 어두운 갈색으로 낭과(囊果)가 사상체 전체에 나며, 우뭇가사리와 함께 한천
   을 만드는 데 섞어 쓴다.

조 둔북노물이 뭔가요?

신: 바다에서 난디 둔북이 최고, 제사에 들어간디 지금은 둔북이 바다에서
오염이 돼 갖고 타 뿌리채 없어요. 옛날에는 둔북노물을 안 하문 제사
안 지낸다고 그랬는디 지금은 없어요. 아예.

【바다에서 나는데 둔북이 최고, 제사에 들어가는데 지금은 둔북이 바
다에서 오염이 돼 가지고 다 뿌리째 없어요. 옛날에는 둔북나물을 안
하면 제사 안 지낸다고 그랬는데 지금은 없어요. 아예.】

조 옛날에 그걸 다 올렸어요?

신: 예, 다 지금은 올렸어요. 그란디 인자 지금은 꼬사리가 주고 그랑께 인
자 둔북은 없어요.

【예, 다 지금은 올렸어요. 그런데 이제 지금은 고사리가 주고 그러니까
이제 둔북은 없어요.】

조 산에서 나는 고사리, 바다에 나는 둔북을 올려요?

신: 예, 그렇게 해요. 둔북을 노물 안 하문 제사 안 넘어간다고 했는디 지
금은 둔북이 없어요. 아예.

【예, 그렇게 해요. 둔북을 나물 안 하면 제사 안 넘어간다고 했는데 지
금은 둔북이 없어요. 아예.】

조 장례 치르는데 절차 같은 것이 따로 있나요?

신: 지금은 다 바깥으로 나가요. 옛날에는 생에[45] 하고 다 뫼[46] 지내고 뫼
비리고 큰 뫼 지내 동네 사람들 다 불러서 믹이고 그라지라. 그란디 지

---

45 '상여'의 전남 방언이다.
46 사람의 무덤을 의미하며 전남 방언에서는 '메, 멧, 못, 멧둥, 멋둥, 못둥'이라고 한
다.

금은 여기서 멧을 못 묻응께 일단 돌아가셔도 갖고 나가야 돼요.
【지금은 다 바깥으로 나가요. 옛날에는 상여 하고 다 뫼 지내고 뫼 비
리고 큰 뫼 지내 동네 사람들 다 불러서 먹이고 그러지요. 그런데 지금
은 여기서 뫼를 못 묻으니까 일단 돌아가셔도 가지고 나가야 돼요.】

조 완도로요?

신: 예, 완도로 가서 거기서 장례를 치르고 하:장터에 가서 하:장을 시켜야
지 그냥은 못 묻게 해요.
【예, 완도로 가서 거기서 장례를 치르고 화장터에 가서 화장을 시켜야
지 그냥은 못 묻게 해요.】

조 왜 여기서 못 묻게 해요?

신: 예, 못하게 해요. 지금 법이 다 그렇게 됐나 봅디다.
【예, 못하게 해요. 지금 법이 다 그렇게 됐나 봅디다.】

조 옛날에는 여기다 다 묻었어요?

신: 다 묻었죠. 매장했죠. 장사하고 3일 장사하고 2일 장사하고 다 그랬죠.
그란디 지금은 그런 거 없어요. 돌아가신지 안 돌아가신지 몰라.
【다 묻었죠. 매장했죠. 장사하고 3일 장사하고 2일 장사하고 다 그랬죠.
그런데 지금은 그런 것 없어요. 돌아가셨는지 안 돌아가셨는지 몰라.】

조 장의사도 있나요?

신: 장의사 구덕[47] 파고 그리고 유대군들 인자 구덕 판 사람이, 멧 구덕 판
사람 파고. 유대군 인자 또 생에 미:다 주문은 묻고 그랬죠. 묻은 사람

---

47 '구덩이'의 전남 방언이다.

따로 있고 구덕 판 사람 따로 있고 미:다 준 사람 따로 있고 그랬어요.
그란디 지금은 없어요.
【장의사 구덩이 파고 그리고 유대군들 이제 구덩이 파는 사람이, 뫼
구덩이 파는 사람 파고. 유대군 이제 또 상여 메다 주면 묻고 그랬죠.
묻는 사람 따로 있고 구덩이 파는 사람 따로 있고 메다 준 사람 따로
있고 그랬어요.[48] 지금은 없어요.】

조 옛날에는 언제까지 그런 거 하셨어요?
신: 한 3년 전까지도 상임 했을 거요. 그런지 지금은 아주 전혀 그런 거
없어.
【한 3년 전까지도 상여 했을 거예요. 그런데 지금은 아주 전혀 그런
것 없어.】

조 코로나 때문에 다 없어진 건가요?
신: 코로나 때문에 그란가도 몰라도 하여튼 없어졌어. 전혀 없어요. 생에
한 거 전혀 없어요. 한 3, 4년 전만 해도 생에 했어요. 농협에가 생에
있었어요. 그란데 없어요.
【코로나 때문에 그런가도 몰라도 하여튼 없어졌어. 전혀 없어요. 상여
하는 것 전혀 없어요. 한 3, 4년 전만 해도 상여 했어요. 농협에 상여
있었어요. 그런데 없어요.】

조 다 나와서 메고요?
신: 예, 다 나와서 메고 유대군 나오라고 그라고. 청년들이 유대군 하고 또

---

48 유대군은 상여를 메는 사람을 말하는데 보통 '상여꾼, 상두꾼, 향도군'이라고 한
다. 보통 동네 청년이나 망인의 친척들이나 친구들이 상여를 멘다.

메 파는 멧 구덕 판 사람 파고 또 멧 묻는 사람 따로 있고.

【예, 다 나와서 메고 유대군 나오라고 그러고. 청년들이 유대군 하고 또 뫼 파는 뫼 구덩이 파는 사람 파고 또 뫼 묻는 사람 따로 있고.】

⊠ 유대군은 뭔가요?

신: 생에 미:고 어:느 한 사람이 유대군이제. 청년들, 그리고 인자 한디 인자는 그런 것도 없고 생에나 어:느 하문 고수도 있고 그래요. 북 뚜들고 그란디 그것도 없고 인자는 아예 사람이 죽으문은 없어. 죽은지 어찬지도 몰라. 쩌런 디 있는 사람들도 다 죽으문 이리 왔었어요. 그란디 없어. 안 와. 아예.

【상여 메고 어:느 하는 사람이 유대군이지. 청년들, 그리고 이제 하는데 이제는 그런 것도 없고 상여나 어:느 하면 고수도 있고 그래요. 북 두드리고 그런데 그것도 없고 이제는 아예 사람이 죽으면 없어. 죽었는지 어떤지도 몰라. 저런 데 있는 사람들도 다 죽으면 이리 왔었어요. 그런데 없어. 안 와. 아예.】

⊠ 죽은 사람 옷이나 머리, 손, 발에 하는 게 있나요?

신: 야, 다 있죠. 멩주로 하죠. 그라고 인자 모시로, 마프로 하고 그랍디다. 지금은, 옛날에는 다 멩주로 다 했어요. 손, 발 다 하고 저 고쟁이 속옷을 시 갑닥⁴⁹ 입힙디다. 세 갑닥 입히고 인자 그 욱에다 진 바지 입히고 치매 입히고 저고리 입히고 욱에 통도 세 갑닥 떠어 갖고 입고 젤: 욱에 한나 또 입히고 그라더만이라.

【네, 다 있죠. 명주로 하죠. 그리고 이제 모시로, 마포로 하고 그럽디

---

49 전남 방언에서 껍데기를 의미하는 '깝닥'과 관련이 있을 것 같고 여기에서는 '겹'을 의미한다.

다. 지금은, 옛날에는 다 명주로 다 했어요. 손, 발 다 하고 저 고쟁이
속옷을 세 겹 입힙니다. 세 겹 입히고 이제 그 위에다 긴바지 입히고
치마 입히고 저고리 입히고 위에 통도 세 겹 떼어 가지고 입고 제일
위에 하나 또 입히고 그러더군요.】

조 위에도 3개, 밑에도 3개 입혀요?

신: 세 개가, 거기는 네 개제. 인자 고쟁이를 시 고쟁이를 입히더라고요.
그라고 인자 욱에다가 치마 입히고 그라고 손 마개, 발 마개, 입 마개
다 해서 수건까지 다 했제. 아주 해서.

【세 개가, 거기는 네 개지. 이제 고쟁이를 세 고쟁이를 입히더라고요.
그리고 이제 위에다가 치마 입히고 그리고 손 마개, 발 마개, 입 마개
다 해서 수건까지 다 했지. 아주 해서.】

조 수의 만들어서 농에다 넣기도 하나요?

신: 야, 그랬지라. 그란디 옛날에 우리는 그 옛날에 돌아가실 때는 집에서
다 돌아가시문 지독 같은 거 다 했어요. 바느질했어요. 밤에 바느질해
서 장사하문 인자 입히고 그랬죠. 손빨래질을 다 했는디 지금은 다 사
다 해. 전부 다 사다 입어.

【네, 그랬지요. 그런데 옛날에 우리는 그 옛날에 돌아가실 때는 집에서
다 돌아가시면 지독 같은 것 다 했어요. 바느질했어요. 밤에 바느질해
서 장사하면 이제 입히고 그랬죠. 손빨래를 다 했는데 지금은 다 사다
해. 전부 다 사다 입어.】

조 땅에 묻고 제도 지내요? 그걸 뭐라고 해요?

신: 제 지내죠. 일포제.[50] 땅에 묻고 매[51] 드리고 땅에 묻고 일포제지라. 묻
고 술 한 잔, 술 한 잔 따라놓고 내려오더만이라.

【제를 지내죠. 일포제. 땅에 묻고 매 드리고 땅에 묻고 일포제지요. 묻고 술 한 잔, 술 한 잔 따라놓고 내려오더군요.】

조 평토제는 안 해요?
신: 펭토제[52] 그런 거 하지라. 펭토 음식 해 갖고 가요.
【평토제 그런 것 하지요. 평토 음식 해 가지고 가요.】

조 펭토제도 하고요?
신: 예, 펭토제 해요. 묻으문.
【예, 평토제 해요. 묻으면.】

조 일포제도 하고요?
신: 예, 펭토제 음식을 따로 하고 일포제는 또 따로 하고 그랍디다.
【예, 평토제 음식을 따로 하고 일포제는 또 따로 하고 그럽디다.】

조 따로 해요?
신: 네, 펭토는 인자 멧 묻기 전에 차려놓고 곽[53] 들어가기 전에 안 하요. 그것이죠. 펭토제가, 일포제는 동네 사람들 다 와서 일포제를 지냈다고 마이크 대서 다 이 술 한 잔씩 드리고 그라고 이 생에가 올라가요. 그라문 가서 생에 뒤로 인자 일포제 이고 따러 간 사람 있죠. 음식 갖고 올라가 차려놓고.

---

50 보통 출상 전날 밤 망자와 마지막 이별을 한다는 의미에서 지내는 제사를 말한다.
51 운명한 다음 날 시신에 수의(壽衣)를 입히고 그 위에 매는 베 헝겊을 말한다.
52 장례 의식에서 평토를 끝내고 나서 드리는 제사로 '평토제'라고 한다.
53 널을 넣기 위해 따로 짜 맞춘 매장 시설로 일반적으로 나무로 만들어진 것을 말한다. 여기서는 '관'을 의미한다.

【네, 평토는 이제 뫼 묻기 전에 차려놓고 곽 들어가기 전에 해요. 그것이죠. 평토제가, 일포제는 동네 사람들 다 와서 일포제를 지냈다고 마이크 대서 다 이 술 한 잔씩 드리고 이 상여가 올라가요. 그러면 가서 상여 뒤로 이제 일포제 음식 이고 따라가는 사람이 있죠. 음식 가지고 올라가 차려놓고.】

[조] 일포제는 생에 올라가기 전에 하고 도착해서는 펭토제하고요?

신: 일포제 지내고 생에가 올라가고 그라문 인자 가문은 그 뒤로 여자들이 서너이 그 음식을 갖고 올라가요. 올라가문 인자 거기 가서 멧 묻기 전에 고수가 머 말하고. 다 차려놓고 그라고 인자 그놈 음식 묵고 멧을 묻어분 말이야.

【일포제 지내고 상여가 올라가고 그러면 이제 가면 그 뒤로 여자들이 서넛이 음식을 가지고 올라가요. 올라가면 이제 거기 가서 뫼 묻기 전에 고수가 뭐 말하고. 다 차려놓고 그리고 이제 그놈 음식 먹고 뫼를 묻어버린단 말이야.】

[조] 살아있는 가족들은 어떤 옷을 입나요?

신: 마프로 인자 그 지독 같은 거 입죠. 수건, 두건 여기 쓰고 여자들은 마푸치마 입고 수건, 마프 수건 쓰고 그라제. 옛날에 그것도 다 손빨래를 다 했어요. 그란디 지금은 없어요. 다 사오더만이라. 검은 옷으로 다 사더만. 지금은.

【마포로 이제 그 지독 같은 것 입지요. 수건, 두건 여기 쓰고 여자들은 마포 치마 입고 수건, 마포 수건 쓰고 그러지. 옛날에 그것도 다 손빨래를 다 했어요. 그런데 지금은 없어요. 다 사 오더군요. 검은 옷으로 다 사더군. 지금은.】

[조] 장례식장에서 많이 입죠.

[신] 네, 우리는 그런 거 입어본 역사가 없어. 마프로 입었제. 마프로 돼 갖고 이녁 집서 마프 필로[54] 사다가 수건 자르고 치매하고 그렇게 했죠. 【네, 우리는 그런 것 입어본 역사가 없어. 마포로 입었지. 마포로 돼 가지고 자기 집에서 마포 필로 사다가 수건 자르고 치마하고 그렇게 했죠.】

[조] 물질은 몇 살 때 배우신 거예요?

[신] 내나[55] 열여섯 살에서 열야달에 했당께라, 여기 와 갖고 열여덜에, 열여섯 살에 인자 배: 갖고 여기 와서 열여덜 살부터. 그때는 머 이런 전북도[56] 못 따고 우무 같은 거 하러 댕겼제. 그라고 해 갖고 인자 하다 봉께 전북 따는 그런 것도 했제. 【지금껏 열여섯 살에서 열여덟에 했다니까요, 여기 와 가지고 열여덟에, 열여섯 살에 이제 배워 가지고 여기 와서 열여덟 살부터. 그때는 뭐 이런 전복도 못 따고 우무 같은 것 하러 다녔지. 그렇게 해 가지고 이제 하다 보니까 전복 따는 그런 것도 했지.】

[조] 누가 알려준 건 아니고요?

[신] 알려준 건 아니고 인자 하다 보니까 선배들이 하는 거 봉께 나도 이제 이렇게 해야 되겠다는 그 느낌이 안 있겠소. 그래 갖고 인자. 【알려준 건 아니고 이제 하다 보니까 선배들이 하는 것 보니까 나도 이제 이렇게 해야 되겠다는 그 느낌이 안 있겠소. 그래 가지고 이제.】

---

54 일정한 길이로 말아 놓은 천 뭉치를 세는 단위이다.

55 전남 방언에서 '지금껏, 이제껏, 내내'를 의미한다.

56 '전복'의 전남 방언이다.

조 여기 바로 앞에 가서 하신 거예요?

신: 여그서 하루 하고 또 여그서 하루 하고 배 타고 가서 또 저 너메 가서 하루 하고 난들에 가문 사 일 여기서 하루, 여기서 하루, 사 일 작업해야 돼요. 날이 좋으문. 날이 나쁘문 하루 하고 못하고.

【여기서 하루 하고 또 여기서 하루 하고 배 타고 가서 또 저 너머 가서 하루 하고 난들에 가면 사 일 여기서 하루, 여기서 하루, 사 일 작업해야 돼요. 날이 좋으면. 날이 나쁘면 하루 하고 못하고.】

조 선장한테는 따로 수고비가 있나요?

신: 수고비 있지라. 지금은 어촌계에서 하께, 동네서 하께. 우리도 사북계라고 인자 10만 원 벌문 4는 해녀가 묵고 1은 선장 겡비 하고 인자 그러고 남은 5는 동네로 들어가지라.

【수고비 있지요. 지금은 어촌계에서 하니까, 동네서 하니까. 우리도 사북계라고 이제 10만 원 벌면 4는 해녀가 먹고 1은 선장 경비하고 이제 그리고 남은 5는 동네로 들어가지요.】

조 4는 해녀, 5는 공동, 1은 선장이요?

신: 오는 공동으로 하고 일은 선장. 일에서 해녀 샛거리,[57] 그거 너이 빵이나 우유 사주고 남은 놈, 인자 쩌리 가제.

【오는 공동으로 하고 일은 선장. 일에서 해녀 새참, 그거 넷이 빵이나 우유 사주고 남은 놈, 이제 저리 가지.】

조 간식 빼고.

---

57 일을 하다가 잠깐 쉬면서 먹는 음식으로 전남 방언에서 '샛것, 샛노리'라고도 한다. 여기서는 물질하고 배가 고플 때 먹는 간식을 말한다.

신: 간식 빼고 남은 놈이 일. 무조건 해녀는 사.

【간식 빼고 남은 놈이 일. 무조건 해녀는 사.】

조 그다음에 공동으로 오.

신: 야, 공동으로 오, 그라지라.

【네, 공동으로 오, 그렇지요.】

조 옛날에 물질 말고 밭에 가서도 일하셨어요?

신: 밭은 맨날 옛날 옛적부터 밭은 일은 하죠. 지금까지 하죠.

【밭은 맨날 옛날 옛적부터 밭은 일은 하죠. 지금까지 하죠.】

조 주로 뭐 하신가요?

신: 고추 싱기고[58] 깨 싱기고. 고구마 놓고[59] 저 다 밭에 있잖아요. 이 앞에
이런 데가, 그라고 가을이문 배추하고 김장배추. 머 녹두도 싱기고 돈
부도[60] 싱기고 머 그런 것 이런 것 다 하지라. 시골에서는 그거 안 하문
일이 없지요.

【고추 심고 깨 심고. 고구마 놓고 저 다 밭에 있잖아요. 이 앞에 이런
데가, 그리고 가을이면 배추하고 김장배추. 뭐 녹두도 심고 동부도 심고
뭐 그런 것 이런 것 다 하지요. 시골에서는 그거 안 하면 일이 없지요.】

조 미역 채취도 하나요?

---

58 '심다'의 전남 방언이다. 전남 방언에서는 '숭그다, 성기다, 심기다, 숨그다, 쉰기
다, 성구다, 승기다'로 나타나는데 옛말 '시므다, 싥다'에서 온 것임을 알 수 있다.
59 심어서 가꾸거나 키운다는 의미이다.
60 '동부'의 전남 방언으로 콩과의 한해살이 덩굴성 식물이다. 종자는 팥과 비슷하나
약간 길고 식용을 한다.

신: 미역은 안 해요. 여기는, 미역은 갓에 사람들이, 갓 사람들이 단에서
한 것이제. 지금은 단장도 없고 옛날에 단장으로 사단, 1단, 2단, 3단,
4단으로 했어요. 그란디 단장도 없고 미역 같은 것도 그렇게 시세가
없는가.

【미역은 안 해요. 여기는, 미역은 가에 사람들이, 가 사람들이 단에서
한 것이지. 지금은 단장도 없고 옛날에 단장으로 사단, 1단, 2단, 3단,
4단으로 했어요. 그런데 단장도 없고 미역 같은 것도 그렇게 시세가
없는가.】

조 단장이 뭔가요?

신: 일테러문[61] 우리 지금 일단, 저기 신단막 1단에서 단장 그 책임자 그
사람도 돈 묵은 사람이여. 단에서 채취하문 그란디 지금은 그런 거 없
어요.

【이를테면 우리 지금 일단, 저기 신단막 1단에서 단장 그 책임자 그
사람도 돈 먹는 사람이야. 단에서 채취하면 그런데 지금은 그런 것 없
어요.】

조 옛날부터 미역은 거의 안 했어요?

신: 옛날부터 동네에서 했당께라, 미역 갖다 붙이고. 인자 이렇게 단장이
책임지고 단장집으로 전부 셈이나 가실해[62] 갖고 이고 가서 거기다가
널고 모둠해서 단장이 폴아서 돈 얼마썩 나눠주고 그랬어요.

【옛날부터 동네에서 했다니까요, 미역 갖다 붙이고. 이제 이렇게 단장
이 책임지고 단장 집으로 전부 셈이나 가을해 가지고 이고 가서 거기

---

61 '이를테면'의 전남 방언이다.
62 '가을하다'의 전남 방언으로 벼나 보리 따위의 농작물을 거두어들이는 것을 의미
한다.

다가 넣고 모둠해서 단장이 팔아서 돈 얼마씩 나눠주고 그랬어요.】

조 그럼 미역도 채취하긴 한 거네요.

신: 그전에는 했죠. 옛날에, 지금은 전혀 그런 거 없어. 아예.

【그전에는 했죠. 옛날에, 지금은 전혀 그런 것 없어. 아예.】

조 옛날에는 하신 거네요.

신: 개인 하제, 지금은 개인 해다 묵을 사람 해다 묵고. 지금은 다 나이가 묵어 갖고 갯파당을 못 댕긴다. 젊은 사람들은 또 그렇게 그런 거 신경 안 쓰고.

【개인은 하지, 지금은 개인이 해다 먹을 사람 해다 먹고. 지금은 다 나이가 먹어 가지고 갯바닥을 못 다니는데. 젊은 사람들은 또 그렇게 그런 것 신경 안 쓰고.】

조 여기 앞바다는 몽돌이 있던데요.

신: 예, 몽돌 해수욕장이여, 여기.

【예, 몽돌 해수욕장이야, 여기.】

조 이쪽은 미역이 거의 없겠네요.

신: 이짝 지퉁이, 여 해수욕장에서 보문 그런 디가 다 지른 디여. 그라고 다 싹 다 전부 미역밧이여.

【이쪽 귀퉁이, 여기 해수욕장에서 보면 그런 데가 다 기른 데야. 그리고 다 싹 다 전부 미역밭이야.】

조 이쪽이 다요?

신: 예, 지금은 인자 없습디다. 때가 안 됭께 그라제.

【예, 지금은 이제 없습디다. 때가 안 되니까 그렇지.】

조 주로 뭐 가져가서 작업하신가요?

신: 피창. 그놈 한나지라. 피창, 그놈 한나 가지문은 해녀는 그라고 인자.
【빗창. 그놈 하나지요. 빗창, 그놈 하나 가지면 해녀는 그리고 이제.】

조 전복 딸 때도 하시고요?

신: 머 전북. 그라고 이 문에 같은 거 문에갈쿠를 망사리에다 갖고 댕겨요.
물 밑에서 문에를 보고 얼라서[63] 그놈 갖고 가서 잡으제. 그란디 지금은
어장을 해붕께 문에도 없고 물겡이 그만치 옛날하곤 틀려요. 없어요.
【뭐 전복. 그리고 이 문어 같은 것 문어 갈고리를 망사리에다 가지고 다
녀요. 물 밑에서 문어를 보고 얼러서 그놈 가지고 가서 잡지. 지금은 어
장을 해버리니까 문어도 없고 물건이 그만큼 옛날하곤 달라요. 없어요.】

조 미역은 몇 월에 따러 가셨나요?

신: 4월, 5월 달에 게를 나요. 그라문 인자 전부 채취하고 또 뒤에 또 뒤
조금에 또 놓고 사래 그라는디 지금은 그런 거 없어, 단장이 없어. 단
장이 저 마이크 대고 엣소리 하고 그래요. '1단은 이렇게 해났습니다.'
하고 그란디 지금은 모아는[64] 마이크로 했는디 옛날에는 목소리로 했
어. 그란디 지금 그것도 저것도 없어. 그래 갖고 이 동네 사람들이, 누
가 안 오문 안 온 사람은 안 묵고. 온 사람만 인자 갯것한[65] 사람은 이
갯것해서 폴아서 나누고 그랬제라. 옛날에는 갯것 돈도 없이 상께 큰
돈이었어요. 그란디 지금은 없어요. 그런 것 전혀 아주.

---

63 '어르다'의 제주 방언이다.
64 '먼저'의 전남 방언이다.
65 바다에서 해산물을 채취하거나 잡는 것을 의미한다.

【4월, 5월에 계를 놓아요. 그러면 이제 전부 채취하고 또 뒤에 또 뒤 조금에 또 놓고 그러는데 지금은 그런 것 없어, 단장이 없어. 단장이 저 마이크 대고 옛소리 하고 그래요. '1단은 이렇게 해났습니다.' 하고 그런데 지금은 먼저는 마이크로 했는데 옛날에는 목소리로 했어. 그런데 지금 그것도 저것도 없어. 그래 가지고 이 동네 사람들이, 누가 안 오면 안 온 사람은 안 먹고. 온 사람만 이제 채취한 사람은 이 채취해서 팔아서 나누고 그랬지요. 옛날에는 갯것 돈도 없이 사니까 큰돈이 있었어요. 그런데 지금은 없어요. 그런 것 전혀 아주.】

조 4월, 5월에 이제 다 나오라고 해서 따고, 공동으로 해서.
신: 야, 그라고 음력으로 칠월 겟박으로라고[66] 그때 터 빌문 공동으로 막 이녁 개인 가서 해 묵고 그랬어요.
【네, 그리고 음력으로 칠월 겟박이라고 그때 터 비면 공동으로 막 자기 개인 가서 해 먹고 그랬어요.】

조 그때는 전체로 했어요?
신: 야, 전체로. 이녁 갈 사람 가고 안 갈 사람은 이녁이 갓다 해 묵고 그랬어요.
【네, 전체로. 자기 갈 사람 가고 안 갈 사람은 자기가 가져다 해 먹고 그랬어요.】

조 공동으로 하고 개인도 하고 그러네요.
신: 네, 인자 칠월 겟박으로라고 인자 나 비레요. 막 암:것도 없다고. 그라문

---

66 공동으로 미역 채취를 끝내고 이제 미역이 없어서 미역계를 만들지 않고 개인이 마음대로 채취할 수 있는 때를 말하는 것 같다.

인자 전부 이녁 건 이녁이 해오고 그전에는 전부 공동으로 했어요. 그
란디 지금은 그런 거 안 해요. 게도 잘 안 놓고 동네에서, 어천게에서
그 게를 노:문은 다섯, 여섯 날 가문 물 밑에 있는 소라나 전복 새끼
딴다고 게를 안 나아요, 잘. 그리고 섬셋날 미역 하라고 하는디 지금은
미역도 없고 인자 놀 때가 아니여. 다 가시리도 없고 해미도 없고 그란
겁디다. 우리는 게를 갓게는 잘 안 가요. 나이가 있으니까 어찌게 하겠
소. 해녀는 배 타고는 물 밑에서 항께 기술이라. 가서 쪼까썩, 쪼까썩
하제.

【네, 칠월 겟박이라고 이제 놓아 버려요. 막 아무것도 없다고. 그러면
이제 전부 자기 것은 자기가 해오고 그전에는 전부 공동으로 했어요.
그런데 지금은 그런 것 안 해요. 계도 잘 안 놓고 동네에서, 어촌계에
서 그 계를 놓으면 다섯, 여섯 날 가면 물 밑에 있는 소라나 전복 새끼
딴다고 계를 안 놓아요, 잘. 그리고 섬셋날 미역 하라고 하는데 지금은
미역도 없고 이제 놓을 때가 아니야. 다 가시리도 없고 해미도 없고 그
런 겁디다. 우리는 계를 갯가[67] 계는 잘 안 가요. 나이가 있으니까 어떻
게 하겠소. 해녀는 배 타고는 물 밑에서 하니까 기술이라. 가서 조금
씩, 조금씩 하지.】

조 미역 끝나고 뭐 해요?

신: 미역 끝나문 없:어요. 게를 안 논:당께 인자는.

【미역 끝나면 없:어요. 계를 안 놓으니까 이제는.】

조 옛날에요?

신: 옛날에는 내나 칠월 겟박에 나 비레. 느그 해다 묵으라 그러고 그 뒤로

---

67 바닷물이 드나드는 곳의 물가를 의미한다.

는 관심 없어요.

【옛날에는 내내 칠월 겟박에 놓아 버려. 너희 해다 먹으라 그리고 그 뒤로는 관심 없어요.】

조 소라, 전복은 언제 채취해요?

신: 그런 것은 해녀들이 하지라. 조금마다, 조금마다, 사철 없이, 겨울 작업도 할 수 있고 그래라. 그란디 우리는 나이가 묵응께 겨울 작업을 안 항께 그라제.

【그런 것은 해녀들이 하지요. 조금마다, 조금마다, 사철 없이, 겨울 작업도 할 수 있고 그래요. 그런데 우리는 나이를 먹으니까 겨울 작업을 안 하니까 그렇지.】

조 소라나 해삼은 조금 때 잡아요?

신: 조금 때 인자 하지라.

【조금 때 이제 하지요.】

조 모자반이나 톳도 있나요?

신: 모자반, 톳도 있지라. 그것은 인자 해녀들이 조금 해다 묵어도 모자반은 관심 안 해요. 얼마 없어요. 모자반은.

【모자반, 톳도 있지요. 그것은 이제 해녀들이 조금 해다 먹어도 모자반은 관심 없어요. 얼마 없어요. 모자반은.】

조 톳은 많이 하나요?

신: 톳은 인자 동네에서 했는디 한 2, 3년 동안 안 합디.

【톳은 이제 동네에서 했는데 한 2, 3년 동안 안 합디.】

조 톳은 언제 따러 가나요?

신: 톳은 지금 넘었소. 한 6월 달에는 지금은 쪽 올랐을 거요.[68]

【톳은 지금 넘었소. 한 6월에는 지금은 쪽 올랐을 거예요.】

조 6월에 주로 해요?

신: 야, 그렇게나 하까 지금은 쪽 올라서 묵도 못 할 거요. 한 3년 안 하요.
지금, 청년들이 해서 인자 했는디 안 폴린다고 안 하고 작년도 안 하고
그러께도[69] 안 하고.

【네, 그렇게나 할까 지금은 쪽 올라서 먹지도 못 할 거예요. 한 3년 안
해요. 지금, 청년들이 해서 이제 했는데 안 팔린다고 안 하고 작년도
안 하고 그러께도 안 하고.】

조 톳은 일본에 수출 많이 하고 그러던데요.

신: 예, 그랍디다. 딴 동네는 한디 여기는 안 합디다.

【예, 그럽디다. 다른 동네는 하는데 여기는 안 합디다.】

조 거북손 그런 것도 따서 드시나요?

신: 네, 있어요. 개[70] 가문 하지요. 거북손이나 군벗, 배말 이런 거. 개 가문
은 옛날에는 머 개 가서 반찬하지 머 있겠소, 돈 없는디. 사서는 못 묵
고. 옛날에는 그랬지라우. 꼬제비도[71] 따고 인자 그런 거 다 하 껀디

【네, 있어요. 개 가면 하지요. 거북손이나 딱지조개, 삿갓조개 이런 것.

---

68 톳은 겨울철에 뿌리에서 포복지가 형성되고 5월경 포복지 끝에서 싹이 나오는데
일부만 성장한다.

69 재작년으로 전남 방언에서는 '그르껜, 그르끈'이라고도 한다.

70 강이나 내에 바닷물이 드나드는 곳을 말한다.

71 대합 새끼를 말하며 종자는 대합과 다르다고 한다.

개 가면 옛날에는 뭐 개 가서 반찬하지 뭐 있겠소, 돈 없는데. 사서는 못 먹고. 옛날에는 그랬지요. 꼬제비도 따고 이제 그런 것 다 할 건데.】

조 꼬제비는 뭔가요?

신: 꼬제비. 인자 그 합자 새끼라고 그것보고 꼬제비래. 종자는 틀레, 합자 하고.

　【꼬제비. 이제 그 대합 새끼라고 그것보고 꼬제비라고 해. 종자는 달라, 대합하고.】

조 합자요?

신: 합자하고 틀레. 꼬제비가 종자가 틀레. 그란디 꼬제비도 따다 인자 제사 들어오문은 그런 것도 매물까지 하고 그랬는디 지금은 다 아주 노인이 돼 갖고 개 못 댕겨라.

　【합자하고 달라. 꼬제비가 종자가 달라. 그런데 꼬제비도 따다 이제 제사 들어오면 그런 것도 매물까지 하고 그랬는데 지금은 다 아주 노인이 돼 가지고 개 못 다녀요.】

조 개가 위험하잖아요?

신: 예, 그랑께 그라지라. 위험항께.

　【예, 그러니까 그렇지요. 위험하니까.】

조 꼬제비는 어떻게 잡아요?

신: 꼬제비 도팍에 가문 꺼메72 갖고 있을 거요. 바이에73 꺼메 갖고 있어.

---

72 기본형은 '꺼멓다'이고 '꺼멓-'에 '-어'가 결합하여 '꺼메'가 된다.

73 전남 방언에서는 '바우, 바구, 독바우, 바웃독, 팀바우'라고도 한다.

물 욱에도 있고, 있어라.

【꼬제비는 돌에 가면 꺼메 가지고 있을 거예요. 바위에 꺼메 갖고 있어. 물 위에도 있고, 있어라.】

図 주로 전복을 많이 하신 거예요?

신: 전북, 소라, 해삼 주로. 그전에는 성게도 해서 돈 몇 푼썩 했는디 지금 성게도 없어요. 글고.

【전복, 소라, 해삼 주로. 그전에는 성게도 해서 돈 몇 푼씩 했는데 지금 성게도 없어요. 그리고.】

図 돈은 뭐가 제일 많이 돼요?

신: 전북이 제일 많지라, 돈은. 전북이 여기 있어야 따지라.

【전복이 제일 많지요, 돈은. 전복이 여기 있어야 따지요.】

図 양식을 많이 하죠!

신: 양식은 많이 하지라. 그란디 그 양식도 하지만 자연산도 알아줍디. 알아주기는, 자연산이 작년하고 올하고 겁나게 줄어들어 없어.

【양식은 많이 하지요. 그런데 그 양식도 하지만 자연산도 알아줍디. 알아주기는, 자연산이 작년하고 올해하고 매우 줄어들어 없어.】

図 전복 딸 때는 여기 나가서 하세요? 아니면 배 타고 나가서 하세요?

신: 여기 가도 있지라. 다 있어요.

【여기 가도 있지요. 다 있어요.】

図 바다 풀 같은 것은 뭐가 있나요?

신: 우무, 곰푸, 가포레 머. 포레 머 이런 거 많이 있지라.

【우무, 다시마, 파래 뭐. 파래 뭐 이런 것 많이 있지요.】

조 곰푸는 뭔가요?

신: 옛날에 그 곰푸라고 그거 지금 제일 많이 있으 꺼요. 잘 뜯어지도 안
하고. 배게 칠한디 풀을 큰 통에다가 녹수를[74] 여 갖고 그놈에다가 그
풀을 해 갖고 배게를 하든 말이다. 그거예요. 그라고 해미 이렇게 가사
리는 갓에서 한 것이고. 물밑에는 곰푸가 많이 있어요. 세발추 그런 거
안 있었소. 그란디 지금은 다 세상이 좋아서 조립식으로 짓고 항께 그
런 게.
【옛날에 그 곰푸라고 그거 지금 제일 많이 있을 거예요. 잘 뜯어지지
도 않고. 배게 칠하는데 풀을 큰 통에다가 녹수를 넣어 가지고 그놈에
다가 그 풀을 해 가지고 배게 하거든요. 그거예요. 그리고 해미 이렇게
가사리는 가에서 한 것이고. 물밑에는 곰푸가 많이 있어요. 세발추 그
런 것 있지 않았소. 지금은 다 세상이 좋아서 조립식으로 짓고 하니까
그런 게.】

조 물질할 때 작살 사용하나요?

신: 작살, 옛날에는 했어요. 고기 잡고. 고기가 지금은 없습디다.
【작살, 옛날에는 했어요. 고기 잡고. 고기가 지금은 없습디다.】

조 옛날에 작살로 뭐 잡으셨어요?

신: 고기 쑤시지라. 돔도 쑤시고 놀레미도 쑤시고 나는 안 해봤소만 딴 해
녀들은 했어요. 나는 작살 안 해.
【고기 쑤시지요. 돔도 쑤시고 노래미도 쑤시고 나는 안 해봤소만 다른

---

74 맑은 물을 의미한다.

해녀들은 했어요. 나는 작살 안 해.】

조 피창은?
신: 피창은 무조건 기본이고. 피창은 전북.
【빗창은 무조건 기본이고. 빗창은 전복.】

조 피창하고 작살을 가져가셨어요?
신: 인자 작살도, 고기가 많이 있으문 나는 안 해봤어. 작살 갖고 들어가
   요. 고기가 많이 있으문 쳐요, 쳐요. 가을 안 되문은 겁나 강상돔이 많
   이 있거든, 물밑에가 이렇게. 우리 꿀 같은 거, 일크문 따 묵을라고 따
   로 오고 그래요. 찌술 수 있어요.
   【이제 작살도, 고기가 많이 있으면, 나는 안 해봤어. 작살 가지고 들어
   가요. 고기가 많이 있으면 쳐요, 쳐요. 가을 되면 아주 감성돔이 많이
   있거든, 물밑에 이렇게. 우리 굴 같은 것, 이를테면 따 먹으려고 따라
   오고 그래요. 찌를 수 있어요.】

조 물질 말고 고기 잡으러도 가셨어요?
신: 아니, 안 가요. 물질만 한 것이제. 우리는 그런 거 전혀.
   【아니, 안 가요. 물질만 한 것이지. 우리는 그런 것 전혀.】

조 여기서 배 타고 가면은 앞에서도 해요?
신: 여기서는 배 안 타고 여기서 하고 여기서도 배 안 타고 가고 쩌 두 반
   디[75] 갈 때는 여기서 선장이 배 다 실어다 줘요.
   【여기서는 배 안 타고 여기서 하고 여기서도 배 안 타고 가고 저 두

---

75 '군데'의 전남 방언이다.

군데 갈 때는 여기서 선장이 배로 다 실어다 줘요.】

조 배 타고 가시면 몇 분 정도 가시나요?
신: 한 20분 가까. 거기 가서 인자 하고 선장이 또 실러 와요. 그라문.
【한 20분 갈까. 거기 가서 이제 물질하고 선장이 또 실으러 와요. 그러
면.】

조 거기 장소는 뭐라고 해요?
신: 새 땅, 큰 목섬, 작은 목섬. 거기, 거기는 인자 배 타고 가야 돼요.
【새 땅, 큰 목섬, 작은 목섬. 거기, 거기는 이제 배 타고 가야 돼요.】

조 목섬이면 사람이 살지 않고 무인도예요?
신: 그라제, 사람 안 살아. 그라고 인자 배 타고 여 피서객들 오문 배 타고
싹 돌문은 경치가 참 좋아요.
【그렇지, 사람 안 살아. 그리고 이제 배 타고 여기 피서객들 오면 배
타고 싹 돌면 경치가 참 좋아요.】

조 홍합 같은 것도 가서 따세요?
신: 물밑에는 있죠. 그란디 지금은 기운 없어 못 따. 예전에는 땄죠. 반찬
정도는 다 해 오고. 그란디 지금은 그리고 동네에서, 어촌게에서 한 것
이라 또 물겡 안 잡고 그거 한당께 아예 손 안 대지라.
【물밑에는 있죠. 그런데 지금은 기운 없어 못 따. 예전에는 땄죠. 반찬
정도는 다 해 오고. 그런데 지금은 그리고 동네에서, 어촌계에서 한 것
이라 또 물건 안 잡고 그거 한다니까 아예 손 안 대지요.】

조 해녀를 부르는 말이 따로 있어요?

신: 그냥 해녀라고 그래요.
　【그냥 해녀라고 그래요.】

조 잠녀는요?
신: 그런 건 전혀 없어. 옛날에는 제주 비발이다고[76] 누가 시지도 안 했어
　요. 그란디 지금은 해녀가 아주 금덩어리입디다.
　【그런 건 전혀 없어. 옛날에는 제주 비바리라고 누가 인정해주지도 않
　았어요. 그런데 지금은 해녀가 아주 금덩어리입디다.】

조 그냥 해녀라고 그래요?
신: 해녀들이라고.
　【해녀들이라고.】

조 제일 잘하는 해녀를 뭐라고 부르는가요?
신: 영자, 영자. 제일 잘한 사람이.
　【영자, 영자. 제일 잘하는 사람이.】

조 중간 정도 하는 해녀는요?
신: 그건 몰라요.
　【그건 몰라요.】

조 그럼 제일 못하는 해녀는요?
신: 그것도 몰라. 그냥 잘한 사람은 영자. 그란디 지금은 나이가 묵어 놓께
　특별하게 잘한 사람은 없어요. 머 돈도 전북 많이 딴 사람은 또 자별

---

76 '비바리'의 준말이며 바다에서 해산물을 채취하는 일을 하는 처녀를 의미한다.

을[77] 못하고, 그 돈도. 거기서 거의 차이가 벨로 그렇게 차이는 없어. 【그것도 몰라. 그냥 잘하는 사람은 영자. 그런데 지금은 나이를 먹어 놓으니까 특별하게 잘한 사람은 없어요. 뭐 돈도 전복 많이 따는 사람은 또 자벌을 못하고, 그 돈도. 거기서 거의 차이가 별로 그렇게 차이는 없어.】

🈂 핫바리라는[78] 말은 안 써요?
신: 비바리? 그런 건 여기는 없어요.
　　【비바리? 그런 건 여기는 없어요.】

🈂 잘하는 사람만 영자라고 해요?
신: 예, 영자라고 그라제.
　　【예, 영자라고 그러지.】

🈂 바위가 있는 바다를 무슨 바다라고 해요? 뭐 돌멩이 있는 바다나 모래 있는 바다나?
신: 그런 거 없어요.
　　【그런 것 없어요.】

🈂 모살 바다는요?
신: 우리는 모살[79] 바다가 벨로 없어요. 이 앞에 있제. 그 바다 여는 어동여 있고 쩌 큰 목섬 가문은 고래여 있고 또 저기 가문은 비리섬 있고 그

---

77 자기 자신의 공(功)을 드러내어 스스로 자랑하는 것을 의미하는 것 같다.
78 신안군 해녀는 기량이 낮은 해녀를 '핫바리, 톰방 잠질'이라고 불렀고 제주도 해녀는 '하줌수, 핫바리, 돌푸레'라고 부른다.
79 '모래'의 전남, 제주 방언이다.

너메 가문 웅퉁개 있고 그라고 쪼깐 넘어가문 세쪽대 있고 거의 그렇게 있어요.

【우리는 모래 바다가 별로 없어요. 이 앞에 있지. 그 바다 여는 어동여 있고 큰 목섬 가면 고래여 있고 또 저기 가면 비리섬 있고 그 너머에 가면 웅퉁개가 있고 그리고 조금 넘어가면 세쪽대 있고 거의 그렇게 있어요.】

조 거기에 다 모살 바다예요?

신: 아니, 모살밭 아니고. 저 머들, 머들.[80]

【아니, 모살밭 아니고. 저 머들, 머들.】

조 자갈 바다는?

신: 자갈 바다는 여기제라.

【자갈 바다는 여기지요.】

조 자갈 바다라고 얘기해요?

신: 예.

【예.】

조 이쪽에 뻘도 있나요?

신: 뻘은 없어요. 여기가 인자 뻘도 별로 그렇게 없어요. 모살이고 뻘은 그렇게 없어요. 모살 쪼금 비께 나가문 머들이고 다 그래요.

【갯벌은 없어요. 여기가 이제 갯벌도 별로 그렇게 없어요. 모래고 갯벌

---

80 일반적으로 땅에 박혀 있으나 지상에 많이 노출되어 있는 암반을 말하는데 여기서는 바다에 있는 바위를 가리킨다.

은 그렇게 없어요. 모래 조금 비켜나가면 머들이고 다 그래요.】

조 모래를 모살이라고 한가요?

신: 예.

【예.】

조 여도 많이 있고요?

신: 여가 많있제.

【여가 많이 있지.】

조 잔잔한 바다를 따로 부르는 말이 있나요?

신: 여기는 날이 좋으문 잔잔하고 그런 바다 없어요. 잔잔한 바다는 없어
요. 날이 좋으문 전부가 다 잔잔하고 날이 나쁘면은 파도가 억싱께 작
업을 못 하죠.

【여기는 날이 좋으면 잔잔하고 그런 바다 없어요. 잔잔한 바다는 없어
요. 날이 좋으면 전부가 다 잔잔하고 날이 나쁘면 파도가 억세니까 작
업을 못 하죠.】

조 물살이 센 바다를 따로 부르는 말이 있어요?

신: 그런 건 없어요. 물이 많이 가고 그런 바다가 있어요. 그란디 여기는
그렇게 물이 막 쎄:서 해녀가 낏게갈[81] 정도는 없어요. 작업하기 좋아
요. 동네가 이렇게 물이 간 동네가 있어요. 섬이, 그란디 여기는 그런
거 없어요.

【그런 건 없어요. 물이 많이 가고 그런 바다가 있어요. 그런데 여기는

---

81 '끌리다'의 전남 방언이다.

그렇게 물이 막 세:서 해녀가 끌려갈 정도는 없어요. 작업하기 좋아요. 동네가 이렇게 물이 가는 동네가 있어요. 섬이, 그런데 여기는 그런 것 없어요.】

조 썰물 때 바다를 뭐라고 해요?
신: 예, 썰물 때 물 가고.
【예, 썰물 때 물이 가고.】

조 따로 부르는 말은 없어요?
신: 그냥 따로 없어요. 물 썼네,[82] 드네, 들물 났네, 썰물 났네, 이런 식이제.
【그냥 따로 없어요. 물 썼네, 드네, 밀물 났네, 썰물 났네, 이런 식이지.】

조 가까운 바다는 뭐라고 부른가요?
신: 가까운 바다 그런 거 없어요. 따로 없어요.
【가까운 바다 그런 것 없어요. 따로 없어요.】

조 먼바다 그런 말도요?
신: 감 앞에 이런 식으로 하제라. 그냥 바다 이름만 불르제 감 앞에, 조각날, 쇠땀 이런 식으로 바다 이름만 불르제 먼 바다, 작은 바다 없어요.
【감 앞에 이런 식으로 하지요. 그냥 바다 이름만 부르지 감 앞에, 조각날, 쇠땀 이런 식으로 바다 이름만 부르지 먼바다, 작은 바다 없어요.】

조 한물, 두물, 세물 다 써요?

---

82 기본형은 '써다'이고 밀물이나 밀린 물이 물러 나간다는 의미이다.

신: 그러죠, 인자 아침조금부터 작업을 하죠. 아침조금, 무수, 저 한조금 그래 갖고 인자 한물, 두물, 세물까지만. 오늘이 세물이요. 물이 세물인데 물이 어돠서 작업을 못 갔어.

【그렇죠, 이제 아침조금부터 작업을 하죠. 아침조금, 무수, 저 한조금 그래 가지고 이제 한물, 두물, 세물까지만. 오늘이 세물이요. 물이 세물인데 물이 어두워서 작업을 못 갔어.】

조 세물까지만 작업을 해요?

신: 예, 인자 선장이 담거 놓을 수가 없응께 담거 놓으문 근이 죽잖아요. 그러니까 인자 해녀를 잡으문 바로 떠서 바로 부체 부래요. 여기다 담거 놓으문은 암만해도[83] 줄체, 근이. 해삼은 엄청 줄어들고 긍께 바로 오늘 작업해 갖고 바로 부칭게 섬셋날배께는 못 해, 작업을 섬셋날까지도 저기서 또 막배로나 두 번째 배를 부치문 직원들이 퇴근을 일찍 못항께 머라 해요. 그랑께 우리가 웬간하문 아침조금날부터 아침조금, 그거 한조금, 무수 이런 식으로 하제. 섬셋날, 오늘 같은 날은 작업을 못해요. 할 수는 있는디 늦게 나오문은 선장이 좀 그라죠.

【예, 이제 선장이 담가 놓을 수가 없으니까 담가 놓으면 근이 죽잖아요. 그러니까 이제 해녀가 잡으면 바로 떠서 바로 부쳐 버려요. 여기다 담가 놓으면 아무래도 줄지, 근이. 해삼은 엄청 줄어들고 그러니까 바로 오늘 작업해 가지고 바로 부치니까 섬셋날밖에는 못 해, 작업을 섬셋날까지도 저기서 또 막배로나 두 번째 배로 부치면 직원들이 퇴근을 일찍 못하니까 뭐라 해요. 그러니까 일찍 보내고 그래서 우리가 웬만하면 아침조금부터 아침조금, 그거 한조금, 무수 이런 식으로 하지. 섬셋날, 오늘 같은 날은 작업을 못 해요. 할 수는 있는데 늦게 나오면 선

---

83 '아무래도'의 전남 방언이다.

장이 좀 그렇죠.】

조 한물, 두물, 서물, 너물?

신: 다섯, 여섯 이런 식으로 하지라. 그란디 개인이 바닥을 임대했을 때는
사철 없이 댕기제라.

【다섯, 여섯 이런 식으로 하지요. 그린데 개인이 바다를 임대했을 때는
사철 없이 다니지요.】

조 바다 사면은요?

신: 예, 바다를 사문은 저 물때 이렇게 물 안 씬 데로 댕기지라. 여기 동네
에서 작업을 항께 물겐 부친 것 땀세 오늘도 할 수는 있지라, 그란디
인자 지금 이 시간 더 되어서 나오겠소. 그럼 부칠 시간이 없죠. 저기
서는 3시가, 3시 배까지는 받아준디 글안하문 욕하고 그랑께 안 해요.

【예, 바다를 사면 저 물때 이렇게 물 안 센 데로 다니지요. 여기 동네
에서 작업하니까 물건 부치는 것 때문에 오늘도 할 수는 있지요, 그런
데 이제 지금 이 시간 더 되어서 나오겠소. 그럼 부칠 시간이 없죠. 저
기서는 3시가, 3시 배까지는 받아주는데 그렇지 않으면 욕하고 그러니
까 안 해요.】

조 한조금, 초조금 그런 말도 하나요?

신: 그랑께 아침조금, 한조금, 무수, 한물, 그런 식으로 해. 한물, 두물 그렇
게.

【그러니까 아침조금, 한조금, 무수, 한물, 그런 식으로 해. 한물, 두물
그렇게.】

조 그럼 순서가?

신: 한물, 두물, 서물, 너물, 다섯물, 여섯, 일곱, 여덜, 아홉, 열, 열한나,
열둘, 아침조금. 그다음에 열두물까지 하고 아침조금.
【한물, 두물, 서물, 너물, 다섯물, 여섯, 일곱, 여덟, 아홉, 열, 열하나,
열둘, 아침조금. 그다음에 열두물까지 하고 아침조금.】

조: 그다음에?
신: 그다음에 한조금, 무수, 다시 한물. 한물로 돌아와. 그렇게 하제.
【그다음에 한조금, 무수, 다시 한물. 한물로 돌아와. 그렇게 하지.】

조: 다 기억을 하시네요.
신: 인자 그것은 기억을 할 수배께 없어요. 인자까지, 지금까지 댕깅께 글
안하문 잊어불제. 그란디 물때 먼 일을 하다가도 날이 좋고 물때 들어
오문 인자 담거서 해 비레야 내가 거기를. 인자 나이를 묵응께 갔다 와
서는 일을 잘 못해요. 뼈칭께,[84] 그랑께로 인자 가기 전에 일을 할라
까 물때는 잘 알죠. 한 달에 두 번, 한 달에 많이 댕기문은 8일 댕긴디
8일 못 해봤어요.
【이제 그것은 기억할 수밖에 없어요. 이제까지, 지금까지 다니니까 그
렇지 않으면 잊어버리지. 그런데 물때 뭔 일을 하다가도 날이 좋고 물
때 들어오면 이제 담가서 해 버려야 내가 거기를. 이제 나이를 먹으니
까 갔다 와서는 일을 잘 못해요. 피곤하니까, 그러니까 이제 가기 전에
일을 하려니까 물때는 잘 알죠. 한 달에 두 번, 한 달에 많이 다니면
8일 다니는데 8일 못 해봤어요.】

조: 아침에 주로 하시는 거죠!

---

84 '피곤하다'의 전남 방언이다.

신: 그러죠, 아침에 7시 반까지는, 일찍 갈 때는 가야 돼요. 그라고 그 뒤
로는 한 시간이 늦어징께 7시 반에 갔다 오문 8시 반에 또 그 뒷날은
9시 반에 일을, 1시간이 딱 늘어나가요. 물이, 물때가.
【그렇죠, 아침에 7시 반까지는, 일찍 갈 때는 가야 돼요. 그리고 그 뒤
로는 한 시간이 늦어지니까 7시 반에 갔다 오면 8시 반에 또 그 뒷날
은 9시 반에 일을, 1시간이 딱 늘어나가요. 물이, 물때가.】

조 아침에 하시고 오후에도 나가시나요?
신: 안 나가죠. 일터라문은 아침에 아무리 일찍[85] 7시 반에 나가도 나오문
12시 넘어 비레요. 물에서 나오문.
【안 나가죠. 이를테면 아침에 아무리 일찍 7시 반에 나가도 나오면 12
시 넘어 버려요. 물에서 나오면.】

조 하루에 가면 4시간 정도 하세요?
신: 예, 4시간, 4시간 살아야 돼요.
【예, 4시간, 4시간 살아야 돼요.】

조 4시간 하시고.
신: 예, 나와서 인자 물겐 뜨고 몸 이고 와서 하문은 2시 그렇게 돼 비레
요. 3시.
【예, 나와서 이제 물건 뜨고 몸에 이고 와서 하면 2시 그렇게 돼 버려
요. 3시.】

조 밤에도 하세요?

---

85 '일찍'의 전남 방언이다.

신: 없어요. 그건, 도둑질한 사람들은 그라제라. 그란디 그런 우리는 그런
거 없어요. 하루 한 번이문 10시에 오나, 1시에 오나, 하루 한 번 들어
갔다 오문 돼.
【없어요. 그건, 도둑질한 사람들은 그렇지요. 그런데 그런 우리는 그런
것 없어요. 하루 한 번이면 10시에 오나, 1시에 오나, 하루 한 번 들어
갔다 오면 돼.】

조: 옛날에 미역 할 때 미역 말리는 곳이 따로 있었나요?
신: 아니, 그런 건 없었어요. 바다에 짝지에다가[86] 널었다가 인자 단장이
집으로 다 걷어다 들이고.
【아니, 그런 건 없었어요. 바다에 자갈에다가 널었다가 이제 단장이 집
으로 다 걷어다 들이고.】

조: 짝지가 어딘가요?
신: 조각날 해수욕장 짝지밭, 자갈밭. 여기는 자갈보고 짝지라고 해. 옛날
사투리로 짝지.
【조각날 해수욕장 짝지밭, 자갈밭. 여기는 자갈보고 짝지라고 해. 옛날
사투리로 짝지.】

조: 짝지에서 다 말려요?
신: 거기가 다 인자 가정집도 노구장 갖고 가서 거기다 붙애서 인자 뒤끼
로[87] 가고 그랬죠. 그전에는.
【거기가 다 이제 가정집도 노구장 가지고 가서 거기다 붙여서 이제 뒤

---

86 '자갈'의 전남 방언이다.
87 '뒤집다'의 전남 방언이다.

집으러 가고 그랬죠. 그전에는.】

조 거기다 다 놔두고 와요?

신: 밤에 이제 저녁에 다 붙여놨다가 아침에 몰르문 인자 아적날 가서 뒤
께야 돼요. 그날 걷어 들일라문. 그래 갖고 인자 걷어들여 갖고 갖다
단장집에다 놔두죠. 그라문 백갈 씨기러[88] 오라문 또 백갈 씨기러 가고
그래요. 그래 갖고 그냥 모둠으로 폴어 갖고 돈 나누고 그래요.
【밤에 이제 저녁에 다 붙여놨다가 아침에 마르면 이제 아침에 가서 뒤집
어야 돼요. 그날 걷어 들이려면. 그래 가지고 이제 걷어들여 가지고 갖다
단장집에다 놓아두죠. 그러면 백갈 씌우러 오라면 또 백갈 씌우러 가고
그래요. 그래 가지고 그냥 모둠으로 팔아 가지고 돈 나누고 그래요.】

조 물질하시고 나서 탈의실이나 불쬐는 곳이 있어요?

신: 그런 거 인자 없어요. 전혀 없어요. 옛날부터 없는디 이번에 해준단디
하지 말라고 했어요. 나이가 묵어 갖고 머 탈의실이라고, 사람이. 제주
도에는 젊은 사람들이 교육을 많이 받으러 오든 말이라. 그랑께 탈의
실도 있는디 동네에서 그것도 의견도 나왔어요. 그란디 안 한대.
【그런 것 이제 없어요. 전혀 없어요. 옛날부터 없는데 이번에 해준다는
데 하지 말라고 했어요. 나이를 먹어 가지고 뭐 탈의실이라고, 사람이.
제주도에는 젊은 사람들이 교육을 많이 받으러 오던 말이다. 그러니까
탈의실도 있는데 동네에서 그것도 의견도 나왔어요. 그런데 안 한대.】

조 불 쬐는 곳은 있어야 되는 거 아니에요?

신: 옛날에는 이 불턱이[89] 있지라. 불턱이 있었어요. 그란디 지금은 불턱도

<hr>

88　'씌우다'의 전남 방언이다.

안 쬐고 바로 나오문 물겐 떠주문 집에 와서 몸 해야 돼요. 꼬무옷 입
고 하니까. 그랑께 불턱이 인자 우리는 짝제가 불턱이제.

【옛날에는 이 불턱이 있지요. 불턱이 있었어요. 그런데 지금은 불턱도
안 쬐고 바로 나오면 물건을 떠주면 집에 와서 몸 씻어야 돼요. 고무옷
입고 하니까. 그러니까 불턱이 이제 우리는 짝지가 불턱이지.】

[조] 짝지에 불턱을 만들었어요?

[신]: 예, 바람 없는 디다 해놓고. 그런 거 없어요. 불턱, 탈의실 그런 거. 저
제주도는 있습디다만, 없어요. 여기는.

【예, 바람 없는 데에다 해놓고. 그런 것 없어요. 불턱, 탈의실 그런 것.
저 제주도는 있습디다만, 없어요. 여기는.】

[조] 옛날에 도둑 물질하면 어떻게 돼요?

[신]: 도둑 물질은 안 해 봤죠.

【도둑 물질은 안 해 봤죠.】

[조] 만약에 하다가 걸린 분들은 어떻게 돼요?

[신]: 없어요. 그런 거 없고 인자 딴 디서 와서 하제. 밤에, 다른 사람들이
밤에 와서. 여기 와서 걸린 사람도 걸리고 막 도망가고 그랬어요.

【없어요. 그런 것 없고 이제 다른 데에서 와서 하지. 밤에, 다른 사람들
이 밤에 와서. 여기 와서 걸린 사람도 걸리고 막 도망가고 그랬어요.】

[조] 옛날에 와서 한 사람도 있었어요?

---

89 돌담을 쌓아 바람을 막고 노출을 피하기 위하여 만든 곳으로 해녀가 물질을 하다
가 나와서 불을 피우며 쉬거나 옷을 갈아입는다. 여기서는 바다 앞에 있는 자갈밭
인 '짝지'를 불턱이라고 하였다.

신: 예.
【예.】

조 물질하고 나서 물에 들어갔다가 나와서 이렇게 숨을 쉬는 걸 뭐라고 불러요?
신: 휘파람이제 머겄소.[90]
  【휘파람이지 뭐겠소.】

조 휘파람이라고 해요?
신: 야, 호이호이 하문 휘: 소리가 난디, 휘파람이제. 숨이 잔뜩.
  【예, 호이호이 하면 휘: 소리가 나는데, 휘파람이지. 숨이 잔뜩.】

조 숨비소리라고도 하던데요.
신: 숨비소리라고도 한디 우리는 휘파람이라고 하요. 휘파람 소리가 나요.
  거 물에서 잔뜩 숨 가쁘게 나와서 자연으로 나와요. 자연으로 나와요.
  【숨비소리라고도 하는데 우리는 휘파람이라고 해요. 휘파람 소리가 나
  요. 거기 물에서 잔뜩 숨 가쁘게 나와서 자연으로 나와요. 자연으로 나
  와요.】

조 채취한 미역을 따로 나르는 사람이 있어요?
신: 아니, 단 사람들이 나르죠. 단에서, 그란디 지금은 없어요. 그런 거 몇
  년 전 말이제. 지금은 없어.
  【아니, 단 사람들이 나르죠. 단에서, 그런데 지금은 없어요. 그런 것 몇
  년 전 말이지. 지금은 없어.】

---

90 전남에서는 '휘께소리'라고도 한다.

조 부르는 말이 없어요?

신: 없어요. 이녁 것 이녁이 해 옹께.

　【없어요. 자기 것 자기가 해 오니까.】

조 옛날에 부르는 말이 없었어요?

신: 없었어요.

　【없었어요.】

조 옛날에 물질하실 때는 잠벵이 입으셨어요?

신: 소중이. 물적삼 입었지라. 옛날에, 물적삼에 소중이에다가 인자 했는디
　지금 꼬무옷 나아 놋께 그전에는 많이 살아야 한 30분 살고 나오고, 충
　께 불쬐고 하고 또 들어갔다가 또 나오고 그랬제라. 그란디 지금은 한
　번 들어가문 마지막.

　【물소중이. 물적삼 입었지요. 옛날에, 물적삼에 물소중이에다가 이제
　했는데 지금 고무옷 나와 놓으니까 그전에는 많이 살아야 한 30분 살
　고 나오고. 추우니까 불쬐고 하고 또 들어갔다가 또 나오고 그랬지요.
　그런데 지금은 한 번 들어가면 마지막.】

조 고무옷 지금도 있으세요?

신: 있지요. 다.

　【있지요. 다.】

조 납도 차신가요?

신: 네, 납도 차야제. 납 안 차문 못하제.

　【네, 납도 차야지. 납 안 차면 못하지.】

조 한 몇 kg 정도 차신가요?

신: 한 5키로. 그라고 지금은 여름은 따로 있거든요. 한 4키로나 3키로 될 거요.

【한 5킬로. 그리고 지금은 여름은 따로 있거든요. 한 4킬로나 3킬로 될 거예요.】

조 그것은 제주도에서 구입해 오신 거예요?

신: 꼬무옷은 그라지라. 전화하고 맞치문 보내줘요. 그라문 인자 우리가 받고 돈 보내주고 송금시키고.

【고무옷은 그렇지요. 전화하고 맞추면 보내줘요. 그러면 이제 우리가 받고 돈 보내주고 송금시키고.】

조 완도에서 하는 건 아니에요?

신: 완도는 없어요. 제주도서 있제. 면사무소에서 한 불씩 해줬어요. 그때, 우리 한 3, 4년 전에 한 불씩 해줬어요.

【완도는 없어요. 제주도서 있지. 면사무소에서 한 벌씩 해줬어요. 그때, 우리 한 3, 4년 전에 한 벌씩 해줬어요.】

조 오리발도 있죠!

신: 오리발 있죠. 오리발이 없으문 안 되죠. 오리발도 사야죠. 3만 얼마.

【오리발 있죠. 오리발이 없으면 안 되죠. 오리발도 사야죠. 3만 얼마.】

조 면장갑도 끼시나요?

신: 장갑 찌야죠. 겨울에는 또 꼬무장갑 쩌야 되고 거 옷에 딸린 꼬무장갑.

【장갑 껴야죠. 겨울에는 또 고무장갑 껴야 되고 그 옷에 딸린 고무장갑.】

조 빨간색 코팅 장갑을 끼나요?

신: 그런 거 아니고 꼬무장갑이여. 저 거기 옷에 딸려와요. 그것도 하나 따로 살라문 3만 원. 그란디 게울 작업은 인자 나이가 묵응께 우리는 많이 못 하제라.

【그런 것 아니고 고무장갑이야. 저 거기 옷에 딸려와요. 그것도 하나 따로 사려면 3만 원. 그런데 겨울 작업은 이제 나이를 먹으니까 우리는 많이 못 하지요.】

조 귀마개도 하나요?

신: 그런 건 안 막어. 그전에는 미리 막았는디 지금은 안 막어요.

【그런 건 안 막아. 그전에는 미리 막았는데 지금은 안 막아요.】

조 옛날에는 끔으로 했다고 하던데요.

신: 그랬어요. 그란디 지금은 안 막어. 그대로.

【그랬어요. 그런데 지금은 안 막아. 그대로.】

조 옛날에 껌으로 막으셨어요?

신: 옛날에, 밀이라고 있어요. 송견으로, 송견으로 해 갖고 밀이라고 있어. 끔은 안 돼. 끔은 인자 다시 그걸 해야 돼. 끔은 언그문 안 돼. 그랑께 거기다가 끔을 할라문은 쑥하고 섞어서 이녁이 씹어서 해야 돼. 그란디 밀이 있었어요. 옛날에. 밀이라고, 송견 해다가 그놈을 녹여 갖고 주물르고 주물르고 해 갖고.

【옛날에, 밀이라고 있어요. 송진으로, 송진으로 해 가지고 밀이라고 있어. 껌은 안 돼. 껌은 이제 다시 그걸 해야 돼. 껌은 엉기면 안 돼. 그러니까 거기다가 껌을 하려면 쑥하고 섞어서 자기가 씹어서 해야 돼. 그런데 밀이 있었어요. 옛날에. 밀이라고, 송진을 해다가 그놈을 녹여 가

지고 주무르고, 주무르고 해 가지고.】

조 송진이요?

신: 야, 그놈 끔 하나 섞어 갖고 그렇게 하문 돼요. 지금은 안 막아요.
【예, 그놈 껌 하나 섞어 가지고 그렇게 하면 돼요. 지금은 안 막아요.】

조 물안경은 뭘로 하셨어요? 작은 거? 큰 거?

신: 우리는 작은 것은, 옛날에 그저 수영하러 댕길 때 작은 것을. 지금은
큰 거, 옛날부터 큰 거.
【우리는 작은 것은, 옛날에 그저 수영하러 다닐 때 작은 것을. 지금은
큰 것, 옛날부터 큰 것.】

조 수경 작은 것을 뭐라고 불렀어요?

신: 그것은 잘 몰르겄소. 이건 수겡이고 큰 것은 수겡이라고 그것은 몰르
겄소.
【그것은 잘 모르겠소. 이건 수경이고 큰 것은 수경이라고 그것은 모르
겠소.】

조 작은 거는 궤눈, 쉐눈이라고 하나요?

신: 그런 거 없어. 난 안 써 봤는디 그것은.
【그런 것 없어. 난 안 써 봤는데 그것은.】

조 망사리라고 하나요?

신: 예, 망사리. 두름박, 두름박이고 여굴째[91] 찬 건 조락.

―――――――――

91 전남 방언에서는 '옆굴텡이, 옆굴팅이'라고도 한다.

【예, 망사리. 테왁, 테왁이고 옆구리에 차는 건 조락.】

조 초불미역, 두불미역도 있어요?

신: 그런 건 없어요. 미역하고는 여기는 벨로 없어요. 여기는 미역은 벨로 여. 조락은 우리 여꿀째 해삼 담고 인자 소라 망서리에 많으문 찬 것을 조락이라고 그라고. 우리가 원 짊어지고 댕긴 것은 두름박이라고, 타레박이라 하고요. 여꿀째 찬 건 조락이라고 그라고.

【그런 건 없어요. 미역하고는 여기는 별로 없어요. 여기는 미역은 별로 야. 조락은 우리 옆구리에 해삼 담고 이제 소라가 망사리에 많으면 차는 것을 조락이라고 그러고. 우리가 원래 짊어지고 다니는 것은 테왁이라고, 타레박이라[92] 하고요. 옆구리에 차는 건 조락이라고 그러고.】

조 갈퀴 같은 것도 가져가신가요?

신: 문어 깔꾸, 내나 갖고 간당께라. 문어 깔꾸, 망사리에서 찔러났다가 문에가 오문은 나와서 갖고 들어가서 잡제라. 머 갈쿠 소용없어요.

【문어 갈고리, 내내 가지고 간다니까요. 문어 갈고리, 망사리에 찔러났다가 문어가 오면 나와서 가지고 들어가서 잡지요. 뭐 갈퀴 소용없어요.】

조 그거는 어디서 사요?

신: 사 오죠. 완도 장에서, 깔꾸랑 피창 한나문 돼요. 그라고 문에는 요새 없응께 갖고 댕기제 머.

【사 오죠. 완도 장에서, 갈고리랑 빗창 하나면 돼요. 그리고 문어는 요새 없으니까 가지고 다니지 뭐.】

---

92 '두레박'의 경남 방언인데 전남 방언에서는 '타레박 새암(두레우물)'에서 나타난다.

조 이렇게 베는 낫도 가져가요?

신: 그런 건 나도 손에 하나만 해야제 두 개 안 돼. 문에 깔꾸만 해도 안
    돼. 하나 갖고 해야제.

    【그런 건 나도 손에 하나만 해야지 두 개 안 돼. 문어 갈고리만 해도
    안 돼. 하나 가지고 해야지.】

조 닻돌 같은 것도 있나요?

신: 저 땃배라? 없어. 우리는 그런 거 땃배 안 차라. 땃줄이 댕겨놓고 인자
    테왁이 물 강께 가지 마라고 하는.

    【저 땃배라? 없어. 우리는 그런 것 땃배 안 차요. 닻줄을 당겨놓고 이
    제 테왁이 물 가니까 가지 말라고 하는.】

조 닻줄하고 닻돌 그런 거는 없어요?

신: 땃배라고. 내 땃배, 얼로 갔다냐?

    【땃배라고. 내 땃배, 어디로 갔느냐?】

조 땃배가 그러면?

신: 줄이랑께, 줄. 조락에 담어 갖고 댕기는. 지금은 한나도 없어.

    【줄이라니까, 줄. 조락에 담아 가지고 다니는. 지금은 하나도 없어.】

조 옛날에는 돌멩이를 달아서 사용했다고 하던데요.

신: 땃배랑께라, 그랑께. 납 하나 딱 조락에 담어서 줄 한 서너 발 해 갖고
    했는데 지금은 그런 거 없어.

    【땃배라니까요, 그러니까. 납 하나 딱 조락에 담아서 줄 한 서너 발 해
    가지고 했는데 지금은 그런 것 없어.】

⟦조⟧ 옛날에는 그렇게 하셨어요?

신: 옛날에는 그랬어. 우리 바닥만 한 게 아니라 젊어서 놈우 바닥에 가문은, 진도 가문은 땃배 놔야제. 안 놓고는 안 돼요. 물이 워낙 강께. 그란디 지금은 그런 거 한나[93] 상관없어.

【옛날에는 그랬어. 우리 바다만 하는 게 아니라 젊어서 남의 바다에 가면, 진도에 가면 땃배 놓아야지. 안 놓고는 안 돼요. 물이 워낙 가니까. 그런데 지금은 그런 것 전혀 상관없어.】

⟦조⟧ 옛날에만 이제 하신 거죠?

신: 저울 붕일[94] 안 있소. 옛날에 대로 한 거, 그거 다 갖고 댕겠지라. 그 조락에다 해 갖고 땡게 놓고 식이고[95] 그랬제라. 그란디 지금은 그런 거 한나 찬 사람 없어.

【저울추 있죠. 옛날에 되로 한 것, 그것 다 가지고 다녔지요. 그 조락에다 해 가지고 당겨 놓고 숙이고 그랬지요. 그런데 지금은 그런 것 하나 차는 사람이 없어.】

⟦조⟧ 그것은 한 몇 kg짜리 하신 거예요?

신: 멫 키로가 아니제. 1키로도 못 나가.

【몇 킬로가 아니지. 1킬로도 못 나가.】

⟦조⟧ 그럼 이렇게 막 움직이지 않아요?

신: 그래도 안, 가다가 보문 딱 백에[96] 갖고 있고 그래.

---

93 '하나'의 전남 방언인데 '없다', '않다' 따위의 부정어와 호응하여 '전혀', '조금도'의 뜻을 나타낸다.

94 '불알'의 전남 방언으로 여기서는 저울추를 가리킨다.

95 '숙이다'의 전남 방언이다.

【그래도 안, 가다가 보면 딱 박혀 가지고 있고 그래.】

조 테왁 하신 거죠? 옛날에는 뭘로 많이 했어요?

신: 박 갖고 했제라. 옛날에는, 박 한디 터지문 때리고 어차고 했는디 저거 당께 세상 좋지라.

【박 가지고 했지요. 옛날에는, 박 하는데 터지면 때우고 어쩌고 했는데 저것 다니까 세상 좋지요.】

조 지금 다 스티로폼으로 해요?

신: 한 5, 6년 박으로 했을 거요. 그라고 쩌거 나왔제. 지금 우리 작업한 데가 한 50년이 넘었는디 물질한 지가.

【한 5, 6년 박으로 했을 거예요. 그리고 저거 나왔지. 지금 우리 작업하는 데가 한 50년이 넘었는데 물질한 지가.】

조 여기서 나오는 것이 소라 나오고.

신: 소라, 전복, 해삼이제 머.

【소라, 전복, 해삼이지 뭐.】

조 군벗은?

신: 그것은 갓에 가문 있제 지금 해녀들은 안 해요.

【그것은 갯가에 가면 있지 지금 해녀들은 안 해요.】

조 보말 나오고.

신: 배말, 군벗, 보찰.[97] 거북손 보고 보찰이라 하꺼요.

---

96 기본형은 '백이다'이고 '박히다'의 전남 방언이다.

【삿갓조개, 딱지조개, 보찰. 거북손 보고 보찰이라 할 거예요.】

조 청각 있는 거죠!

신: 청각이 있지라. 그란디 청각은 그냥 우리가 반찬할라고 쪼끔썩 띠: 오
고 그러제라.

【청각이 있지요. 그런데 청각은 그냥 우리가 반찬하려고 조금씩 떼어
오고 그러지요.】

조 감태도요?

신: 감태는 없어요. 여기는 감태 없는디.

【감태는 없어요. 여기는 감태 없는데.】

조 톳하고 모자반은요?

신: 톳, 모자반은 겨울에 있지라.

【톳, 모자반은 겨울에 있지요.】

조 성게는 성게라고 해요?

신: 예, 성게라고 그래요. 성게가 없:어요. 지금은.

【예, 성게라고 그래요. 성게가 없:어요. 지금은.】

조 해삼 있고 구살이라고도 해요?

신: 구살이라고도 한디 인자 보통 성게라 하제. 옛날에는 우리가 구살이라
고 했제. 밤숭이,[98] 째깐한 잔 건 밤순이라고 그러고 성게 보고는 구살

---

97 남해안 지역에서 주로 '보찰'이라고 한다.

98 '말똥성게'의 전남 방언이다.

이라고 했는디 지금 성게로 많이 합디다.

【구살이라고도 하는데 이제 보통 성게라 하지. 옛날에는 우리가 구살이라고 했지. 밤숭이, 조그마한 작은 건 밤숭이라고 그러고 성게 보고는 구살이라고 했는데 지금 성게로 많이 합디다.】

조 구살이라고 하셨어요?

신: 옛날에는 구살이라고 많이 했제라.

【옛날에는 구살이라고 많이 했지요.】

조 여기는 게 있나요? 꽃게.

신: 꽃게, 여기 많이 나지라. 그거 얼마썩 한다고.

【꽃게, 여기 많이 나지요. 그거 얼마나 한다고.】

조 잡아서 드세요?

신: 아니, 우리는 사서 묵지라. 게 작업 한 사람이 있지라. 그물로, 게 어장 한 사람이.

【아니, 우리는 사서 먹지요. 게 작업 하는 사람이 있지요. 그물로, 게 어장 하는 사람이.】

조 여기 바다 앞에서 안 잡아요?

신: 없어. 그전에는 짤짤한 게, 뻘떡기.[99] 그런 거 씻어다가 묵지라.

【없어. 그전에는 조그마한 게, 꽃게. 그런 것 씻어다가 먹지요.】

조 반찬해서요?

---

99 '꽃게'의 전남 방언이다. 수궁가에는 '벌떡게'가 나온다.

신: 많이도 못 씻이고. 한나 씻이문 된장국에다 여:서[100] 묵고 그라제.
　【많이도 못 씻고. 하나 씻으면 된장국에다 넣어서 먹고 그러지.】

조 된장국 해서 드셨네요.

신: 옛날에, 지끔은 없습디다. 그것도, 그라고 누가 지금 그거 잡을라고도 안
　해라. 옛날에는 그놈 막 어디든지 쫓아가서 잡을란디 지금은 안 잡어.
　【옛날에, 지금은 없습디다. 그것도, 그리고 누가 지금 그거 잡으려고도
　안 해요. 옛날에는 그놈 막 어디든지 쫓아가서 잡으려고 하던데 지금
　은 안 잡아.】

조 지금도 있어요?

신: 있어요. 지금도, 물밑에는 있긴 하는디 우리가 끝까지 그 잡을라문 성
　가세. 옛날에는 반찬할라고 어디든지 갔어. 그란디 꼭 잡고 오고 그랬
　는디 지금은 안 잡어요.
　【있어요. 지금도, 물밑에는 있긴 하는데 우리가 끝까지 그 잡으려면 성
　가셔. 옛날에는 반찬을 하려고 어디든지 갔어. 그런데 꼭 잡고 오고 그
　랬는데 지금은 안 잡아요.】

---

100 기본형은 '옇다'이고 '넣다'의 전남 방언이다.

제3장

신지도 해녀의 삶과 언어

신지도 해녀의 삶과 언어

조 아까 태어난 곳이 제주도 한림 금능리시라고 했죠!
이: 네.
　【네.】

조 해녀 교육 같은 거 받으셨을까요?
이: 아니에요. 어릴 때, 우리 어릴 때는 빤스만 입고 들어가서 다라 이렇게
　 세숫대 같은 거 딱 물에 띠워 놓고는 그냥 들어가서 저기 고동, 짤잘한
　 고동 잡아서 놓고 그것이 배운 거예요.
　【아니에요. 어릴 때, 우리 어릴 때는 팬츠만 입고 들어가서 대야 이렇
　 게 세숫대야 같은 것 딱 물에 띄워놓고는 그냥 들어가서 저기 고둥, 자
　 잘한 고둥 잡아서 놓고 그것이 배운 거예요.】

조 그때부터 하신 거예요?
이: 예, 예.
　【예, 예.】

조 결혼은 언제 하셨어요?
이: 제주도에서 도망 왔잖아요. 신랑하고.
　【제주도에서 도망 왔잖아요. 신랑하고.】

조 그럼 바깥 어르신하고 같이 오신 거예요?
이: 예, 예.
　【예, 예.】

조 자녀분들은 어떻게 되세요?

이: 삼 남매.

　【삼 남매.】

조 그러면 바깥 어르신은 양식하시는 건가요?

이: 양식해서 다 망해 비렀어요. 광어 키다가.

　【양식해서 다 망해 버렸어요. 광어 키우다가.】

조 요즘 광어가 엄청 비싸다고 그러던데요?

이: 그렇죠. 우리는 한 십몇 년 전에 다 망했어.

　【그렇죠. 우리는 한 십몇 년 전에 다 망했어.】

조 지금도 하시는 거죠!

이: 하시는 사람 많이 있어요.

　【하시는 사람 많이 있어요.】

조 여기 하시는 거죠!

이: 예, 쩌 옆에.

　【예, 저 옆에.】

조 예전에 바깥 어르신은 결혼하실 때는 뭐 하셨어요?

이: 같이 해녀 배 타고 왔다 갔다 하고. 그전에는 바닥을 다 팔았잖아요.
　개인한테, 그래 가지고 사 가지고 했어요.

　【같이 해녀 배 타고 왔다 갔다 하고. 그전에는 바다를 다 팔았잖아요.
　개인한테, 그래 가지고 사 가지고 했어요.】

조 그럼 제주도에 형제분들이 계신 거고 이쪽은 한 분도 없으신 거네요.

이: 예.

　【예.】

조 바깥 어르신은 원래 여기가 고향이신가요?

이: 예.

　【예.】

조 그럼 바깥 어르신 형제분들도 여기 다 계시고요.

이: 예.

　【예.】

조 어르신의 어머니도 해녀 하셨어요?

이: 예. 다 해녀 했죠. 바닷가 옆에는.

　【예. 다 해녀 했죠. 바닷가 옆에는.】

조 바깥 어르신은 제주도에서 만나신 거예요?

이: 아니, 여기 내가 무레질하러 왔다가.

　【아니, 여기 내가 물질하러 왔다가.】

조 그러면 왔다가 안 가시고 계속 여기 정착하신 거죠!

이: 아니, 갔다가. 첫 번에 왔다가 또 다음 해에 와 가지고 저 남자를 알았
　어요. 알아 가지고 나는 가 버리고 근데 제주도로 쫓아 들어 와 가지고.
　【아니, 갔다가. 첫 번에 왔다가 또 다음 해에 와 가지고 저 남자를 알
　았어요. 알아 가지고 나는 가 버리고 그런데 제주도로 쫓아 들어 와 가
　지고.】

조 거기 사실 때 중매하신 분도 계세요?

이: 없어.

　【없어.】

조 여기 와서 결혼하실 때 가마 타고 하셨어요?

이: 아니, 아니, 아니죠. 그때는.

　【아니, 아니, 아니죠. 그때는.】

조 가마 그런 거 없으셨어요?

이: 예, 그때는 가마 아니제. 그 전에가 가마제. 그때는 그때 당시에는 가
　마가 아니여.

　【예, 그때는 가마 아니지. 그 전에 가마지. 그때는 그때 당시에는 가마
　가 아니야.】

조 어르신 결혼식 때는 무슨 옷 입고 하셨어요?

이: 드레스.

　【드레스.】

조 어디서 결혼식을 하셨어요?

이: 여기는, 그전에는 차도 없고 아무것도 없잖아요. 섬이라, 저기 사무실
　에서.

　【여기는, 그전에는 차도 없고 아무것도 없잖아요. 섬이라, 저기 사무실
　에서.】

조 마을 회관요?

이: 응.

【응.】

[조] 마을 잔치도 하셨어요?

이: 예, 그때는 집에서 이렇게. 부조 받고 그랬어요.

【예, 그때는 집에서 이렇게. 부조 받고 그랬어요.】

[조] 그때 사진도 찍으셨어요?

이: 응.

【응.】

[조] 여기에 사진사가 있었어요?

이: 여기 대탱리 멘 소재지에 사진사가 있었어요.

【여기 대평리 면 소재지에 사진사가 있었어요.】

[조] 대평리에서 오셔서 사진 찍었어요?

이: 왔다, 와서 사진 찍고. 나도 모르지.

【왔다, 와서 사진 찍고. 나도 모르지.】

[조] 결혼하실 때 예물을 사 오셨어요?

이: 없어. 아무것도 없어.

【없어. 아무것도 없어.】

[조] 제주도에서 결혼할 때 신부상이나 신랑상 그런 거 있었나요?

이: 없어요.

【없어요.】

조 결혼식에 마을 잔치는 주로 뭐 준비하나요?

이: 그냥 여기 식으로 음식 장만 해 가지고.

　【그냥 여기 식으로 음식 장만 해 가지고.】

조 고기는 어떤 것을 준비해요?

이: 돼지 잡아서.

　【돼지 잡아서.】

조 국은 어떤 거 해요?

이: 국 푼 구로 하죠. 김치 놓고 해서.

　【국을 푼 것으로 하죠. 김치 놓고 해서.】

조 김칫국이요? 미역국 그런 거는 안 하고요?

이: 미역국 안 해요.

　【미역국 안 해요.】

조 밥은 쌀밥을 해요?

이: 예, 쌀밥. 그때는 쌀밥. 보리밥 먹을 때 결혼식 한다고 다 쌀밥이죠.

　【예, 쌀밥. 그때는 쌀밥. 보리밥 먹을 때 결혼식 한다고 다 쌀밥이죠.】

조 사람들이 부조는 주로 뭘로 하나요?

이: 돈이로.

　【돈으로.】

조 얼마 정도 한가요?

이: 그때 당시에 3만 원이 많을 걸 거요. 3만 원이.

【그때 당시에 3만 원이 많을 걸 거예요. 3만 원이.】

조 돈 말고 다른 것도 하나요?
이: 머 쌀 떠 갖고 오고 그럴. 쌀도 갖고 오고 그러는 것도 있었을 거에요.
암만해도. 잊에비레.
【뭐 쌀 떠 가지고 오고 그럴. 쌀도 가지고 오고 그러는 것도 있었을 거
예요. 아무래도. 잊어버렸어.】

조 결혼식 할 때 특별히 가져오는 거 없나요?
이: 없죠.
【없죠.】

조 세숫대야나 빗이나 그런 거요?
이: 그런 거 없죠. 나가 산 바람에 암:것도 없죠.
【그런 것 없죠. 나가 사는 바람에 아무것도 없죠.】

조 결혼하고 나서 신랑 발 때리는 것은 있었어요?
이: 그런 것도 없고요.
【그런 것도 없고요.】

조 결혼할 때 가장 기억에 남는 거 있으세요?
이: 없어. 혼자 와서 슬프제.
【없어. 혼자 와서 슬프지.】

조 결혼하실 때 여기 집 아니셨죠?
이: 예, 저 안헤¹ 집.

【예, 저 안에 집.】

조 그거는 어떻게 장만하신 거예요?
이: 그 집. 그 집은 할아버지 살 때 집, 초가집.
　　【그 집. 그 집은 할아버지 살 때 집, 초가집.】

조 지금은 다 없어진 거죠.
이: 응, 없어졌어요.
　　【응, 없어졌어요.】

조 초가집에 사시다가.
이: 쓰레트로 해 가지고 결혼식을 했어요. 그 쓰레트 한 집. 할아버지가,
　　우리 남편 어머니가 두 살 저기 아버지가 돌아가시니까 두 살, 어른 세
　　살 때 개가 해가 버렸어요. 남매 나두고. 그러니까 이제 우리 고모들이
　　5명인데 그 고모네들이 자기 아들처럼 키우고 저 할아버지가 할머니가
　　돌아가시니까 할아버지가 다 키우고 그랬죠. 그러니까 못대 비레. 오
　　냐 오냐 키우니까 아무것도 안 하고.
　　【슬레이트로 해 가지고 결혼식을 했어요. 그 슬레이트 한 집. 할아버지
　　가, 우리 남편 어머니가 두 살 저기 아버지가 돌아가시니까 두 살, 어
　　른 세 살 때 개가 해 버렸어요. 남매 놓아두고. 그러니까 이제 우리 고
　　모들이 5명인데 그 고모네들이 자기 아들처럼 키우고 저 할아버지가
　　할머니가 돌아가시니까 할아버지가 다 키우고 그랬죠. 그러니까 못되
　　어 버렸어. 오냐 오냐 키우니까 아무것도 안 하고.】

---

1 '않'은 'ㅎ'종성체언으로 현대 국어에서는 '안'으로만 소리나는데 제보자의 발화에
　서 끝소리 'ㅎ'이 나타나고 있다.

조 거기 사시다가 언제 이쪽으로 이사 오셨어요?

이: 한 20년 됐어요.

【한 20년 됐어요.】

조 물질하실 때 그때는 생활이 어떠셨나요?

이: 물질할 때는 생활이 그래도 갠찮했죠. 내가 시서 바닥을 사 가지고 하니까 해녀들, 제주도 해녀들 데려다가 했는데 가난했어요. 처음에는, 고생 많이 한 사람이여. 가난하디가난했지.

【물질할 때는 생활이 그래도 괜찮했죠. 내가 사서 바다를 사 가지고 하니까 해녀들, 제주 해녀들을 데려다가 했는데 가난했어요. 처음에는, 고생 많이 한 사람이야. 가난하디가난했지.】

조 그때는 바다 사려면 돈을 얼마나 줬어요?

이: 그때는 이자도 5부여. 만약에 100만 원이면 1년에 50만 원. 50만 원을 줘야 해요. 그리고 그 오부 돈을 빌려 갖고 바닥 사 가지고 했죠.

【그때는 이자도 5 프로야. 만약에 100만 원이면 1년에 50만 원. 50만 원을 줘야 해요. 그리고 그 5 프로 돈을 빌려 가지고 바다 사 가지고 했죠.】

조 남편분은 무슨 일을 하셨어요?

이: 난봉[2], 팔방미인.

【난봉, 팔방미인.】

조 옷이나 옷장 등 필요하신 것은 어떻게 장만하셨어요?

---

2 뛰어난 인물을 비유적으로 이르는 말이다.

이: 필요한 거는 내가 작업해 가지고. 우리 집 아저씨는 손 하나 까딱 안
   한 사람이다니까요.
   【필요한 거는 내가 작업해 가지고. 우리 집 아저씨는 손 하나 까딱 안
   하는 사람이라니까요.】

조 아이 가졌을 때 태몽 같은 것도 꾸셨어요?
이: 태몽, 나는 태몽 꾸는 정신도 없었는데. 그때는.
   【태몽, 나는 태몽 꾸는 정신도 없었어. 그때는.】

조 임신하셨을 때 입덧도 하셨어요?
이: 왜 안 했겠어요. 하지.
   【왜 안 했겠어요. 하지.】

조 입덧하면 뭐 먹고 싶잖아요.
이: 머 먹고 싶어요, 여기 어디서 사다가 먹겠어요. 못 묵어.
   【뭐 먹고 싶어요, 여기 어디서 사다가 먹겠어요. 못 먹어.】

조 그때 뭐가 제일 먹고 싶으셨어요?
이: 입덧을 오래하기 때문에.
   【입덧을 오래하기 때문에.】

조 뭐 먹으면 입덧이 좀 없어지셨어요?
이: 기양 밥이제. 그때는 다 보리밥. 이제는 머 쌀 있제만 그때는 다 보리
   밥. 여기 보리쌀은 또 까까까해서 해 먹지도 못해. 우리 제주도서 갖다
   먹고 그랬는데.
   【그냥 밥이지. 그때는 다 보리밥. 이제는 뭐 쌀 있지만 그때는 다 보리

밥. 여기 보리쌀은 또 까끌까끌해서 해 먹지도 못해. 우리 제주도서 가
져다 먹고 그랬는데.】

조 애 낳고는 따로 뭐 드셨어요?

이: 미역국.

【미역국.】

조 미역국에 다른 것은 안 넣었어요?

이: 미역국에다가 멀 났을까? 여기는 생선이 조금 잽히니까 생선에다가 소
고기도 넣고 그랬을 거야. 그전에는 여기 라면은 동우³ 있잖아요. 쌀,
물 이렇게 이고 다니는 동우, 거기다가 쌀 넣고 미역 딱 걸치고 그 미
역으로 하고 그 쌀로 하고 그렇게 방법이 그랬어요. 여기서는.

【미역국에다가 뭘 넣었을까? 여기는 생선이 조금 잡히니까 생선에다
가 소고기도 넣고 그랬을 거야. 그전에는 여기는 동이 있잖아요. 쌀,
물 이렇게 이고 다니는 동이, 거기다가 쌀 넣고 미역 딱 걸치고 그 미
역으로 하고 그 쌀로 하고 그렇게 방법이 그랬어요. 여기서는.】

조 동이에다가 쌀, 미역 넣고 그걸로 미역국을 만들어요?

이: 만약에 애기 낳았으문 욱에다가, 머리에 나두고 그 쌀로 넣고 했어.

【만약에 아기 낳았으면 위에다가, 머리에 놓아두고 그 쌀로 넣고 했
어.】

조 아기 낳을 때 도와주신 분이 있나요?

이: 여기에는 다 병원에도 없으니까 숙모라고 우리 형제간, 우리 할아버지

---

3 '동이'의 전남 방언이다. 질그릇의 하나로 흔히 물 긷는 데 쓴다.

네들 사촌간 그 숙모가 다 셋이, 아! 둘이 났구나! 하나는 제주서 났고
두 성제, 남매가 여기서 났어요. 그 숙모가 남매 받았어요.
【여기에는 다 병원도 없으니까 숙모라고 우리 형제간, 우리 할아버지
네들 사촌간 그 숙모가 다 셋이, 아! 둘이 낳았구나! 하나는 제주서 낳
았고 두 형제, 남매가 여기서 낳았어요. 그 숙모가 남매 받았어요.】

[조] 제사도 지내신 거예요?

이: 시집 와서 보니까 제사가 13분, 달달이 그때 당시에는 보름도 세야지,
머, 머, 유월 유두 세야지, 벨거 다 셌어요. 12번에 그런 맹절까지 하문
은 메칠이지, 하나둘. 모욕탕에서 제사 지내라면은 다라에다가 물 찌
끄러서.[4]
【시집을 와서 보니까 제사가 13분, 다달이 그때 당시에는 보름도 쇄야
지, 뭐, 뭐, 유월 유두 쇄야지, 별거 다 쇘어요. 12번에 그런 명절까지
하면은 며칠이지, 하나둘. 목욕탕에서 제사 지내려면은 대야에다가 물
끼얹어서.】

[조] 음식 준비는 어떻게 하셨어요?

이: 음식 준비는 다 불 때서, 옛날에는 불 때 가지고 콩노물도 다 내가 앉
혀서 길어 갖고 다 하고. 아이고, 말 하문 못 해. 그럼 제사 지내라문은
동네 사람들 다 불러다가 가까운 여기 옆집 사람들 다 데려다가 다 해.
아침 다 드리고.
【음식 준비는 다 불 때서, 옛날에는 불 때 가지고 콩나물도 다 내가 앉
혀서 길러 가지고 다 하고. 아이고, 말을 하면 못 해. 그럼 제사 지내려
면 동네 사람들 다 불러다 가까운 여기 옆집 사람들 다 데려다가 다

---

4 '끼얹다'의 전남 방언이다.

해. 아침 다 드리고.】

조 빚도 있으셨어요?

이: 그렇죠.

【그렇죠.】

조 빚은 어떻게 갚으신 거예요?

이: 갚으지 못하고 다 신용불량자예요, 지금.

【갚지 못하고 다 신용불량자예요, 지금.】

조 물질해서 안 돼요?

이: 못 갚아, 못 갚아.

【못 갚아, 못 갚아.】

조 다 못 갚아요?

이: 이거 다 경매에 넘어갔잖아요.

【이거 다 경매에 넘어갔잖아요.】

조 지금 여기 있는 것도요?

이: 이거 다 넘어 갖고. 우리 집 아저씨 이름 하나 있는 건 다 나가. 그래 갖고 나도 우체국에다가 예금하문 갠찮은다고 그래. 안 나가고. 600만 원 해 놓은 거 다 가져가 버렸지. 애기들 우리 아프문 머 한다고 5만 원씩 삼 남매가 5만 원씩 몇 년 저기 해 놓고 나 이름에다가 했다, 600만 원을. 그것도 다 나가. 기가 멕키 비렀어, 기가 맥키 비렀어.

【이거 다 넘어 가지고. 우리 집 아저씨 이름 하나 있는 건 다 나가. 그래 가지고 나도 우체국에다가 예금하면 괜찮다고 그래. 안 나가고.

600만 원 해 놓은 것 다 가져가 버렸지. 아이들이 우리 아프면 뭐 한다고 5만 원씩 삼 남매가 5만 원씩 몇 년 적금해 놓고 내 이름에다가 했다, 600만 원을. 그것도 다 나가. 기가 막혀 버렸어. 기가 막혀 버렸어.】

조 시집살이도 하셨어요?

이: 하죠.

【했죠.】

조 뭐가 힘드셨을까요?

이: 우리 고모네들한테 내가 시집살이가, 제주년이 와 가지고 머 어쨌다, 머 말도 못 했어요. 말도 못 했어.

【우리 고모네들한테 내가 시집살이를, 제주 여자가 와 가지고 뭐 어쨌다, 뭐 말도 못 했어요. 말도 못 했어.】

조 형제분들하고는 그래도 잘 지내셨어요?

이: 예, 이제는. 그전에는.

【예, 이제는. 그전에는.】

조 제사 음식은 뭐 준비한 거예요?

이: 여기는 제사 때 이런 만약에 조개 그런 탕, 탕 종류하고 그냥 나물 종류밖에 안 해요. 고기 있고 그런 거밖에 안 해요.

【여기는 제사 때 이런 만약에 조개 그런 탕, 탕 종류하고 그냥 나물 종류밖에 안 해요. 고기 있고 그런 것밖에 안 해요.】

조 떡은 안 해요?

이: 떡은 하죠.

【떡은 하죠.】

조 무슨 떡을 해요?
이: 시리떡 해야지.
　【시루떡 해야지.】

조 탕, 나물, 고기는?
이: 돼지고기.
　【돼지고기.】

조 술은 어떻게 해요?
이: 술은 소주.
　【술은 소주.】

조 돼지고기는 어디에서 사요?
이: 완도 나가야, 완도서 사고. 마량으로 그전에는 객선이 다녔어요. 여기
　 가문 거기 마량으로 가서 거기서 사 갖고 오고. 완도로 갈라문 쩌어 석
　 화포까지 걸어서 가야 돼요. 그래 가지고 거기서 배 타고 갔다고 오고.
　【완도 나가야, 완도서 사고. 마량으로 그전에는 객선이 다녔어요. 여기
　 가면 거기 마량으로 가서 거기서 사 가지고 오고. 완도로 가려면 저 석
　 화포까지 걸어서 가야 돼요. 그래 가지고 거기서 배 타고 갔다고 오고.】

조 지금은 다리가 연결돼서 편해졌죠.
이: 그렇죠, 철선. 그거는 요렇게 전에는 그것도 안 다녔잖아요. 우리 머
　 할 때는 한 30년 전에, 나가 지금 오십 미연인가 오십 한 살잉께 50년
　 이 넘었는데.

【그렇죠, 철선. 그거는 요렇게 전에는 그것도 안 다녔잖아요. 우리 뭐
할 때는 한 30년 전에, 내가 지금 오십몇 년인가 오십 한 살이니까 오
십 년이 넘었는데.】

조 시루떡은 어떻게 만드셨어요?
이: 기양 폿, 팟으로 쌂아 가지고. 해남도 다 그럴 테지 머.
【그냥 팥, 팥으로 삶아 가지고. 해남도 다 그럴 테지 뭐.】

조 어르신은 어떻게 만드셨어요?
이: 시리가 있잖아요. 도가지⁵ 시리, 그거에다가 떡 하죠.
【시루가 있잖아요. 독 시루, 그거에다가 떡 하죠.】

조 빨는 것은 어떻게 해요?
이: 빨는 거는 이 도구통. 이거, 이걸로.
【빨는 거는 이 절구. 이거, 이걸로.】

조 방앗간 안 가고 도구통으로 했어요?
이: 방앗간도 없었지.
【방앗간도 없었지.】

조 그럼 빨아서 거기다가 폿 올리고요.
이: 잉.
【응.】

___
5 '독'의 전남, 제주도 방언이다.

조 제사상에 뭐 올린 거예요?

이: 제사상에 올리는 게 머 나물하고 탕 종류.

【제사상에 올리는 게 뭐 나물하고 탕 종류.】

조 무슨 탕을 올려요?

이: 여러 가지요, 여러 가지. 그때만 해도 다 제사 보러 왔잖아요, 형제간
   들이. 그람 제사 보러 오문은 제사 거기서 음식을 먹고만 가는 거잖애
   요. 그 양판에⁶ 쌀을 쫌씩 떠 갖고 와요. 그람 그 양판에다 노물이랑
   떡이랑 다 담아 드려야 돼요.

【여러 가지요, 여러 가지. 그때만 해도 다 제사 보러 왔잖아요, 형제간
   들이. 그럼 제사 보러 오면은 제사 거기서 음식을 먹고만 가는 거잖아
   요. 그 양푼에 쌀을 조금씩 떠 가지고 와요. 그럼 그 양푼에다 나물이
   랑 떡이랑 다 담아 드려야 돼요.】

조 고사리는?

이: 고사리는 머, 그건 기본이고. 도라지, 콩노물, 녹디노물,⁷ 숙지노물, 탕.
   노물은 완도 가서, 어디 장에 가서, 사다가 나 뒀다가 미리 사다 나 뒀
   다가 준비해야죠.

【고사리는 뭐, 그건 기본이고. 도라지, 콩나물, 녹두나물, 숙주나물,
   탕. 나물은 완도 가서, 어디 장에 가서, 사다가 놓아두었다가 미리 사
   다 놓아두었다가 준비해야죠.】

---

6 '양푼'의 전남 방언으로, 음식을 담거나 데우는 데에 쓰는 놋그릇이다.
7 '숙주나물'의 전남 방언이다. '녹두'는 팥과 비슷한데 열매는 둥글고 긴 꼬투리로
   되었는데 익으면 검어지고 그 안의 씨는 팥보다 작고 녹색이다. '숙주'는 녹두를
   시루 같은 그릇에 담아 물을 주어서 싹을 낸 나물이다.

조 과일도 올리나요?

이: 예, 다 올리죠.

【예, 다 올리죠.】

조 이런 거는 다 어디서 사요? 완도에서 사요?

이: 예, 완도. 아니, 완도를 잘 못 가요. 저 마량으로.

【예, 완도. 아니, 완도를 잘 못 가요. 저 마량으로.】

조 예전에는 마량으로 더 많이 가신 거예요?

이: 예, 여기 객선이 있으니까 완도 아니고 마량으로.

【예, 여기 객선이 있으니까 완도 아니고 마량으로.】

조 설하고 추석 말고 크게 쇠는 명절이 있어요?

이: 없어. 그전에는 보름, 정월 보름날.

【없어. 그전에는 보름, 정월 보름날.】

조 그때는 어떻게 쇠나요?

이: 그때는 막 장구 치고 그라고.

【그때는 막 장구 치고 그러고.】

조 음식은?

이: 음식은 안 하고.

【음식은 안 하고.】

조 장구 치고 놀고 그런 거예요?

이: 잉, 그래서 돈덜 내 가지고 마을에다 쓰고.

【응, 그래서 돈들 내 가지고 마을에다 쓰고.】

조 사람이 죽으면 어떻게 장례를 치르나요?
이: 그전에는 이른 장례식장이지만 그전에는 다 집에서 치웠잖아요. 돼지
   잡아 가지고 그걸로 국 끓이고 해 가지고.
   【그전에는 이런 장례식장이지만 그전에는 다 집에서 치렀잖아요. 돼지
   잡아 가지고 그걸로 국 끓이고 해 가지고.】

조 돌아가시면 수의 입혔어요?
이: 다 입혔죠.
   【다 입혔죠.】

조 장사를 지내는 분이 계신가요?
이: 아니, 아니야. 하는 기양 동네 하는 사람이.
   【아니, 아니야. 하는 그냥 동네 하는 사람이.】

조 돌아가신 분은 뒷산에다 묻나요?
이: 자기 밭에다 다 묻고.
   【자기 밭에다 다 묻고.】

조 밭에다가 묻고 제사도 지내요?
이: 그렇죠. 거기 가서 다 온 사람들 다 밥 줘야 되고 다 그러제.
   【그렇죠. 거기 가서 다 온 사람들 다 밥을 주어야 되고 다 그러지.】

조 죽은 사람 머리에 씌우는 것은 뭐예요?
이: 머리 저, 테레비 보면은 다 하는 거, 그런 거. 상제 옷 입었죠.

【머리 저, 텔레비전을 보면 다 하는 것, 그런 것. 상제 옷 입었죠.】

조 손이나 발은 뭘로 싸나요?

이: 돌아가신 분 다 쌉디여. 수의 입을 때 다 싸.

【돌아가신 분 다 쌉디까. 수의 입을 때 다 싸.】

조 수의는 뭘로 만들어요?

이: 집에서, 그전에는 옛날에 그거 만들어서 파는 데가, 파는 사람이 있어
요. 가지고 와서 팔고.

【집에서, 그전에는 옛날에 그거 만들어서 파는 데가, 파는 사람이 있어
요. 가지고 와서 팔고.】

조 마로 만드나요?

이: 마가 아니고 베, 베로.

【마가 아니고 베, 베로.】

조 무당이 있나요?

이: 아니, 여기 없어요.

【아니, 여기 없어요.】

조 상주가 입는 옷은?

이: 따로 있죠. 그전에는 따로 있었제. 베로 다 해 입었잖아요. 대막댕이[8]
다 짚어서 아이고, 아이고 다 그랬는데.

【따로 있죠. 그전에는 따로 있었지. 베로 다 해 입었잖아요. 대막대기

---

8 '대막대기'의 전남, 제주 방언이다.

다 짚어서 아이고, 아이고 다 그랬는데.】

조 어르신은 혹시 상 당하실 때 뭐 입으셨어요?
이: 여기, 여기서 할 때는 그런 거 우리 때부터는 없었어. 그런 거.
　【여기, 여기서 할 때는 그런 것 우리 때부터는 없었어. 그런 것.】

조 그럼 장례식장 가서 하셨어요?
이: 잉.
　【응.】

조 언제부터 물질하신 거예요?
이: 열여섯.
　【열여섯.】

조 그때부터 돈을 버신 건 거죠.
이: 그렇죠. 제주에서.
　【그렇죠. 제주에서.】

조 제주에서는 물질 말고 밭일도 하셨어요?
이: 그렇죠. 다 밭일이지. 제주는 논이 없잖아요. 그니까 다 밭에서 밭일,
　무레 갔다 와서 밭 매러 가고 밭에 올라가고 그랬지. 거기는 또 갈라문
　한 시간씩 걸어서 가야 돼. 먼 밭들은.
　【그렇죠. 다 밭일이지. 제주는 논이 없잖아요. 그러니까 다 밭에서 밭
　일, 물질 갔다 와서 밭을 매러 가고 밭에 올라가고 그랬지. 거기는 또
　가려면 한 시간씩 걸어서 가야 돼. 먼 밭들은.】

조 거기다 뭐 심으셨어요?

이: 다 마찬가지. 옛날에는 조, 조를 잘 좀 먹을려고 보리에 조에 콩 머 그
　런 거, 깨 그런 거 다 하죠.
　【다 마찬가지. 옛날에는 조, 조를 잘 좀 먹으려고 보리에 조에 콩 뭐
　그런 것, 깨 그런 것 다 하죠.】

조 여기 오셔서도 밭일 하셨어요?

이: 안 했어. 아니 쪼금 했어, 쪼금.
　【안 했어. 아니 조금 했어, 조금.】

조 제주도에서는 미역 채취도 하셨어요?

이: 예, 다 하죠.
　【예, 다 하죠.】

조 여기 오셔서도 하셨어요?

이: 여기 왔을 때도 하기는 했죠. 그런데 이제는 안 하지만.
　【여기 왔을 때도 하기는 했죠. 그런데 이제는 안 하지만.】

조 그때는 미역이 좀 있었어요?

이: 예, 미역은 비쌌죠. 그때는 미역이, 이제는 양식을 이렇게 많이 해서
　하지 그전에는 양식도 안 하고 하니까 미역 비싸고 미역에 채취 많이
　다 했어요.
　【예, 미역은 비쌌죠. 그때는 미역이, 이제는 양식을 이렇게 많이 해서
　하지 그전에는 양식도 안 하고 하니까 미역이 비싸고 미역 채취를 많
　이 다 했어요.】

조 물질 가실 때 뭐 가져가세요?

이: 우리, 기냥 전복 따는 거하고 기냥 문어 잡는 거 까꾸리.

【우리, 그냥 전복 따는 것하고 그냥 문어 잡는 것 갈고리.】

조 제주도에서는 까꾸리를 뭐라고 해요?

이: 호멩이.[9]

【갈고리.】

조 또 다른 거 가져가신 거 있으세요?

이: 제주에서는 다 두름박으로 하죠.

【제주에서는 다 테왁으로 하죠.】

조 옷은 예전에 뭐 입으셨어요?

이: 소중이.[10] 욱에는 하얀 거, 밑에는 꺼먼 거로 해 가지고.

【물소중이. 위에는 하얀 것, 밑에는 까만 것으로 해 가지고.】

조 제주도에서는 그렇게 하시고 여기 오셔도 똑같이 입으셨어요?

이: 여기 와도 그랬제. 여기 와서 몇 년 안 돼 가지고 이 고무옷이 나왔어.

【여기 와도 그랬지. 여기 와서 몇 년 안 돼 가지고 이 고무옷이 나왔어.】

---

9 제주도에서는 문어를 잡는 도구를 '뭉게까꾸리'라고 한다.

10 해녀들이 물질할 때 입는 옷으로, 하의인 '물소중이'는 어깨에 걸개 끈이 있고, 가랑이 밑이 넓으면서도 막혀 있다. 가슴과 몸통은 가리고 팔과 다리는 노출되는 짧은 홑옷이다. 상의인 '물적삼'은 잠수할 때 물소중이 위에 입는다. 소매의 배래는 직선이며 소맷부리에 고무줄을 넣어서 잠수하기에 간편하도록 하고, 천은 무명이나 광목을 사용한다.

조 여기는 미역은 언제 따로 가신가요?

이: 여기서 이제는 안 해요. 옛날에는 한 정월달이니까 한 3월달에.

　【여기서 이제는 안 해요. 옛날에는 한 정월이니까 한 3월에.】

조 5월까지 따나요?

이: 5월까지는 새 미역이 났건데 그때는.

　【5월까지는 새 미역이 났을 건데 그때는.】

조 5월에 새 미역이 나요?

이: 보리 미역이라고 그래 가지고. 보리 할 때 한다고 해서 보리 미역이라
　고 여기는 났는데 이제는 안 해요.

　【보리 미역이라고 그래 가지고. 보리 할 때 한다고 해서 보리 미역이
　라고 여기는 났는데 이제는 안 해요.】

조 이제는 없는 거죠.

이: 예, 기냥 쪼금 해다가 먹어.

　【예, 그냥 조금 따다가 먹어.】

조 미역 딸 때 물에 들어가서 하신가요?

이: 물에 들어가제.

　【물에 들어가지.】

조 미역 딸 때는 뭐로 하세요?

이: 낫, 낫으로.

　【낫, 낫으로.】

조 미역 끝나고 그다음에 뭐 하세요? 소라 해요?

이: 예, 소라, 전복, 해삼 그런 거 다 하죠. 성게는 6월달부터 시작하고.
　【예, 소라, 전복, 해삼 그런 것 다 하죠. 성게는 6월부터 시작하고.】

조 소라나 전복은 언제 해요?

이: 그건 아무 때나.
　【그건 아무 때나.】

조 해삼은요?

이: 해삼은 이제 지금 한 11월달부터 나오기 시작해 가지고 한 6월.
　【해삼은 이제 지금 한 11월부터 나오기 시작해 가지고 한 6월.】

조 모자반이나 톳도 하신가요?

이: 아니요, 옛날에는 참마를 많이 했죠. 근데 이 오염되면서는 하나도 없죠. 옛날에만 허고 이제는 안 나와 버린다니까요. 아예 자체가 없어져 비러.
　【아니요, 옛날에는 참마를 많이 했죠. 그런데 이 오염되면서는 하나도 없죠. 옛날에만 하고 이제는 안 나와 버린다니까요. 아예 자체가 없어져 버렸어.】

조 바위에 있는 거북손, 따개비도 채취해요?

이: 그런 거 아무것도 안 해.
　【그런 것 아무것도 안 해.】

조 상품 가치가 없어서요?

이: 아니, 갓으로, 갓으로 가서는 해요. 어머니들 가서 잡아 오죠.

【아니, 가로, 가로 가서는 해요. 어머니들 가서 잡아 오죠.】

조 반찬으로요?

이: 그랑께 반찬 같은 걸로.

【그러니까 반찬 같은 것으로.】

조 어르신도 하셨어요?

이: 예, 우리도 했었죠. 반찬하러 다녀.

【예, 우리도 했었죠. 반찬하러 다녀.】

조 주로 뭘 많이 하셨어요?

이: 고동하고 따깨비.

【고동하고 따개비.】

조 전복은 큰가요? 작은가요?

이: 큰 거 있고 작은 거 있고.

【큰 것 있고 작은 것 있고.】

조 전복 팔면 얼마 정도 해요?

이: 여기는 기냥 도매로 넹기는 통에, 쌀 때 있고 비쌀 때 있고, 이런 겨울
일 때는 좀 비싸고.

【여기는 그냥 도매로 넘기는 통에, 쌀 때 있고 비쌀 때 있고, 이런 겨
울일 때는 좀 비싸고.】

조 키로로 팔아요?

이: 예, 키로로.

【예, 킬로로.】

조 비쌀 때는 얼마나 해요?
이: 우리는 좀 싸게 주제만은 저 사람은, 파는 사람은 비싸죠.
   【우리는 좀 싸게 주지만은 저 사람은, 파는 사람은 비싸죠.】

조 얼마에 넘기시나요?
이: 몰라요, 우리는. 어촌계에서 하기 때문에.
   【몰라요, 우리는. 어촌계에서 하기 때문에.】

조 여기에 나는 풀은 뭐가 있어요?
이: 우무, 천초.[11]
   【우무, 천초.】

조 이걸로는 뭐 하나요?
이: 먹기도 하지만은 머로 들어간다, 한천으로 들어간다디야 그거이 머로
   들어간다 했어.
   【먹기도 하지만은 뭐로 들어간다, 한천으로 들어간다더냐 그것이 뭐로
   들어간다 했어.】

조 뭘 만들어요?
이: 예, 만드는 걸 거예요. 우리도 저거 여름에는 쌂아 가지고 이렇게 시장
   에 가면 나오잖아요. 그거 그렇게도 먹지만은 한천으로 들어가, 일본
   으로 수출하잖아.

---

11 제주에서는 우뭇가사리를 '우무, 천초'라고 부른다. 우뭇가사리 따위를 끓여서 식
   혀 만든 끈끈한 물질을 '한천'이라고 하는데 이것으로 음식이나 약을 만든다.

【예, 만드는 것일 거예요. 우리도 저거 여름에는 삶아 가지고 이렇게 시장에 가면 나오잖아요. 그거 그렇게도 먹지만은 한천으로 들어가, 일본으로 수출하잖아.】

조 우무가 나오기는 하나요?
이: 나와.
　【나와.】

조 모자반은 안 나와요?
이: 모자반은 없고 여기는 아예 없고.
　【모자반은 없고 여기는 아예 없고.】

조 작살로 고기 잡기도 하세요?
이: 아니.
　【아니.】

조 배 타고 고기 잡으러 가시기도 하세요?
이: 예, 그렇죠. 갯바위, 하는 배가 있죠.
　【예, 그렇죠. 갯바위, 하는 배가 있죠.】

조 제주도말과 여기에서 쓰는 말이 어떤지 여쭤볼게요. 해녀를 뭐라고 불러요?
이: 잠수.
　【잠수.】

조 제주도에서는 뭐라고 하셨어요?

이: 잠수라고 했어. 여기는 해녀라고 하지만. 잠수, 옛날에는 그랬는디 이
　　제는 해녀, 해녀 다 그래.
　　【잠수라고 했어. 여기는 해녀라고 하지만. 잠수, 옛날에는 그랬는데 이
　　제는 해녀, 해녀 다 그래.】

조 물질을 잘하는 사람은 뭐라고 해요?
이: 상잠수, 제주도에서는.
　　【상잠수, 제주도에서는.】

조 그러면 여기서는 뭐라고 해요?
이: 여기는 머 그런 말 안 쓰고.
　　【여기는 뭐 그런 말 안 쓰고.】

조 두 번째 잘하는 사람을 뭐라고 해요?
이: 중간쯤 하는 사람은 머 보통이라고.
　　【중간쯤 하는 사람은 뭐 보통이라고.】

조 그러면 아에 못하는 사람은 뭐라고 해요?
이: 못하는 사람 머라고 하까? 못하는 사람 머라 해.
　　【못하는 사람 뭐라고 할까? 못하는 사람 뭐라 해.】

조 이제 막 배우는 신참을 뭐라고 불러요?
이: 어린 잠수라고 했지, 머. 그런 말을 써보지 않애서.
　　【어린 잠수라고 했지, 뭐. 그런 말을 써보지 않아서.】

조 여기는 모래 바다인가요?

이: 아니요, 뻘하고 모래하고 섞어졌죠. 여기 앞에만 모래지 쩌리는 다 뻘
   이에요.
   【아니요, 갯벌하고 모래하고 섞어졌죠. 여기 앞에만 모래지 저리는 다
   갯벌이에요.】

조 뻘 바다, 모래 바다 그렇게 얘기하나요?
이: 잉.
   【응.】

조 작업하시는 데를 뭐라고 부른가요?
이: 여러 군데라 말 못 해대제, 신문덕이니 저 어디 가면은 새께, 먼 바이
   쓰시는데.
   【여러 군데라 말 못 하지. 신문덕이니 저 어디 가면은 새께, 뭔 바위
   쓰시는데.】

조 잔잔한 바다를 따로 부르는 말이 있나요?
이: 섬 이름으로 하죠.
   【섬 이름으로 하죠.】

조 물이 높다거나 낮다고는 안 해요?
이: 물이 높으다는 거는 썰물, 민물이요.
   【물이 높다는 것은 썰물, 밀물이요.】

조 잔잔한 바다, 미역 바다 그런 말은 안 써요?
이: 근데 미역이 이제는 없어져, 없어. 그전에 났던 데는 미역이 하나도 이
   제는 없어요. 안 나.

【그런데 미역이 이제는 없어져 버렸어, 없어. 그전에 났던 데는 미역이 하나도 이제는 없어요. 안 나.】

☒ 우무 바다 그런 말도 써요?
이: 예, 우무 바다도 다 말하지.
　　【예, 우무 바다도 다 말하지.】

☒ 여기는 어디가 많이 나요?
이: 우무는 전체적으로 쪼끔 나오는데 그전에 났던 데가 안 나와 버리니까
　　저 섬에 가야 돼. 갈매섬.
　　【우무는 전체적으로 조금 나오는데 그전에 났던 데가 안 나와 버리니
　　까 저 섬에 가야 돼. 갈매섬.】

☒ 갈매섬은 어디에 있어요?
이: 여기 동고리. 이 앞에 섬.
　　【여기 동고리. 이 앞에 섬.】

☒ 물때는 밀물과 썰물 쓰나요?
이: 예, 밀물, 썰물. 물 들었어, 났어 그라제.
　　【예, 밀물, 썰물. 물 들었어, 났어 그러지.】

☒ 한물, 두물, 세물 그것도 다 쓰시나요?
이: 예, 있어.
　　【예, 있어.】

☒ 몇 물까지 세신가요?

이: 열두물. 열두물 해 가지고는 열한물로 들어가지. 아니, 열두물까지는
쓰는데 그다음부터는 조금.
【열두물. 열두물 해 가지고는 열한물로 들어가지. 아니, 열두물까지는
쓰는데 그다음부터는 조금.】

조 조금 다음에는?

이: 조금 다음에 3일간 아침조금, 한조금, 무수 그렇게 해 났다가 이제 그
때부터는 한물, 두물 그렇게 들어가제.
【조금 다음에 3일간 아침조금, 한조금, 무수 그렇게 해 놓았다가 이제
그때부터는 한물, 두물 그렇게 들어가지.】

조 작업은 언제부터 언제까지 하세요?

이: 파도가 치메는 못 하고 물이 어두워서도 못 하고 물때가 제일 좋을 때
가 무수, 한물, 두물, 서물 그럴 때가 제일 좋아. 오늘 여덜물인데, 일
곱물인데도 물이 어두가 가지고 내일부터는 안 가요, 안 가고.
【파도가 치면은 못 하고 물이 어두워서도 못 하고 물때가 제일 좋을
때가 무수, 한물, 두물, 서물 그럴 때가 제일 좋아. 오늘 여덟물인데,
일곱물인데도 물이 어두워 가지고 내일부터는 안 가요, 안 가고.】

조 내일부터는 안 가세요?

이: 한 메칠은 있다가 가요.
【한 며칠은 있다가 가요.】

조 쉬셨다가 언제 가세요?

이: 한 열나물,[12] 열두물 돼야 하는데 그때도 물이 안 맑으면은 못 가. 여름
에는 그럴 때 다 할 수 있는데 겨울에는 바람도 불고 하면.

【한 여남은, 열두물 돼야 하는데 그때도 물이 안 맑으면 못 가. 여름에
는 그럴 때 다 할 수 있는데 겨울에는 바람도 불고 하면.】

㊂ 물질은 점심때도 나가세요?
이: 아니, 아침 여덜 시 반에 나갔다가 한 시에나 들어오죠.
【아니, 아침 여덟 시 반에 나갔다가 한 시에나 들어오죠.】

㊂ 몰래 혹시 다른 데 가서 물질하는 경우도 있나요?
이: 없어.
【없어.】

㊂ 지금 여기 하시는 곳은 어촌계에서 산 곳에서만 해요?
이: 이 동고리 바닥 전체를 하는 거에요.
【이 동고리 바다 전체를 하는 거예요.】

㊂ 물에 들어갔다가 숨 참고 밖에 나와서 하는 숨 쉬는 것을 뭐라고 해요?
이: 아니여, 우리는 이거[13] 져.
【아니야, 우리는 이거 져.】

㊂ 옛날에는 들어갔다 나왔다 하는 것을 뭐라고 했어요?
이: 홈벳소리, 홈벳소리. '후유' 하는 홈벳소리. 숨 참았다가 나와서 숨 뱉
으는 소리제.
【홈벳소리, 홈벳소리. '후유' 하는 홈벳소리. 숨 참았다가 나와서 숨 뱉

---

12 '여남은'의 전남 방언으로 열이 조금 넘는 수를 말한다.
13 신지도 해녀는 물질할 때 공기통을 지고 작업을 하였다. 이거는 공기통을 말한다.

는 소리지.】

조 제주도는 숨비소리라고 하던데 그렇게도 말해요?

이: 예, 제주도는 홈벳소리라고 해.

【예, 제주도는 홈벳소리라고 해.】

조 해산물 잡기 전에 어디가 뭐가 있는지 먼저 살펴보고 나오는 거를 뭐라
고 해요?

이: 살펴보는 거, 나오는 거는 그거 맨날 그거배께 없는데.

【살펴보는 것, 나오는 거는 그거 맨날 그거밖에 없는데.】

조 채취한 것을 누가 날라주는 사람이 있나요?

이: 아니, 배에서 올려주니까.

【아니, 배에서 올려주니까.】

조 배에서 올려주는 사람을 뭐라고 해요?

이: 사공이제.

【사공이지.】

조 예전에는 물소중이 입으셨죠?

이: 물소중이.

【물소중이.】

조 물적삼이랑 같이 입으셨죠?

이: 아는 거, 아이, 물적삼 맞아, 물적삼이지. 모자는 까구리.[14]

---

14 제주도에서는 '까부리'라고 말하는데 머리에서 뒷 목덜미 전체를 덮을 수 있는 모

【아는 것, 아니, 물적삼 맞아, 물적삼이지. 모자는 까구리.】

조 물수건도 해요?

이: 물수건이 아니고 수건이 아니여. 그 모자가 까구리 모자에요, 모자. 이렇게 만들어 가지고 쓰는 거.

【물수건이 아니고 수건이 아니야. 그 모자가 까구리 모자예요, 모자. 이렇게 만들어 가지고 쓰는 것.】

조 손에다가 장갑은 끼죠. 그걸 뭐라고 해요?

이: 기냥 장갑. 근데 옛날에는 짱갑도 없을 때 옛날에는 손이로들 가서 잘 잡고 소라도 잡고.

【그냥 장갑. 근데 옛날에는 장갑도 없을 때 옛날에는 손으로들 가서 잘 잡고 소라도 잡고.】

조 머리 안 내려오게 하는 그런 것도 있나요?

이: 없어요, 없어.

【없어요, 없어.】

조 이렇게 뒤로 머리 묶는 거 그런 것도 없어요?

이: 없어. 기냥 그 써 비면은 아무것도 이거 필요 없죠. 이렇게까지만 하니까.

【없어. 그냥 그 써 버리면 아무것도 이거 필요 없죠. 이렇게까지만 하니까.】

자로 물수건보다 쓰기가 간편하다고 한다. 특히 양 뺨을 덮을 수 있고 햇빛을 가리기에도 좋다고 한다. '까부리-까구리'는 'ㅂ-ㄱ'의 교체인 PK교체가 일어났다.

조 고무옷은 언제 입으셨을까요?

이: 몰라. 한 사십 년.

　【몰라. 한 사십 년.】

조 몇 살 때쯤 입으셨어요?

이: 한 40년. "니네 입을 때 언제니?" 나는 우리 저기 일본 외삼춘이 보내
　 줘 가지고 쪼금 일찍 입었어. 그때가 오십 년, 육십, 오십 년.

　【한 사십 년. "너희 입을 때 언제니?" 나는 우리 저기 일본 외삼춘이
　 보내 줘 가지고 조금 일찍 입었어. 그때가 오십 년, 육십, 오십 년.】

조 몇 살 때쯤요?

이: 한 오십오 년 전인 것 같아. 이 스폰지 입은 지가.

　【한 오십오 년 전인 것 같아. 이 스펀지 입은 지가.】

조 예전에 봉돌 같은 것도 차셨어요?

이: 다 지금도 차죠.

　【다 지금도 차죠.】

조 그거는 직접 만드신 거예요?

이: 사다가, 사다가.

　【사다가, 사다가.】

조 납만 사다가 만드신 거예요?

이: 만들어진 거. 이런 거 기냥 구물, 구물하는 거에다 쓰는 거, 기냥 사다
　 가.[15]

　【만들어진 것. 이런 것 그냥 그물, 그물 하는 거에다 쓰는 것, 그냥 사

다가.】

조 오리발도 하세요?
이: 예, 오리발도 다 신제.
　【예, 오리발도 다 신지.】

조 장갑은 어떤 거 사용하세요?
이: 면장갑하고 스폰지 장갑, 겨울에는. 물이 차니까.
　【면장갑하고 스펀지 장갑, 겨울에는. 물이 차니까.】

조 귀마개는?
이: 아니, 딴 사람은 안 하고 내가 기에 물 들어가문 아프니까 물 안 들어
　가게 해.
　【아니, 다른 사람은 안 하고 내가 귀에 물이 들어가면 아프니까 물 안
　들어가게 해.】

조 끔으로 하셨어요?
이: 예, 끔으로.
　【예, 껌으로.】

조 물안경은 어떤 것으로 쓰세요?
이: 이거.
　【이거.】

---

15 고무옷을 입으면 부력이 생겨 물에 가라앉기 위해 허리에 차는 도구를 연철(鉛鐵) 또는 납벨트라고 한다. 고무옷의 두께와 몸무게에 따라 납을 차는 무게도 달라진다.

조 큰 것으로 하신 거예요?

이: 큰 거 아니에요. 작은 거에요.

【큰 것 아니에요. 작은 거예요.】

조 눈 두 개 있는 것으로요?

이: 아니, 아니.

【아니, 아니.】

조 이렇게 하나로 돼 있는 것으로요?

이: 예, 까만 거.

【예, 까만 것.】

조 그걸 따로 부르는 이름이 있나요?

이: 수경. 제주에서는 눈, 눈이라고 하데이.

【수경. 제주에서는 눈, 눈이라고 하대.】

조 망사리는?

이: 두렁박 밑에 이렇게 달려진 망사리 거기다가 물건 여는 거.

【테왁 밑에 이렇게 달려진 망사리 거기다가 물건 넣는 것.】

조 옛날에 무엇으로 만들었을까요?

이: 다 그물로, 그물로 만들었어요. 옆에다가 다는 거, 해삼이 소라하고 같
이 노:면은 흠 나니까, 안 좋으니까 이렇게 흠 난다면 알아. 이렇게 안
좋아요. 색깔이, 그러니까 이 망사리에다가 따로 이렇게 노:는 거죠.
【다 그물로, 그물로 만들었어요. 옆에다가 다는 것, 해삼이 소라하고 같
이 놓으면 흠이 나니까, 안 좋으니까 이렇게 흠이 난다면 알아. 이렇게

안 좋아요. 색깔이, 그러니까 이 그물에다가 따로 이렇게 넣는 거죠.】

조 망사리 옆에 있는 작은 그물을 조락이라고 해요?
이: 잉, 해삼하고 소라하고는 같이 넣서는 안 돼. 해삼만 넣고 또 전복만
넣는 사람들도 있고 그러죠. 대개는 다 해삼만 넣고.
【응, 해삼하고 소라하고는 같이 넣어서는 안 돼. 해삼만 넣고 또 전복
만 넣는 사람들도 있고 그러죠. 대개는 다 해삼만 넣고.】

조 바구니 같은 건 따로 있나요?
이: 없어.
【없어.】

조 까꾸리 가져가신다고 그랬죠.
이: 예.
【예.】

조 빗창은?
이: 전복 따는 거.
【전복 따는 것.】

조 호멩이는?
이: 까꾸리가 호멩이.
【까꾸리가 갈고리.】

조 호멩이로 뭐 잡으세요?
이: 문어. 이렇게 물이 많이 쎄게 가잖아요. 그라문 올라가기가 힘들어요.

그럼 까꾸리로 이렇게 잡고 가문 더 빨러.

【문어. 이렇게 물이 많이 세게 가잖아요. 그러면 올라가기가 힘들어요.

그러면 갈고리로 이렇게 잡고 가면 더 빨라.】

조 낫은? 미역 할 때 사용해요?

이: 미역 했을 때는 낫으로 하죠.

【미역을 했을 때는 낫으로 하죠.】

조 다른 것은?

이: 닷돌은 두렁박 물질할려면은 닷돌은 해야죠.

【닻돌은 테왁 물질하려면 닻돌은 해야죠.】

조 닻줄은?

이: 닷줄은 이제 혹시 망아리 많이 담아주면 닷줄 띠우는 거는 갖고 가.

【닻줄은 이제 혹시 망사리에 많이 담아주면 닻줄 띄우는 거는 가지고

가.】

조 길이는 어느 정도로 해요?

이: 그거는 한 열 발, 다섯 발.[16]

【그거는 한 열 발, 다섯 발.】

조 다섯 발이면은?

이: 얕은 데 할 때는 다섯 발 되고.

【얕은 데 할 때는 다섯 발 되고.】

---

16 한 발은 두 팔을 양옆으로 펴서 벌렸을 때 한쪽 손끝에서 다른 쪽 손끝까지의 길
이이다.

조 한 발이 어느 정도 돼요?

이: 팔로 이렇게 했을 때.

　【팔로 이렇게 했을 때.】

조 물에 뜰 때 잡는 하얀색 스티로폼을 뭐라고 해요?

이: 두름박.

　【테왁.】

조 테왁이라고도 해요?

이: 예, 테왁이라고도 해요. 테왁은 머이냐면은 박이잖아요. 박, 그것이 테왁이고 지금은 프라시틱으로 다 해요. 옛날에는 그거를 제주도에서 박 할 때는 이런 데 나오면은 없으니까 이 작업하러 애들이 다 육지로 나올라문 그거 다 가지고 나왔어요. 박, 두름박을.

　【예, 테왁이라고도 해요. 테왁은 무엇이냐면 박이잖아요. 박, 그것이 테왁이고 지금은 플라스틱으로 다 해요. 옛날에는 그것을 제주도에서 박 할 때는 이런 데 나오면 없으니까 이 작업하러 아이들이 다 육지로 나오려면 그거 다 가지고 나왔어요. 박, 테왁을.】

조 그러면 지금 가실 때는 이거 메시고.

이: 망아리. 조락만 갖고 가제.

　【망사리, 조락만 가지고 가지.】

조 이게 움직일 수도 있잖아요.

이: 움직이지 않어. 이렇게 걸쳐 메고 가니까.

　【움직이지 않아. 이렇게 걸쳐 메고 가니까.】

조 여기는 감태 있나요?

이: 이제는 감태는 없어졌어.

【이제는 감태는 없어졌어.】

조 톳은?

이: 여기 양식 많이 하잖아요. 바닥에 있어도 안 해. 싸 비니까, 가격이 안
나가니까 안 해.

【여기 양식을 많이 하잖아요. 바다에 있어도 안 해. 싸 버리니까, 가격
이 안 나가니까 안 해.】

조 청각도 있어요?

이: 청각, 지금도 있어.

【청각, 지금도 있어.】

조 채취도 하세요?

이: 지금 청각, 양식해요. 채취는 안 하고.

【지금 청각, 양식해요. 채취는 안 하고.】

조 파래는요?

이: 파래, 파래도 여기는 없어. 기냥 쪼금씩 지어 월들 가서 해다가 파래지
담아 먹고 그런 거배께.

【파래, 파래도 여기는 없어. 그냥 조금씩 지어 자기들 가서 따다가 파
래지 담아 먹고 그런 거밖에.】

조 군벗은?

이: 군벗도 있어요. 많이 없어.

【군부도 있어요. 많이 없어.】

조 군소는?

이: 한 2년은 많이 있었어요. 근데 올해는 없네.

【한 2년은 많이 있었어요. 그런데 올해는 없네.】

조 그것을 드시나요? 파시나요?

이: 팔기도 하고 삶아 가지고 팔기도 하고.

【팔기도 하고 삶아 가지고 팔기도 하고.】

조 물질하실 때 문어 잡은 적은 있어요?

이: 많이 잡죠.

【많이 잡죠.】

조 지금은?

이: 겨울에는 없어. 겨울에는 다 빠져나가 비려. 물이 차니까.

【겨울에는 없어. 겨울에는 다 빠져나가 버려. 물이 차니까.】

조 주변에 참게도 있어요?

이: 아니, 없어.

【아니, 없어.】

제4장

약산도 해녀의 삶과 언어

약산도 해녀의 삶과 언어

조 여기서 어떻게 생활하셨어요?

홍: 서울서 결혼을 여기서 해 갖고 서울로 갔어요. 갔는데 거기서 사업 실
패해 갖고 도로 와서 이제 마을에서 하는 어천게 거를 이제 같이 해
갖고 어천게에서 이제 내가 100만 원 벌면 50만 원 거기 드리고 내가
50만 원 가지고 그렇게 해 갖고 이제 3, 40년 쭉 그렇게 나오죠.
【서울서 결혼을 여기서 해 가지고 서울로 갔어요. 갔는데 거기서 사업
실패해 가지고 도로 와서 이제 마을에서 하는 어촌계 것을 이제 같이 해
가지고 어촌계에서 이제 내가 100만 원 벌면 50만 원 거기 드리고 내가
50만 원 가지고 그렇게 해 가지고 이제 3, 40년 쭉 그렇게 나오죠.】

조 제주도 고향은 어디세요?

홍: 한림.
【한림.】

조 한림공원 있는데요?

홍: 예, 거기 기예요.
【예, 거기 맞아요.】

조 한림 무슨 리예요?

홍: 한림읍이제. 한림읍인데 우리는 신제주에서 부모님들은 다 살아요. 학
교만 거기서 나왔지.
【한림읍이지. 한림읍인데 우리는 신제주에서 부모님들은 다 살아요.
학교만 거기서 나왔지.】

조 어렸을 때 물질 교육을 받으셨어요?

홍: 자유형, 평형, 수영 선수였다니까요.

　【자유형, 평형, 수영 선수였다니까요.】

조 어렸을 때요?

홍: 어렸을 때는 이제 그 밑에서 물가에서 들어갔다 나왔다 하고 배웠죠.
　해녀들 하는 질을, 물속에서.

　【어렸을 때는 이제 그 밑에서 물가에서 들어갔다 나왔다 하고 배웠죠.
　해녀들 하는 물질을, 물속에서.】

조 누가 가르쳐준 건 아니에요?

홍: 눈으로 보고 우리 친구들하고 같이 바로 바닷가니까 물놀이하고 자연
　스럽게 배웠제.

　【눈으로 보고 우리 친구들하고 같이 바로 바닷가니까 물놀이하고 자
　연스럽게 배웠지.】

조 교육을 받은 건 아니고 그런 거 보면서 체득하신 거예요?

홍: 그러죠.

　【그렇죠.】

조 수영은 언제부터 배우신 거예요?

홍: 학교 다닐 때.

　【학교 다닐 때.】

조 초등학교 들어와서요?

홍: 초등학교 다닐 때부터.

【초등학교 다닐 때부터.】

조 수영은 몇 학년 때까지 하신 거예요?
홍: 중학교 때 하고 한 열일곱 살까지.
　　【중학교 때 하고 한 열일곱 살까지.】

조 그러면 선수로 꽤 하신 거네요.
홍: 선수로는 한 2, 3년.
　　【선수로는 한 2, 3년.】

조 결혼은 언제 하셨을까요?
홍: 어릴 때 했어. 스물두 살 때.
　　【어릴 때 했어. 스물두 살 때.】

조 제주도에서 하신 거예요?
홍: 여기서. 여기 아는 지인이 있어 갖고 여그 와 갖고 애기 아빠가 외양선
　　을 타니까 한번 결혼하면 어쩌겠냐고 그래 갖고 그렇게 알게 돼 갖고
　　여기서 정착하게 됐지. 여기는 본래 애기 아빠 고향이니까.
　　【여기서. 여기 아는 지인이 있어 가지고 여기 와 가지고 아이 아빠가
　　외양선을 타니까 한번 결혼하면 어쩌겠냐고 그래 가지고 그렇게 알게
　　돼 가지고 여기서 정착하게 됐지. 여기는 본래 아이 아빠 고향이니까.】

조 자녀분들은 어떻게 되세요?
홍: 아들 하나, 딸 하나.
　　【아들 하나, 딸 하나.】

조 바깥 어르신은 외양선을 타시고.

홍: 인제 타다가 결혼을 해서 자식 나니까 여기서 정착을 했제.

【이제 타다가 결혼을 해서 자식을 낳으니까 여기서 정착을 했지.】

조 원래 고향이 여기셨어요?

홍: 그러죠.

【그렇죠.】

조 바깥어른 형제분들은?

홍: 애기 아빠는 많아요.

【아이 아빠는 많아요.】

조 몇 분 정도 계세요?

홍: 8남맨데 여기서 4남매는 살고 있어요.

【8남매인데 여기서 4남매는 살고 있어요.】

조 어르신 어머니도 해녀를 하셨어요?

홍: 어머니도 했어요. 어머니도 해녀. 독도를 처:음으로 가서 작업한 사람
이 우리 엄마에요. 거기 제주도 가문은 다 그 기념관에 가문 엄마 사진
이 다 되어 있어.

【어머니도 했어요. 어머니도 해녀. 독도를 처음으로 가서 작업한 사람
이 우리 엄마예요. 거기 제주도 가면 다 그 기념관에 가면 엄마 사진이
다 되어 있어.】

조 어머님 성함을 어떻게 되세요?

홍: 박옥남. 가문 돼 있어. 최초로 독도에 가서 작업하신 분이 우리 엄마

여. 거기서 울릉도 군수님이 초대해 갖고 거기 간 적도 있어요.

【박옥남. 가면 돼 있어. 최초로 독도에 가서 작업하신 분이 우리 엄마
야. 거기서 울릉도 군수님이 초대해 가지고 거기 간 적도 있어요.】

㊵ 독도 가실 때는 어머니는?

홍: 내가 나 갖고 한 지는 한 오 육십 년 됐지. 55년에서 60년 정도 됐겠네
요. 처음으로 물질을 엄마가 갔어요. 거기로, 그래서 거기 가면 그 독
도 말고 제주도 가면 어디가 다 돼 있대요. 나도 보지 않았는데 독도
처음으로 가신 분이라고 다 돼 있대요. 기념관에, 해녀 기념관에 가면
다 돼 있대요.

【나를 낳아 가지고 한 지는 한 오 육십 년 됐지. 55년에서 60년 정도
되었겠네요. 처음으로 물질을 엄마가 갔어요. 거기로, 그래서 거기 가
면 그 독도 말고 제주도 가면 어디가 다 돼 있대요. 나도 보지 않았는
데 독도 처음으로 가신 분이라고 다 돼 있대요. 기념관에, 해녀 기념관
에 가면 다 돼 있대요.】

㊵ 해녀 기념관은 홈페이지에서 보긴 했는데요.

홍: 거기 가면 있대요.

【거기 가면 있대요.】

㊵ 누가 소개시켜 주셔서 바깥 어르신을 만나신 거예요?

홍: 옛날에 있었던 여기서 제주도분은 아닌데 여기서 있었던 해녀분이 있
었어요.

【옛날에 있었던 여기서 제주도분은 아닌데 여기서 있었던 해녀분이
있었어요.】

조 결혼하실 때 가마 타고 하셨어요?

홍: 제주도에서 했어요. 나는 일본에 아버지가 게셔 갖고 제주도서 결혼하
고 일로 왔어요.

【제주도에서 했어요. 나는 일본에 아버지가 계셔 가지고 제주도서 결
혼하고 이리로 왔어요.】

조 결혼식은 어떻게 하셨어요?

홍: 드레스 입고.

【드레스 입고.】

조 한복은?

홍: 이제 입고 나서 드레스 입고 나서 한복을 입고 했제.

【이제 입고 나서 드레스 입고 나서 한복을 입고 했지.】

조 제주도 하실 때는 어디 집에서 하신 거예요?

홍: 아니, 예식장에서 한림 예식장에서.

【아니, 예식장에서 한림 예식장에서.】

조 스물두 살 때 결혼하실 때 예식장이 있었어요?

홍: 그러죠, 제주도는. 한림공원 같은 데 가서 신혼여행도 그쪽으로 가고.

【그렇죠, 제주도는. 한림공원 같은 데 가서 신혼여행도 그쪽으로 가고.】

조 기념사진도 다 찍으셨어요?

홍: 다 있어요. 약혼 사진, 결혼사진 다 있어.

【다 있어요. 약혼 사진, 결혼사진 다 있어.】

조 보관을 잘 하시군요.

홍: 나는 백일 사진, 돌 사진까지 다 있어. 나는 아버지가 일본에 게셔 갖
고 다 커 나오는 과정을 싹 사진으로 해 갖고 있어요.

【나는 백일 사진, 돌 사진까지 다 있어. 나는 아버지가 일본에 계셔 가
지고 다 커 나오는 과정을 싹 사진으로 해 가지고 있어요.】

조 요즘은 초등학교는 그렇게 하는데요.

홍: 다 되어 있어. 나는 백일 사진, 돌 사진 다 있어.

【다 되어 있어. 나는 백일 사진, 돌 사진 다 있어.】

조 결혼할 때 예물은 어떻게 하셨어요?

홍: 나는 백금 반지 받았어. 그때는 백금이 엄청 비쌌거든. 금반지 안 해주
고 나 백금 반지를 받았어. 백금 반지가 엄청 비쌌었어. 금반지보다
체[17] 비쌌어. 배가 비쌌어요. 백금 반지가 지금 백금 반지를 안 알아주
지만 그때는 엄청 알아줬어.

【나는 백금 반지 받았어. 그때는 백금이 엄청 비쌌거든. 금반지 안 해
주고 나 백금 반지를 받았어. 백금 반지가 엄청 비쌌었어. 금반지보다
훨씬 비쌌어. 배가 비쌌어요. 백금 반지가 지금 백금 반지를 안 알아주
지만 그때는 엄청 알아줬어.】

조 결혼하면 남자 집에서 여자 집으로 가져오는 것이 있나요?

홍: 그런 거는 여기 없어요.

【그런 거는 여기 없어요.】

---

17 '훨씬'의 전남 방언이다.

조 결혼하실 때 신부상, 신랑상 그런 거 하셨을까요?

홍: 이제 약혼식 때는 다 했제, 약혼식 때는. 전체 동네 사람들 모셔다 놓
고 다 했제. 여기서 약혼식은 하고 제주도 갔거든. 완도에서 약혼식하
고 제주도로 가서 결혼식을 우리가 했제, 나 혼자니까.

【이제 약혼식 때는 다 했지, 약혼식 때는. 전체 동네 사람들 모셔다 놓
고 다 했지. 여기서 약혼식은 하고 제주도 갔거든. 완도에서 약혼식하
고 제주도로 가서 결혼식을 우리가 했지, 나 혼자니까.】

조 상에 올려놓는 음식도 있었나요?

홍: 그러제. 걸게 해 갖고 사진 다 있제.

【그렇지. 걸게 해 가지고 사진 다 있지.】

조 기억나시는 거는 뭐가 있으실까요?

홍: 이것저것 다 했는데. 머 닭 같은 거 해 갖고 오믄 해 놓고 인사하고
절하고 음식 장만으로 싹 동네 사람들 해 갖고 거기서 마당에서 해 갖
고 큰 잔치했제. 하고 제주도로 들어갔제. 약혼식하고.

【이것저것 다 했는데. 뭐 닭 같은 것 해 가지고 오면 해 놓고 인사하고
절하고 음식 장만으로 싹 동네 사람들 해 가지고 거기서 마당에서 해
가지고 큰 잔치했지. 하고 제주도로 들어갔지. 약혼식하고.】

조 나중에 한 번 보여주세요.

홍: 지금 보여줄까요?

【지금 보여줄까요?】

조 네, 조금 보여주세요.

홍: 갖고 가서 정리도 안 하고 막 이레 갖고 나 둬 갖고 중요한 거 보여주

께요.

【가지고 가서 정리도 안 하고 막 이렇게 해 가지고 놓아두어 가지고 중요한 것 보여줄게요.】

⊠ 상만 보여주세요.

홍: 결혼식 할 때 결혼식 사진.

【결혼식 할 때 결혼식 사진.】

⊠ 잔치 상만 보여주세요.

홍: 잠깐 있어 보쇼. 이거 내가 백일 사진. 이거 약혼식 사진, 날짜 나왔잖아요. 이거 돌 사진, 나.

【잠깐 있어 보쇼. 이거 내 백일 사진. 이거 약혼식 사진, 날짜 나왔잖아요. 이거 돌 사진, 나.】

⊠ 정리를 다 하셨네요.

홍: 가만 있어 보쇼. 내가 상 같은 거 해 갖고 엄청 크게 해 났는데 어디가 있는가 모르겠다.

【가만히 있어 보쇼. 내가 상 같은 것 해 가지고 엄청 크게 해 놓았는데 어디가 있는지 모르겠다.】

⊠ 이게 역사가 다 있네요.

홍: 학교 다닐 때 내가 테니스를 쳤어. 그래 갖고 상 받아 갖고. 정구도 쳤어. 중학교 다닐 때 그래 갖고 상 받아 갖고 그때는 트로피. 그래 갖고 상 받고.

【학교 다닐 때 내가 테니스를 쳤어. 그래 가지고 상을 받아 가지고. 정구도 쳤어. 중학교 다닐 때 그래 가지고 상을 받아 가지고 그때는 트로

피. 그래 가지고 상 받고.】

[조] 엄청 대단하신데요.

홍: 학교 다닐 때 사진도 많이 있을 거인디. 우리 딸이 어떻게 갖고 다니면
서 해 불었는가. 우리 친정엄마.

【학교 다닐 때 사진도 많이 있을 것인데. 우리 딸이 어떻게 가지고 다
니면서 해 버렸는가. 우리 친정엄마.】

[조] 마을 잔치는 어떻게 하셨을까요?

홍: 그러니까 여기 어디 있을 것인디.

【그러니까 여기 어디 있을 것인데.】

[조] 음식은 뭘 준비하셨어요?

홍: 아무튼 있는 거 없는 거 다 채려주더라고. 어디 있을 것인디 못 찾겠
네. 그런 거는 안 해도 벨로 중요한 거 아니라.

【아무튼 있는 것 없는 것 다 차려주더라고. 어디 있을 것인데 못 찾겠
네. 그런 거는 안 해도 별로 중요한 것 아니라.】

[조] 음식은 평상시에 못 먹는 걸 많이 하잖아요.

홍: 많이 했어요. 엄청 채려 갖고 동네 사람들 다 모아 갖고 했는디. 그거
는 여기 있을 것인디.

【많이 했어요. 엄청 차려 가지고 동네 사람들 다 모아 가지고 했는데.
그거는 여기 있을 것인데.】

[조] 결혼할 때 사람들이 부조는 뭘로 해요?

홍: 옷감 같은 거랑 갖고 왔더라고. 옷감이랑 옷감 같은 거랑 먼 화장품, 옷

감 이런 거. 옷은 아니고 옷감, 옷감 그런 거 갖고 왔어. 내 결혼식 때.
【옷감 같은 거랑 가지고 왔더라고. 옷감이랑 옷감 같은 거랑 뭔 화장
품, 옷감 이런 것. 옷은 아니고 옷감, 옷감 그런 것 가지고 왔어. 내 결
혼식 때.】

조 옷감하고 화장품을 가져왔어요?

홍: 화장품 같은 거하고 결혼식 때 결혼하고, 결혼식 때 여 제주 한림공원
한림 굴 가서 신혼여행 가 갖고 거기 하고.
【화장품 같은 것하고 결혼식 때 결혼하고, 결혼식 때 여기 제주 한림
공원 한림 굴 가서 신혼여행을 가고 거기 하고.】

조 옷감을 주로 하시군요.

홍: 옷감하고 화장품하고 그런 거 주더라고요.
【옷감하고 화장품하고 그런 것 주더라고요.】

조 결혼식 할 때 무슨 국 드셨을까요?

홍: 제주도는 생선국 있잖아요. 저기 옥돔, 옥돔 생선국.
【제주도는 생선국 있잖아요. 저기 옥돔, 옥돔 생선국.】

조 여기서는 무슨 국 드셨을까요?

홍: 여기서는 그때 당시에는 소고기국 끓여서 저기 무 여서 소고기무국 끓여
준 것 같애. 여 결혼식 때, 결혼식 때하고 나 고등학교 결혼식 때 친구들.
【여기서는 그때 당시에는 소고기국 끓여서 저기 무 넣어서 소고기뭇
국 끓여준 것 같아. 여기 결혼식 때, 결혼식 때하고 나 고등학교 결혼
식 때 친구들.】

조 그때 밥은 쌀밥으로 드셨어요? 보리밥으로 드셨어요?

홍: 쌀밥.

【쌀밥.】

조 결혼할 때 어르신이 시댁으로 뭐 가져가셨어요?

홍: 그때는 요강 같은 거 했지. 요강에 쌀 담아 갔어.

【그때는 요강 같은 것 했지. 요강에 쌀 담아 갔어.】

조 왜 요강에 쌀을 담아 갔어요?

홍: 저, 헤어지지 말고 복 있게 살라고 쌀 담아주더라고.

【저, 헤어지지 말고 복 있게 살라고 쌀을 담아주더라고.】

조 요강 안에 쌀을 가득 넣어요?

홍: 요강 안에 쌀 담고 또 쌀하고 그 머여, 바늘 그것 보고 실탈레, 실탈레
   하고 준 거 같애. 오래오래 건강하게 살라고 실탈레를 여 주는 것 같더
   라고. 그거 다 있는데 그 사진이.

【요강 안에 쌀 담고 또 쌀하고 그 뭐야, 바늘 그것 보고 실타래, 실타
   래하고 준 것 같아. 오래오래 건강하게 살라고 실타래를 넣어주는 것
   같더라고. 그거 다 있는데 그 사진이.】

조 결혼할 때 남편 발바닥 때리는 것을 하셨어요?

홍: 그거 다 했죠. 제주도서.

【그거 다 했죠. 제주도에서.】

조 언제 하셨어요?

홍: 결혼식 끝나고. 밤에 남편 발바닥 때리고 저기 거로, 막대기로. 빨래한

방멩이로 때렸을까? 여기 어디 있었는데 결혼식 사진이.

【결혼식 끝나고. 밤에 남편 발바닥 때리고 저기 거로, 막대기로. 빨래 하는 방망이로 때렸을까? 여기 어디 있었는데 결혼식 사진이.】

⊠ 생선으로 때리지 않았어요?

홍: 방멩이로 때린 것 같애. 생선 저기 명태 그른 걸로도 때렸어요. 명태 맑은 걸로 때린 것 같애.

【방망이로 때린 것 같아. 생선 저기 명태 그런 것으로도 때렸어요. 명태 말린 것으로 때린 것 같아.】

⊠ 신랑 때릴 때 신부는 뭐 했어요?

홍: 춤추고 그런 거 했어.

【춤추고 그런 것 했어.】

⊠ 결혼식 때 가장 기억에 남는 건 뭐가 있으세요?

홍: 아, 제주도 결혼했는데 주의보가 내려 분 거여. 태풍 주의보가 내려 갖고 결혼식에 여기서 간 사람들이 있을 거잖아요. 워메, 메칠 동안을 밥 멕이고 잠재우고 여관에서 그랬어요.

【아, 제주도에서 결혼했는데 주의보가 내려 버린 거야. 태풍 주의보가 내려 가지고 결혼식에 여기서 간 사람들이 있을 거잖아요. 어머, 며칠 동안을 밥 먹이고 잠재우고 여관에서 그랬어요.】

⊠ 예전에 여기 집을 장만하신 거예요?

홍: 저기 밑에 집에, 밑에 축양장에¹⁸ 집이 따로 있어요.

_____

18 어업 또는 양식에 의하여 생산된 수산물을 알맞은 시설에서 얼마 동안 보관하여

【저기 밑에 집에, 밑에 축양장에 집이 따로 있어요.】

조 거기에 장비랑 다 있어요?

홍: 그러죠. 밑에가 다 있제. 고기 킨 데.

【그렇죠. 밑에 다 있지. 고기 키우는 데에.】

조 그 집은 어떻게 장만하신 거예요?

홍: 어렵게, 어렵게 장만했제. 애기 아빠가 막 실패해 버리고 팔방하고 해
갖고 너무 힘들게, 힘들게 해 갖고 조금씩, 조금씩 보태 갖고 집 처음
부터는 열 평부터 시작해 갖고.

【어렵게, 어렵게 장만했지. 아이 아빠가 막 실패해 버리고 여러 방면으
로 해 가지고 너무 힘들게, 힘들게 해 가지고 조금씩, 조금씩 보태 가
지고 집 처음부터는 열 평부터 시작해 가지고.】

조 여기 집은 나중에 지으셨어요?

홍: 여기는 이제 엄청 후에, 나중에 애기 아빠가 보증 앉어 갖고 사기 당하
고 막 여기가 몇 번 넘어가 버리고 또 막 난리 났어요. 그러다가 이제
싹 포기해 버리고 새로, 새로 또 한 푼, 두 푼 모아 가지고 열 평, 스무
평, 서른 평 이렇게 사 갖고 축양장도.

【여기는 이제 엄청 후에, 나중에 아이 아빠가 보증을 서 가지고 사기
를 당하고 막 여기가 몇 번 넘어가 버리고 또 막 난리 났어요. 그러다
가 이제 싹 포기해 버리고 새로, 새로 또 한 푼, 두 푼 모아 가지고 열
평, 스무 평, 서른 평 이렇게 사 가지고 축양장도.】

기르는 곳을 말한다.

㊈ 물질하시면서 여기를 장만하셨어요?

홍: 그러지. 제주 사람들이 생활력이 강해. 쪼끔씩, 쪼끔씩 모았지.

【그렇지. 제주 사람들이 생활력이 강해. 조금씩, 조금씩 모았지.】

㊈ 물질하시면서 밭일도 하셨어요?

홍: 밭일 같은 거는 안 하는데 이제 봉사를 많이 했죠. 이제 내가 너무 어렵게 살아나서 이제 다문화 가정 애기들 여기 오면 적응을 못 하잖아요. 그런 애들이 이제 멘토로 해 갖고 하고 또 예를 들어서 적십자 그것도 회장하면서 또 그런 애기들도 도와주고 또 소외된 사람들 쫌 도와주면서 조금씩, 조금씩 많이는 못 해도 이제 그렇게 최선을 다하고 살았어요. 지금까지는.

【밭일 같은 거는 안 하는데 이제 봉사를 많이 했죠. 이제 내가 너무 어렵게 살아서 이제 다문화 가정 아이들이 여기 오면 적응을 못 하잖아요. 그런 아이들 이제 멘토로 해 가지고 하고 또 예를 들어서 적십자 그것도 회장을 하면서 또 그런 아이들도 도와주고 또 소외된 사람들 좀 도와주면서 조금씩, 조금씩 많이는 못 해도 이제 그렇게 최선을 다하고 살았어요. 지금까지는.】

㊈ 물질하시면서 살림살이 장만하시고 바깥 어르신은?

홍: 다 없애 버리고 보증 앉어 갖고 몇 번을 없애 버리고.

【다 없애 버리고 보증을 서 가지고 몇 번을 없애 버리고.】

㊈ 아이 가지셨을 때 태몽도 꾸셨어요?

홍: 그때 머 뀄다 했는가? 그때 머라 했어? 하도 오래 돼 갖고.

【그때 뭐 뀄다 했는가? 그때 뭐라고 했어? 하도 오래 돼 가지고.】

조 입덧도 많이 하셨어요?

홍: 너무 많이 해 갖고 차가 저 멀리서 보면 앞에 여기서는 멀미하고 있었어. 너무 입덧 해 갖고. 이만큼 뼈가 말라 갖고 입덧을 너무 심하게 해 갖고 애기를 안 날려고 생각했다니까요. 아들은 그러지 않는데 딸은 그렇게 입덧을 하대요. 저는.

【너무 많이 해 가지고 차가 저 멀리서 보이면 앞에 여기서는 멀미하고 있었어. 너무 입덧을 해 가지고. 이만큼 뼈가 말라 가지고 입덧을 너무 심하게 해 가지고 아이를 안 낳으려고 생각했다니까요. 아들은 그렇지 않는데 딸은 그렇게 입덧을 하대요. 저는.】

조 입덧하실 때 뭐 드시고 싶으셨어요?

홍: 묵고 싶은 거는 갈비, 갈비. 너무 먹고 싶어서 사과, 갈비가 너무 먹고 싶었어.

【먹고 싶은 거는 갈비, 갈비. 너무 먹고 싶어서 사과, 갈비가 너무 먹고 싶었어.】

조 아기 낳고 그다음에 뭐 드셨어요?

홍: 미역국이지.

【미역국이지.】

조 미역국만 드신 거예요? 아니면 다른 거 뭐 넣었어요?

홍: 그러죠. 여기서는 그때 우리 시어머니가 어장을 해서, 메리치 어장을 해서 새우, 새우 말린 거를 미역국에다가 여주더라고.

【그렇죠. 여기서는 그때 우리 시어머니가 어장을 해서, 멸치 어장을 해서 새우, 새우 말린 거를 미역국에다가 넣어주더라고.】

조 첫째 낳을 때 병원에 가셨어요? 아니면 누가 도와주셨어요?

홍: 첫째 날 때는 조산원에서 났어요. 둘째는 집에서 나고.

【첫째 낳을 때는 조산원에서 낳았어요. 둘째는 집에서 낳고.】

조 집에서 낳으면 누가 도와주셨어요?

홍: 인제 그때는 그 작숙이라는[19] 분이 좀 이렇게 아는 분이 있었어요. 그
래 갖고 진통제 주사를 놔주고 때가 되니까 나온 걸로 그렇게 했어요.
탯줄만 짤라 주고.

【이제 그때는 그 고모부라는 분이 좀 이렇게 아는 분이 있었어요. 그
래 가지고 진통제 주사를 놓아주고 때가 되니까 낳는 것으로 그렇게
했어요. 탯줄만 잘라 주고.】

조 조산원에서 하시는 분이 오신 거예요?

홍: 아니, 아니. 지역에서 있는 분, 지역에서 그냥 돌팔이 의사지. 그분이
와서 해 줬어요.

【아니, 아니. 지역에서 있는 분, 지역에서 그냥 돌팔이 의사지. 그분이
와서 해 줬어요.】

조 제사도 지내세요?

홍: 옛날에는 지냈는데 이제 지내지 못하게 하대요. 그리고 지금 큰집에서
지내고 저는 안 하고 있어요.

【옛날에는 지냈는데 이제 지내지 못하게 하대요. 그리고 지금 큰집에
서 지내고 저는 안 하고 있어요.】

---

19 '고모부'의 전남 방언이다.

조 제사 지낼 때 다 모여요?

홍: 다 모여서 같이, 형제간도 같이.

【다 모여서 같이, 형제간도 같이.】

조 빚은 어떻게 갚으셨어요?

홍: 여기서 미역도 하고 애기 아빠가 배도 해 갖고 배를 돈 잠 벌고 그래
   갖고 쪼금씩, 쪼금씩 갚아나가면서 했죠.

【여기서 미역도 하고 아이 아빠가 배도 해 가지고 배로 돈 좀 벌고 그
   래 가지고 조금씩, 조금씩 갚아나가면서 했죠.】

조 시집살이도 하셨어요?

홍: 그러죠. 시어머니한테 시집살이도 많이 했제. 애기 아빠가 이제 서울
   서 망하고 와 갖고 처음에는 큰집에서 한 사, 오 개월 살았어요. 근데
   시숙님하고 애기들이 꽃 같으니까 엄청 불편하게 건 한 일 년간 살았
   을 거, 잉. '큰집에서 일 년간 살았지?', 그래 갖고 쌀 20키로짜리 하나,
   숟가락 두 개, 처음 나올 때에. 숟가락 두 개, 쌀 20키로짜리 하나, 이
   제 그렇게 해서 나왔제.

【그렇죠. 시어머니한테 시집살이도 많이 했지. 아이 아빠가 이제 서울
   서 망하고 와 가지고 처음에는 큰집에서 한 사, 오 개월 살았어요. 그
   런데 시아주버님하고 아이들이 꽃 같으니까 엄청 불편하게 거의 한 일
   년간 살았을 거야, 응. '큰집에서 일 년간 살았지?', 그래 가지고 쌀 20
   킬로그램짜리 하나, 숟가락 두 개, 처음 나올 때. 숟가락 두 개, 쌀 20
   킬로그램짜리 하나, 이제 그렇게 해서 나왔지.】

조 1년 사시고.

홍: 그러지. 처음, 여기 처음 와 갖고. 처음에는 우리가 서울에서 살았어요.

사기 당하고 와 갖고 여기서.

【그렇지. 처음, 여기 처음 와 가지고. 처음에는 우리가 서울에서 살았
어요. 사기를 당하고 와 가지고 여기서.】

조 서울에서 살 때는 물질은 안 하시고 완도 오셔서 물질하신 거예요?

홍: 잉, 제주서는 수영만 하고 헤녀질은 안 했어.

【웅, 제주서는 수영만 하고 물질은 안 했어.】

조 어머니만 하시고.

홍: 그러제. 할머니들하고 어머니하고 다 했으니까 3대째제, 우리는.

【그렇지. 할머니들하고 어머니하고 다 했으니까 3대째지, 우리는.】

조 어르신은 안 하시고 서울에 가셨다가 완도 오셔서 시작하신 거예요?

홍: 그러제.

【그렇지.】

조 제주도에서 본 게 있으니까요.

홍: 보니까 그냥 하겠더라고. 해 보고 살 게 없으니까 배운 건 그거밖에 없
고.

【보니까 그냥 하겠더라고. 해 보고 살 게 없으니까 배운 건 그거밖에
없고.】

조 제사할 때 음식 준비는 뭐 하나요?

홍: 여기는 다 하죠. 제사 때 떠가고 이제 전 부치고.

【여기는 다 하죠. 제사 때 떡하고 이제 전 부치고.】

조 전은 주로 뭘 부치나요?

홍: 여기는 소고기전하고 또 꿀전이나 아니면 명태전.

【여기는 소고기전하고 또 굴전이나 아니면 명태전.】

조 떡은 무슨 떡을 해요?

홍: 떡은 이제 벽설기, 벽설기 같은 걸로

【떡은 이제 백설기, 백설기 같은 것으로.】

조 나물은 뭐 하나요?

홍: 나물 같은 거, 콩나물, 녹두나물. 이제 기본적인 거, 도라지. 이제 저기, 저 머요, 시금치, 꼬사리. 그렇게 기본적인 거. 고기 꾸고.

【나물 같은 것, 콩나물, 숙주나물, 이제 기본적인 것, 도라지. 이제 저기, 저 뭐요, 시금치, 고사리. 그렇게 기본적인 것. 고기 굽고.】

조 고기는 뭐 해요?

홍: 고기는 생선. 닥도 잡아서 닥도 한 마리 올리고 문어도 쌂어서 올리고 기본이여요.

【고기는 생선. 닭도 잡아서 닭도 한 마리 올리고 문어도 삶아서 올리고 기본이에요.】

조 시루떡은 어떻게 만들어요?

홍: 그거는 옛날에는 집에서 다 했는디 요즘은 방앗간에 다 맽겨요.

【그것은 옛날에는 집에서 다 했는데 요즘은 방앗간에 다 맡겨요.】

조 집에서 하실 때는 어떻게 하셨을까요?

홍: 집에서 할 때는 이제 파다고 고물 여 갖고 이제 돌곰돌곰[20] 여 갖고 이

제 그렇게 해 갖고 집에서 이제 찌죠. 쪘제.

【집에서 할 때는 이제 팥하고 고물 넣어 가지고 이제 동그랗게 차곡차곡 쌓으면서 넣어 가지고 이제 그렇게 해 가지고 집에서 이제 찌죠. 쪘지.】

조 어디에 쪄요?

홍: 아니, 머 저기 거 보고 머라 그래. 시루에 여고 쪘제. 솥에다가, 솥 놓고 이제 옆에 저기 저 머여, 밀가루를 붙이고 그렇게 해서 그러고 했제.

【아니, 뭐 저기 그것 보고 뭐라고 그래. 시루에 넣고 쪘지. 솥에다가, 솥 놓고 이제 옆에 저기 저 뭐야, 밀가루를 붙이고 그렇게 해서 그렇게 했지.】

조 여기서는 설하고 추석을 크게 쇠나요?

홍: 설하고 추석하고 여기는 이제 우리 같은 사람들은 이제 바다에, 바다에 종사를 많이 하니까 머도 해요. 5월달 한 거 머여? 단오. 그것도 해요.

【설하고 추석하고 여기는 이제 우리 같은 사람들은 이제 바다에, 바다에 종사를 많이 하니까 뭐도 해요. 5월에 하는 것 뭐야? 단오. 그것도 해요.】

조 단오는 어디에서 해요?

홍: 이제 5월 단오 때는 이제 음식 간딴하게 해 갖고 하고 이제 보름도 세요.

【이제 5월 단오 때는 이제 음식 간단하게 해 가지고 하고 이제 보름도 쇄요.】

조 바다에 가서 해요?

홍: 바다에다가 채려 놓기도 하고 마을에서 채려 놓기도 하고 이제 상 치

---

20 '물건을 동그랗게 차곡차곡 쌓는 모양'을 나타내는 부사로 전남 방언이다.

레 놓고 이제 김밥을 좀 많이 싸요. 김밥을 많이 싸 갖고 그다음 날까
지 다 나나 먹고 찰밥 해 갖고 오곡 찰밥 해 갖고.

【바다에다가 차려 놓기도 하고 마을에서 차려 놓기도 하고 이제 상 차
려 놓고 이제 김밥을 좀 많이 싸요. 김밥을 많이 싸 가지고 그다음 날
까지 다 나눠 먹고 찰밥을 해 가지고 오곡 찰밥을 해 가지고.】

조 어르신이 돌아가시면 장례를 어떻게 하는가요?

홍: 우리는 가족묘를 있거든요. 가족묘를 해 갖고 하는데 저희들부터는 안
하려고 해요. 안 하고 그냥 화장시키려고 화장시켜서 수목장을 하든지
그런 식으로 지금.

【우리는 가족묘가 있거든요. 가족묘를 해 가지고 하는데 저희들부터는
안 하려고 해요. 안 하고 그냥 화장시키려고 화장을 시켜서 수목장을
하든지 그런 식으로 지금.】

조 예전에는?

홍: 있어요, 우리 선산이. 어머니, 아버지, 할머니, 할아버지를 모신 데가
있어요.

【있어요, 우리 선산이. 어머니, 아버지, 할머니, 할아버지를 모신 데가
있어요.】

조 그러면 할머니, 할아버지 돌아오실 때 수의는 다 했어요?

홍: 다 했어요.

【다 했어요.】

조 수의는 뭘로 만들어요?

홍: 베로요.

【베로요.】

조 미리 준비하셨어요?

홍: 다 해 났어요. 할머니, 할아버지. 어머니까지 다 준비했어요. 모시로
다 준비해 갖고.
【다 해 놓았어요. 할머니, 할아버지, 어머니까지 다 준비했어요. 모시
로 다 준비해 가지고.】

조 그럼 그거는 어디에 보관해요?

홍: 이제 농에다가, 농에다가 보관을 해 났는데 좀이 다 먹어 버려 갖고 한
번 더 했어. 한 번 더 해 갖고 두 번째 해서 입혔지. 농에다가.
【이제 농에다가, 농에다가 보관해 놓았는데 좀이 다 먹어 버려 가지고
한 번 더 했어. 한 번 더 해 가지고 두 번째 해서 입혔지. 농에다가.】

조 돌아가신 후에 묻을 때 특별히 지내는 제사가 있어요?

홍: 이제 지금은 옛날에는 집에서 제사를 돌아가시면은 상을 채려 나요.
이제 장례 모시러 갈 때까지, 장사 지내는 데까지 하는데 요즘은 이제
저기 장례 예식장에서 해버리니까 거기서 이제 다 하지. 거기서 음식
장만하고 이제 조화 꽃만 이제 앞에다 놓고.
【이제 지금은 옛날에는 집에서 제사를 돌아가시면 상을 차려 놓아요.
이제 장례 모시러 갈 때까지, 장사를 지내는 데까지 하는데 요즘은 이
제 저기 장례 예식장에서 해 버리니까 거기서 이제 다 하지. 거기서 음
식 장만하고 이제 조화 꽃만 이제 앞에다 놓고.】

조 옛날에 땅에 묻고 나서 거기서 뭐 해요?

홍: 다 장만해서 옇지, 음식. 싹 새로 해서 거기에다가 술 같은 거 붓어 놓

고 음식 장만 다 해서 갖고 갔죠.

【다 장만해서 놓지, 음식. 싹 새로 해서 거기에다가 술 같은 것 부어 놓고 음식 장만 다 해서 가지고 갔죠.】

조 그런 걸 뭐라고 해요?

홍: 여보, 상에다가 채려 놓는 거, 돌아가시고 묘 묻고 나서 한 거 머라 했는디.

【여보, 상에다가 차려놓는 것, 돌아가시고 묘 묻고 나서 한 것 뭐라 했는데.】

조 돌아가신 분의 머리나 손을 뭘로 감싸나요?

홍: 화장 예쁘게 해 주대요. 어머니는 화장을 저기 장례식장에서 화장, 손톱, 발톱 다 깎아주고 이제 머리를 깜기고 화장을 깨끗하게 해줘요. 해주고 옷 같은 거는 이제 그거 명주옷도 입히고 그러지 않으면 개인별로 해 주라 하면은 거기서 이제 주문해서 옷을 입히고.

【화장 예쁘게 해 주대요. 어머니는 화장을 저기 장례식장에서 화장, 손톱, 발톱 다 깎아주고 이제 머리를 감기고 화장을 깨끗하게 해줘요. 해주고 옷 같은 거는 이제 그거 명주옷도 입히고 그러지 않으면 개인별로 해 주라고 하면 거기서 이제 주문해서 옷을 입히고.】

조 그전에는 어떻게 했어요?

홍: 여기서 사서 나 뒀다가 다 입혔지. 그전에는 장례식장 없었을 때는.

【여기서 사서 놓아두었다가 다 입혔지. 그전에는 장례식장 없었을 때는.】

조 여기에도 무당이 있나요?

홍: 옛날에 있었는데 지금 많이 없어졌어요. 옛날에 있었어요. 마을마다
　　좀 그런 분들이 있었는데.
　　【옛날에 있었는데 지금 많이 없어졌어요. 옛날에 있었어요. 마을마다
　　좀 그런 분들이 있었는데.】

조 지금은?
홍: 없어졌어요. 지금은 돌아가셔 버렸어.
　　【없어졌어요. 지금은 돌아가셔 버렸어.】

조 그분들을 언제 부르나요?
홍: 이제 예를 들어서 집 안에 우한이 있을 때, 우한이 있을 때는 그런 분
　　들 앞에 가서 물어보고 이제 공도 드리고 바다에 가서 또 넉도 드리고
　　이랬죠. 이제 지금은 그런 분들이 없어져 갖고.
　　【이제 예를 들어서 집 안에 우한이 있을 때, 우한이 있을 때는 그런 분
　　들 앞에 가서 물어보고 이제 공도 드리고 바다에 가서 또 넋도 드리고
　　이랬죠. 이제 지금은 그런 분들이 없어져 가지고.】

조 상주는 어떤 옷을 입나요?
홍: 우리는 인제 옛날에는 베옷을 입었는데 요즘은 검정 한복, 검정 거. 여
　　자는 한복, 남자는 그 정장 있잖아요, 검정 정장. 그거 입죠.
　　【우리는 이제 옛날에는 베옷을 입었는데 요즘은 검정 한복, 검정 것.
　　여자는 한복, 남자는 그 정장 있잖아요, 검정 정장. 그것을 입죠.】

조 머리에는 뭐 썼어요?
홍: 예전에는 다 두건 썼제.
　　【예전에는 다 두건 썼지.】

조 두건은 따로 사요?

홍: 이제 사람만 돌아가시면 다 사 갖고 와, 가서. 옛날에는 다 집에서 꺼
매서 했거든. 동네 사람들이 와 갖고 다 꺼매 줬는데 너무 그거를 이제
힘들다 보니까 이제 미신 같은 것도 없고 하다 보고 나이 드신 분들이
그렇게 하는 사람들이 별로 없어. 그러니까 가서 사 와. 장례 그걸 파
는 데가 있어요. 거기서 사 와.

【이제 사람만 돌아가시면 다 사 가지고 와, 가서. 옛날에는 다 집에서
꿰매서 했거든. 동네 사람들이 와 가지고 다 꿰매 줬는데 너무 그것을
이제 힘들다 보니까 이제 미신 같은 것도 없고 하다 보고 나이 드신
분들이 그렇게 하는 사람들이 별로 없어. 그러니까 가서 사 와. 장례
그걸 파는 데가 있어요. 거기서 사 와.】

조 그전에는 다 만들어서 하셨어요?

홍: 그전에는 만들어서 했제. 동네 사람들이 사 와 갖고.

【그전에는 만들어서 했지. 동네 사람들이 사 와 가지고.】

조 어르신은 몇 살 때 물질을 배우신 거예요?

홍: 여기 와서 배웠으니까 스물두 살 때 배웠는가? 여기 물속에 들어 다닌
건 22살 때 배웠지. 여기 와서, 헤엄만 칠 줄 알았지.

【여기 와서 배웠으니까 스물두 살 때 배웠는가? 여기 물속에 들어 다
닌 것은 22살 때 배웠지. 여기 와서, 헤엄만 칠 줄 알았지.】

조 제주도에서는?

홍: 수영만 했어요. 물속에 들어가고 막 잡아 갖고 오고 그렇게 해도 전문
으로 하지는 안 했고.

【수영만 했어요. 물속에 들어가고 막 잡아 가지고 오고 그렇게 해도

전문으로 하지는 안 했고.】

⊠ 물에 들어가서 잡고 한 거는 몇 살 때부터 하신 거예요?

홍: 한 열한두 살 때부터 잡아 갖고 오고 헤엄치다가 가서 머 갖고 오고
막 그런 거는.

【한 열한두 살 때부터 잡아 가지고 오고 헤엄치다가 가서 뭐 가지고
오고 막 그런 거는.】

⊠ 그러면 물질 말고도 밭일도 하셨어요?

홍: 옛날에는 큰집 밧이 있어 갖고 했어요. 밭일도 막 하고 그랬는데 너무
물질하다 보니까 너무 힘드니까 다 줘버렸어. 난 안 한다고. 형제간에
나눠 가지라고 나는 그거는 소질 없는 것 같다고 하고 줘버렸어. 여기
는 우리 거는 밭일 하지. 여기가 우리 논시밧이²¹ 있으니까 하고 과일
도 하고 함께 그런 건 다 하제.

【옛날에는 큰집 밭이 있어 가지고 했어요. 밭일도 막 하고 그랬는데
너무 물질하다 보니까 너무 힘드니까 다 줘버렸어. 난 안 한다고. 형제
간에 나눠 가지라고 나는 그것은 소질 없는 것 같다고 하고 줘버렸어.
여기는 우리 거는 밭일 하지. 여기가 우리 텃밭이 있으니까 하고 과일
도 하고 하니까 그런 건 다 하지.】

⊠ 그럼 주로 뭐 많이 심으셨을까요?

홍: 밭에, 옛날에는 이제 고구마를 많이 심었지.

【밭에, 옛날에는 이제 고구마를 많이 심었지.】

---

21 '텃밭'의 전남 방언이다. 전남 진도, 완도, 고흥에서 사용된다.

조 다른 건 안 심으시고요?

홍: 고구마하고, 논도 있었고 저 모도 옛날에 다 심었지. 모도 다 하고. 옛
날에는 트랙터가 없으니까 손으로 다 심고 그랬지.

【고구마하고, 논도 있었고 저 모도 옛날에 다 심었지. 모도 다 하고.
옛날에는 트랙터가 없으니까 손으로 다 심고 그랬지.】

조 여기서 미역 채취 같은 것도 하셨어요?

홍: 다 했제. 애기 아빠랑 나랑 다 했제.

【다 했지. 아이 아빠랑 나랑 다 했지.】

조 여기 앞에 바다에서 하신 거예요?

홍: 응, 미역, 다시마 다 했제.

【응, 미역, 다시마 다 했지.】

조 물질하실 때 뭐 쓰신가요? 도구요?

홍: 전복 따는 거, 비창. 또 호멩이, 칼.

【전복 따는 것, 빗창. 또 갈고리, 칼.】

조 칼도 가져가셨어요?

홍: 그러죠. 머 걸리면 짤라야 하니까요.

【그렇죠. 뭐 걸리면 잘라야 하니까요.】

조 지금은 산소통 사용하시죠.

홍: 그전에는 해녀질 했어요. 바가지 띠어 놓고. 너무 힘들다 보니까 이제
산소통 메 갖고.

【그전에는 물질했어요. 박 띄워놓고. 너무 힘들다 보니까 이제 산소통

메어 가지고.】

조 산소통은 언제부터 메신 거예요?

홍: 나는 말할려면 사연이 많애. 산소통을 우리가 여기서를 한 분이 나 처
음에 했어요. 한 30년 전에. 왜 그러냐면 여기가 어두리라는 마을이 고
려자기가 나왔어요. 그 바다를, 내가 그 바다를 했었거든요. 하는데 바
다를 못 들어가게 하는 거여. 고려자기를 인양을 해야 되니까 그분들이
조건부로 나를, 가면서 다 끝나고 가면서 나를 배워준 거여. 해녀질 하
지 말고 우리가 모든 장비를 줄라니까 한번 다이버를 한번 해보라 해서
그분들이 나를 갤처줬어. 그분들이 우리 바다에서 나왔기 때문에. 그분
들이 그 유디티, 저기 해군. 이 사람들이 와 갖고 군함을 띄어놓고 했거
든. 우리 집에서 애기 아빠가 이제 그 기자들 오문 같이 실러 날르고
우리 바닥이기 때문에, 내가 한 1년 2개월, 3개월 동안 그 바다를 작업
을 못 했어요. 그런 조건으로 집을 하나 지어줬어, 국민 주택을. 해 주
고 필요한 거 머냐 하니까 '집을 지어 주세요.' 정부에서 집을 지어 주
고 필요한 거 머냐 항께 '나는 다이버를 하는 거 보니까 난 저걸 하고
싶다. 저걸 배우고 싶다.' 그러니까 이제 이론적으로 할 수 있냐 항께
'내가 공부할란다.' 그래 갖고는 그분들이 나를 배워주고 그 장비를 주
고 갔어. 그러니까 나는 다이버 한 지가 한 35년 돼. 그분들이 정상적으
로 나를 배워줬어. 물속에 들어가서 강압은 어떻게 하고 수경에 물 들
어가문 물은 어떻게 빼고 이런 거를 그 해군 유디티들이 나를 해줬어.
【나는 말하려면 사연이 많아. 산소통을 우리가 여기서 한 분이 내가
처음에 했어요. 한 30년 전에. 왜 그러냐면 여기가 어두리라는 마을이
고려자기가 나왔어요. 그 바다를, 내가 그 바다를 작업했었거든요. 작
업하는데 바다를 못 들어가게 하는 거야. 고려자기를 인양해야 되니까
그분들이 조건부로 나를, 가면서 다 끝나고 가면서 나를 가르쳐준 거

야. 물질하지 말고 우리가 모든 장비를 줄 테니까 한번 다이버를 한번
해 보라고 해서 그분들이 나를 가르쳐 줬어. 그분들이 우리 바다에서
나왔기 때문에. 그분들이 그 유디티, 저기 해군. 이 사람들이 와 가지
고 군함을 띄워놓고 했거든. 우리 집에서 아이 아빠가 이제 그 기자들
오면 같이 실어 나르고 우리 바다이기 때문에, 내가 한 1년 2개월, 3개
월 동안 그 바다를 작업을 못 했어요. 그런 조건으로 집을 하나 지어줬
어, 국민 주택을. 해주고 필요한 것 뭐냐 하니까 '집을 지어 주세요.'
정부에서 집을 지어 주고 필요한 것 뭐냐 하니까 '나는 다이버를 하는
거 보니까 난 저걸 하고 싶다. 저걸 배우고 싶다.' 그러니까 이제 이론
적으로 할 수 있냐 하니까 '내가 공부하련다.' 그래 가지고 그분들이
나를 가르쳐 주고 그 장비를 주고 갔어. 그러니까 나는 다이버 한 지가
한 35년 돼. 그분들이 정상적으로 나를 가르쳐 줬어. 물속에 들어가서
강압은 어떻게 하고 수경에 물 들어가면 물은 어떻게 빼고 이런 거를
그 해군 유디티들이 나를 가르쳐 줬어.】

[조] 다른 해녀보다 훨씬 잘하시겠네요.
홍: 그러죠. 그랗게 이제 나는 정상적인 거를, 정상적으로 배웠제.
　【그렇죠. 그러니까 이제 나는 정상적인 것을, 정상적으로 배웠지.】

[조] 미역은 언제 따러 가신가요?
홍: 우리가 12월달부터 한가? 12월달부터 3월달까지 하제. 2월달부터 3월
20일까지.
　【우리가 12월부터 한가? 12월부터 3월까지 하지. 2월부터 3월 20일까
지.】

[조] 미역할 때 몇 번 물에 들어가요?

홍: 물에 들어간 게 아니고 우에서, 배 타고 가서 우에서.

　【물에 들어간 게 아니고 위에서, 배 타고 가서 위에서.】

조 미역 끝나고 뭐 하세요?

홍: 다시마. 다시마 4월서부터 5월달까지.

　【다시마. 다시마는 4월부터 5월까지.】

조 그다음에 하는 거는 뭐예요?

홍: 그다음에 있어. 그다음에는 청각이 8월, 한 15일서부터 시작해서 9월 20일까지 끝날 거여.

　【그다음에 있어. 그다음에는 청각이 8월, 한 15일부터 시작해서 9월 20일까지 끝날 거야.】

조 소라나 해삼도 있나요?

홍: 그러죠, 잡어요.

　【그렇죠. 잡아요.】

조 언제 잡으세요?

홍: 그런 인제 잡았는데 금오기가 있어요. 전복은 이제 저기 해삼은 7월 1일부터 7월 30일까지 금오기에요. 못 잡아요. 그다음부터는 계속 잡고. 전복은 9월 1일부터 10월 말까지 금오기에요. 그때는 못 잡고, 계속 잡고 그렇게 해요.

　【그런 이제 잡았는데 금어기가 있어요. 전복은 이제 저기 해삼은 7월 1일부터 7월 30일까지 금어기예요. 못 잡아요. 그다음부터는 계속 잡고. 전복은 9월 1일부터 10월 말까지 금어기예요. 그때는 못 잡고, 계속 잡고 그렇게 해요.】

조 소라는 아무 때나 잡아도 돼요?

홍: 아니죠. 소라도 유월 1일부터 7월 30일까지 금오기.

【아니죠. 소라도 6월 1일부터 7월 30일까지 금어기예요.】

조 여기 모자반이나 톳도 있나요?

홍: 거 있는데 채취 안 해요.

【그거 있는데 채취 안 해요.】

조 거북손이나 따개비, 고둥도 있나요?

홍: 그런 거 있는데 따진 안 해. 돈벌이가 안 되니까.

【그런 것 있는데 따지는 안 해. 돈벌이가 안 되니까.】

조 전복은 여기 많이 나오나요?

홍: 전복은 이제 많이는 안 나아도 이제 많이 오염돼서 많이 안 나아도 기본적인 거는 좀 나아요.

【전복은 이제 많이는 안 나와도 이제 많이 오염돼서 많이 안 나와도 기본적인 거는 좀 나와요.】

조 예전에는 많이 나왔어요?

홍: 뿌리고, 우리가 뿌리고 씨 뿌리고.

【뿌리고, 우리가 뿌리고 씨 뿌리고.】

조 바다에서 나는 풀은 뭐 있나요?

홍: 풀 같은 거 많죠. 해초. 파래, 이제 자연산 미역, 다시마도 나오고 또 우묵까사리, 듬북이.[22]

【풀 같은 것 많죠. 해초. 파래, 이제 자연산 미역, 다시마도 나오고 또

우뭇가사리, 뜸부기.】

조 듬북이는 뭔가요?
홍: 까사리 종류에요.
【가사리 종류예요.】

조 작살도 여기서 쓰신가요?
홍: 옛날에 썼는데 이제는 힘들어서 못 해. 이제 안 해, 안 써.
【옛날에 썼는데 이제는 힘들어서 못 해. 이제 안 해, 안 써.】

조 작살도 쓰셨어요?
홍: 고기도 물속에 들어가문 잡고 이제 문어 같은 것도 하고 했는데 힘등
께 이제 지금은 안 해요. 안 갖고 다녀.
【고기도 물속에 들어가면 잡고 이제 문어 같은 것도 하고 했는데 힘드
니까 이제 지금은 안 해. 안 가지고 다녀.】

조 작살로는 무슨 고기 주로 잡으셨어요?
홍: 이제 작살로는 이제 이렇게 앉아있는 고기, 이제 앉아있는 고기는 머
냐 하면 이케 예를 들어서 아구 같은 거, 아구 이제 저기 간재미 또 도
다리, 이런 거, 그 종류.
【이제 작살로는 이제 이렇게 앉아있는 고기, 이제 앉아있는 고기는 뭐
냐 하면 이렇게 예를 들어서 아귀 같은 것, 아귀 이제 저기 가자미 또
도다리, 이런 것, 그 종류.】

---

22 '뜸부기'의 옛말이다. 생김새는 톳과 비슷하며 '듬북', '뜸북', '듬부기', '뜸부기' 등
으로 불린다. 검은색이고 식용하거나 알긴산 원료로 쓴다. 우리나라 서해안과 남
해안에 분포한다.

조 배 타고 고기 잡으러도 가셨나요?

홍: 그러지. 옛날은 다녔지.

【그렇지. 옛날은 다녔지.】

조 어디로 가셨어요?

홍: 이 근해.

【이 근해.】

조 주로 뭐 잡으셨을까요?

홍: 그때 머 낚시질 다니면 이제 강세, 강세 보고 머라고 해? 돔, 농어, 그런
거 하고. 저 옛날에는 머도 많이 있었는데 '머요?' 빨간 거, 애기 아빠.
참돔 말고 있잖아, 우리 어육탕 끓여 먹은 거, 쏨팽이.[23] 쏨팽이도 잡고.

【그때 뭐 낚시질 다니면 이제 강세, 강세 보고 뭐라고 해? 돔, 농어, 그런
것 하고. 저 옛날에는 뭐도 많이 있었는데 '뭐요?' 빨간 것, 아이 아빠. 참
돔 말고 있잖아, 우리 어육탕 끓여 먹는 것, 쏨뱅이. 쏨뱅이도 잡고.】

조 여기서는 제주도 말고 해녀를 부르는 말이 따로 있나요?

홍: 여기서 보재기라 해, 보재기.[24] 막 옹께 여기 전라도 말로 보재기라 해.
해녀 보고 보재기 그러더라고요. 여기 오니까.

【여기서 보재기라 해, 보재기. 막 오니까 여기 전라도 말로 보재기라

---

23 '쏨뱅이'의 전남 방언이다.

24 '잠수부'의 경남 방언이다. 김지숙(2020: 203)에 의하면 '보지기, 보재기'는 동해안
지역에서 해녀 또는 제주 해녀를 가리키는 말로 사용되는데 제주도에서는 바다에
서 주로 고기 잡는 일을 업으로 하는 사람인 어부를 가리킨다고 한다. 그런데 동
해안 지역 사람들이 제주 지역에서 사용하는 '보재기'의 의미를 잘 모르면서 여성
의 생식기와 관련한 명칭으로 인지해 해녀 직업을 하대해서 지칭하는 말로 사용
한다고 하였다.

해. 해녀 보고 보재기 그러더라고요. 여기 오니까.】

조 해녀도 쓰고 보재기라고도 해요?

홍: 보재기라고도 써. 전라도 말로 보자가,[25] 보자가 그러더라고.

【보재기라고도 써. 전라도 말로 보자가, 보자가 그러더라고.】

조 예전에 물질을 제일 잘하는 해녀를 뭐라고 불렀나요?

홍: 아따, 머라고 했는디. 상점녀, 어 상점녀네. 제일 잘하는 사람을.

【아따, 뭐라고 했는데. 상잠녀, 어 상잠녀네. 제일 잘하는 사람을.】

조 완도에서요?

홍: 상점녀네, 상점녀네 그래.

【상잠녀네, 상잠녀네 그래.】

조 중간 정도 하는 해녀는 뭐라고 해요?

홍: 중점녀.

【중잠녀.】

조 못 하는 해녀들은요?

홍: 소점녀. 아따, 못 하네 저 소점녀네 그래.

【소잠녀. 아따, 못 하네 저 소잠녀네 그래.】

조 여기는 바다가 어떤가요?

홍: 도팍이 많아요. 도팍이라 해.

【돌멩이가 많아요. 돌멩이라고 해.】

---

25 '보자가'는 '보자기+-아'로 분석할 수 있을 것 같다.

조 도팍이 있는 바다를 뭐라고 불러요?

홍: 그렇께 이제 여기, 예를 들어서 가사리 바다, 해동리 바다, 당목 바다.
   【그러니까 이제 여기, 예를 들어서 가사리 바다, 해동리 바다, 당목 바다.】

조 가사리 바다는?

홍: 마을 이름, 마을 이름 따 갖고.
   【마을 이름, 마을 이름 따 가지고.】

조 모래에 있는 바다는 뭐라고 해요? 여기는 펄이 많나요?

홍: 모래도 있고 뻘도 있는데, 뻘 바다, 모래 바다 이렇게 해요. 모래 바다
   네야, 뻘 바다네야, 이렇게 해요.
   【모래도 있고 갯벌도 있는데, 갯벌 바다, 모래 바다 이렇게 해요. 모래
   바다네야, 갯벌 바다네야, 이렇게 해요.】

조 모살 바다라고도 해요?

홍: 모살 바다라는 말은 제주도는 많이 썼는데 여기는 안 써.
   【모살 바다라는 말은 제주도는 많이 썼는데 여기는 안 써.】

조 작지 바다라고도 해요?

홍: 그건 없고.
   【그건 없고.】

조 여도 있나요?

홍: 있죠. 독만 있는 여도 있고 또 해초 자라는 여도 있고.
   【있죠. 돌만 있는 여도 있고 또 해초 자라는 여도 있고.】

조 여는 좀 더 멀리 가야 있는 거죠.

홍: 쫌 떨어져 있제, 떨어져 있어.

【좀 떨어져 있지, 떨어져 있어.】

조 주로 작업하시는 곳은?

홍: 예를 들어서 독섬, 독섬이라고 하지. 아무것도 없는 이렇게 독만 있는 섬, 독섬이라 하고. 거기서 또 다른 데, 다른 섬으로 가면은 이제 머 예를 들어서 금오섬, 진섬 막 이렇게 있어요. 칠기, 막 이런 거.

【예를 들어서 돌섬, 돌섬이라고 하지. 아무것도 없는 이렇게 돌만 있는 섬, 돌섬이라고 하고. 거기서 또 다른 데, 다른 섬으로 가면 이제 뭐 예를 들어서 금오섬, 진섬 막 이렇게 있어요. 칠기, 막 이런 것.】

조 이게 다 이제 섬 이름인 거죠.

홍: 섬 이름이여.

【섬 이름이야.】

조 여기 앞에는 뭐가 주로 많이 나와요?

홍: 작업한 데. 성게, 해삼, 소라.

【작업하는 데. 성게, 해삼, 소라.】

조 그럼 성게 바다라고도 불러요?

홍: 아니, 같이 있으니까 그렇게 불러요. 그렇게 나온다고.

【아니, 같이 있으니까 그렇게 불러요. 그렇게 나온다고.】

조 미역 바다, 우무 바다라고도 해요?

홍: 그건 없고 미역장, 미역장. 이제 예를 들어서 다시마장, 청각장 이렇게

부르제.

【그건 없고 미역장, 미역장. 이제 예를 들어서 다시마장, 청각장 이렇게 부르지.】

조 장이 바다라는 뜻이에요?

홍: 바다라는 뜻이제. 바다의, 이제 예를 들어서 집 같은 데에요. 내 집 같은 거.

【바다라는 뜻이지. 바다의, 이제 예를 들어서 집 같은 데예요. 내 집 같은 것.】

조 가까운 바다는 뭐라고 불러요?

홍: 그냥 바다, 여 앞에 바다, 앞바다.

【그냥 바다, 여기 앞에 바다, 앞바다.】

조 멀리 있으면?

홍: 먼바다.

【먼바다.】

조 물때는?

홍: 작업할 때, 사리 때는 안 하고 조금 때, 조금 때면 언제냐면은.

【작업할 때, 사리 때는 안 하고 조금 때, 조금 때면 언제냐면.】

조 한물부터 세나요?

홍: 한물이 아니고 스물 사흘 한조금, '초여름 무순가?' 초여름 한물, 이렇게 세요. 조금 때는 작업하고 사리 때는 작업을 모대요. 여기는. 한 달에 일주일 작업하고 일주일 시고, 일주일 작업하고 일주일 시고.

【한물이 아니고 스물 사흘 한조금, '초여름 무순가?' 초여름 한물, 이
렇게 세요. 조금 때는 작업하고 사리 때는 작업을 못 해요. 여기는. 한
달에 일주일 작업하고 일주일 쉬고, 일주일 작업하고 일주일 쉬고.】

조 한물, 두물, 세물 똑같이 세나요?

홍: 그러제. 이제 우리가 작업할 때는 아침조금, 한조금, 무수, 한물, 두물,
세물, 네물, 다섯물 새까지 작업하면 한 7, 8일 작업을 해요. 그리고 날
궂으면 한 4, 5일도 하고.
【그렇지. 이제 우리가 작업할 때는 아침조금, 한조금, 무수, 한물, 두
물, 세물, 네물, 다섯물 사이까지 작업하면 한 7, 8일 작업을 해요. 그
리고 날 궂으면 한 4, 5일도 하고.】

조 썰물을 따로 부르는 말이 있어요?

홍: 관게 없어요. 그거는. 너무 물이 나버리면 작업 모대.
【관계 없어요. 그거는. 너무 물이 나버리면 작업 못 해.】

조 따로 부르는 말은 없고요?

홍: 네, 없어요.
【네, 없어요.】

조 전체적으로 세면 한물, 두물.

홍: 세물, 네물에서 여섯물 새까지 작업하고 또 날 궂이면 못 할 때도 있고.
【세물, 네물에서 여섯물 사이까지 작업하고 또 날 궂으면 못 할 때도
있고.】

조 그러면 이게 지금 조금인 거죠.

홍: 그러지. 한물부터 여섯물까지 조금이고 여섯물 넘으면 이제 사리로 가
는 거고.

【그렇지. 한물부터 여섯물까지 조금이고 여섯물 넘으면 이제 사리로
가는 거고.】

조 물질은 아침에 하세요? 저녁에 하세요?

홍: 이제 물때 보고. 아침에가 물이 많이 들면 아침에 가고 저녁에가 물때
가 많이 들면은 오후에 점심 먹고 가고.

【이제 물때 보고. 아침에 물이 많이 들면 아침에 가고 저녁에 물때가
많이 들면 오후에 점심 먹고 가고.】

조 점심 먹고도 하신가요?

홍: 점심 먹고도 가. 그라문 한 세 시간 정도, 세 시간, 네 시간. 열두 시
반에서 한 시 사이 가면은 한 네 시 반 정도 나와요. 그리고 아침 9시
경에 가면은 1시경에 오고.

【점심 먹고도 가. 그러면 한 세 시간 정도, 세 시간, 네 시간. 열두 시
반에서 한 시 사이 가면 한 네 시 반 정도 나와요. 그리고 아침 9시경
에 가면 1시경에 오고.】

조 혹시 저녁에도 물질하세요?

홍: 안 해. 옛날에는 했는데 이제 안 해. 옛날에는 했어요.

【안 해. 옛날에는 했는데 이제 안 해. 옛날에는 했어요.】

조 여기서도 하셨어요?

홍: 옛날에는 이제 막 배들이 지나가다가 딱 같은 거 걸리고 그러면 그 사
람들은 못 가잖아요. 그럼 어쩔 수 없이 가서 해주고 여기 객선, 객선도

막 줄 걸리면 가서 해주라는데 이젠 안 해. 그런 거를 내가 힘드니까. 【옛날에는 이제 막 배들이 지나가다가 닻 같은 것 걸리고 그러면 그 사람들은 못 가잖아요. 그럼 어쩔 수 없이 가서 해주고 여기 객선, 객선도 막 줄 걸리면 가서 해주라는데 이젠 안 해. 그런 것을 내가 힘드니까.】

조 채취하러 가신 것은 아니고요?
홍: 그건 아니고. 도와준다고 해서 했어요.
　【그건 아니고. 도와준다고 해서 했어요.】

조 그럼 물질은 아침하고 점심만 하시는 거네요.
홍: 그러지, 그러지.
　【그렇지, 그렇지.】

조 미역 말리는 공간이 있나요?
홍: 여기는 옛날에는 저 파랗게 돼 있는 거, 다시마 말리는 데에요. 지금 보면 다 파랗게 돼 있잖아요. 다시마 말리는 데가 따로 있어요. 건조장이.
　【여기는 옛날에는 저 파랗게 돼 있는 데, 다시마 말리는 데에요. 지금 보면 다 파랗게 돼 있잖아요. 다시마 말리는 데가 따로 있어요. 건조장이.】

조 미역은 아니고 다시마요?
홍: 다시마만. 미역은 이제 그 업체가 사 가요. 배를 띠어서[26] 사든지 여기 동네에서 이렇게 공장이 있어 갖고 그 사람들이 이제 수거를 해요. 돈

---

26 '떼다'의 전남 방언으로 장사를 하려고 한꺼번에 많은 물건을 사는 것을 말한다.

을 주고.

【다시마만. 미역은 이제 그 업체가 사 가요. 배를 떼어서 사든지 여기 동네에서 이렇게 공장이 있어 가지고 그 사람들이 이제 수거해요. 돈을 주고.】

조 그러면 채취하자마자 바로 나가요?

홍: 그러지. 저울로 달아 갖고.

【그렇지. 저울로 달아 가지고.】

조 다시마는 말리고.

홍: 말려 갖고 수협에서 입찰을 해요. 수협에서 경매를 부쳐.

【말려 가지고 수협에서 입찰해요. 수협에서 경매를 부쳐.】

조 예전에 물질하실 때 여기 불 쬐는 곳 있었나요?

홍: 옛날에도 불 쩨고 했제. 소나무 같은 거, 나무 같은 거 가져다가.

【옛날에도 불 쬐고 했지. 소나무 같은 것, 나무 같은 것 가져다가.】

조 거기를 뭐라고 불렀어요?

홍: 그거 보고 머라 했다만은.

【그거 보고 뭐라 했다만.】

조 불턱이 맞나요?

홍: 여기는 그 정도까지는 안 했어요. 불터, 아니. 불 쪼이는 곳이라고 한디.

【여기는 그 정도까지는 안 했어요. 불터, 아니. 불 쬐는 곳이라고 하는데.】

[조] 따로 장소가 있는 건 아니에요?

홍: 그냥 자기들이 나무해다가, 가져다가 했어.

【그냥 자기들이 나무해다가, 가져다가 했어.】

[조] 옷 갈아입는 곳이 있었나요?

홍: 없제. 그냥 집에서 갈아입고 집에서 갖고 가고. 제주도 같은 데는 있어
요. 제주도 가서 하문 더 낫을 건데.

【없지. 그냥 집에서 갈아입고 집에서 가지고 가고. 제주도 같은 데는
있어요. 제주도 가서 하면 더 나을 건데.】

[조] 몰래 다른 사람 바닥에 가서 물질도 해요?

홍: 할 수 없어요. 여기는 그렇게 하면 큰일 나요. 절도. 그거는, 그거는 특
수절도로 큰일 나고.

【할 수 없어요. 여기는 그렇게 하면 큰일 나요. 절도. 그거는, 그거는
특수절도로 큰일 나고.】

[조] 그렇게 하는 사람이 없어요?

홍: 없어요. 밤에 와서 돌라가는 사람도 있는데 그거는 눈으로 안 보니까
모르고 우리는 이제 그런 거를 안 다녀.

【없어요. 밤에 와서 훔쳐 가는 사람도 있는데 그거는 눈으로 안 보니
까 모르고 우리는 이제 그런 것을 안 다녀.】

[조] 밤에 몰래 물질하는 사람도 있긴 하죠.

홍: 그러죠. 있죠, 많죠. 다이버도, 해군 군대 나와 갖고 한 사람들도 일부
는 있어요. 근데 그렇게 많지는 않아.

【그렇죠. 있죠, 많죠. 다이버도, 해군 군대 나와 가지고 하는 사람들도

일부는 있어요. 그런데 그렇게 많지는 않아.】

조 바다에서 해산물을 채취하는 것은 물질이라고 해요? 무레라고 해요?

홍: 물질.

【물질.】

조 물에 들어갔다가 숨을 참고 위로 올라와서 숨을 쉬는 걸 뭐라고 해요?

홍: 손비소리.

【숨비소리.】

조 제주도 말고 여기서 하는 말은 없어요?

홍: 여기서도 손비소리 그래요. 호:이호이 그러거든.

【여기서도 숨비소리 그래요. 호:이호이 그러거든.】

조 휘께소리라고는 안 해요?

홍: 아니, 우리는 호이호이 그러거든, 호이호이 그런디. 제주 사람들은 손
   비소리라고 그러대. 그거 갖고. 워메, 뻐쳐라.[27] 호이호이 그래.

【아니, 우리는 호이호이 그러거든, 호이호이 그런데. 제주 사람들은 숨
   비소리라고 그렇대. 그거 가지고. 아이고, 피곤해라. 호이호이 그래.】

조 물질하실 때 주변 지형을 보고 들어가세요?

홍: 대충 아니까, 산 지형 보면 대충 알아.

【대충 아니까, 산 지형 보면 대충 알아.】

---

27 '피곤하다'의 전남 방언이다.

조 물 위의 지형 보시고 들어가시는 거예요?

홍: 지형 보면 '아, 몇 미터가 나오겄다, 여기가 머가 살겄다.' 대충 알아.
【지형 보면 '아, 몇 미터가 나오겠다, 여기가 뭐가 살겠다.' 대충 알
아.】

조 안 들어가시고.

홍: 안 들어가도 멀리서 이렇게 보면 자기 노하우가 있어.
【안 들어가도 멀리서 이렇게 보면 자기 노하우가 있어.】

조 예전에 해녀복은 입으셨어요?

홍: 그냥 예전에는 나는 그거를 안 입어봤는데 옛날에는 속곳이라고 했었
어.²⁸ 속곳이라고 있었는데 지금은 이제 일본이 가깝다 보니까 이제 스
펀지 옷, 잠수복 스폰지 옷이라 해. 제주도 말로는 스폰지 옷, 잠수복이.
【그냥 예전에는 나는 그거를 안 입어봤는데 옛날에는 속곳이라고 했
었어. 속곳이라고 있었는데 지금은 이제 일본이 가깝다 보니까 이제
스펀지 옷, 잠수복 스펀지 옷이라고 해. 제주도 말로는 스펀지 옷, 잠
수복이.】

조 잠수복은 언제부터 쓰셨어요?

홍: 한 건 30년 됐제. 30년 정도.
【한 것은 30년 됐지. 30년 정도.】

조 물소중이는 안 입으셨어요?

홍: 전혀 안 하고.

---

28 속속곳과 단속곳을 통틀어 이르는 말로 제주도에서는 '소중의, 소중이'라고 한다.

【전혀 안 하고.】

조 물에 들어갈 때 머리 정돈하는 수건 같은 거 쓰셨어요?
홍: 옛날에는 수건 썼는데 이제 옛날에는 그거 보고 머라 했는디 수건 썼
  는데 이제는 스펀지 모자를 쓰지.
  【옛날에는 수건 썼는데 이제 옛날에는 그것 보고 뭐라 했는데 수건 썼
  는데 이제는 스펀지 모자를 쓰지.】

조 오리발 쓰신가요?
홍: 예.
  【예.】

조 손에다가 뭐 하셨어요?
홍: 장갑. 스펀지 장갑. 겨울에는 스펀지 장갑, 그대로는 그냥 장갑, 면장
  갑. 여름에는.
  【장갑. 스펀지 장갑. 겨울에는 스펀지 장갑, 그대로는 그냥 장갑, 면장
  갑. 여름에는.】

조 허리에는 뭐 차세요?
홍: 납.
  【납.】

조 납은 따로 만드시나요? 아니면 어디에서 사 오시나요?
홍: 저기, 요즘은 제주서도 사고 요즘은 완도 수중 같은 데서 팔아요.
  【저기, 요즘은 제주에서도 사고 요즘은 완도 수중 같은 데서 팔아요.】

조 스쿠버 하는 데서 판가요?

홍: 있어. 따로 있어.

【있어. 따로 있어.】

조 코팅 장갑을 끼시나요? 그냥 면장갑 끼시나요?

홍: 면장갑. 코팅 장갑은 미끄러워서 안 돼. 그냥 면장갑.

【면장갑. 코팅 장갑은 미끄러워서 안 돼. 그냥 면장갑.】

조 귀마개는 뭘로 하셨어요?

홍: 우리는 안 해. 옛날 사람들은 껌으로 해. 쑥으로. 껌이나 쑥으로 했거
든. 나는 그건 안 해.

【우리는 안 해. 옛날 사람들은 껌으로 해. 쑥으로. 껌이나 쑥으로 했거
든. 나는 그건 안 해.】

조 물안경은 어떤 걸로 하신가요?

홍: 큰 거. 똥그란 거, 큰 거랑.

【큰 것. 동그란 것, 큰 것.】

조 큰 거를 따로 부르는 이름이 있나요?

홍: 아니, 그냥 수경, 수경이라 하제.

【아니, 그냥 수경, 수경이라 하지.】

조 그물은 뭐라 한가요?

홍: 저기 그 망. 두름박 망. 두름박이라고도 하고.

【저기 그 망. 테왁 망, 테왁이라고도 하고.】

조 하얀색 스펀지를 뭐라 그래요?

홍: 두름박.

　【테왁.】

조 갈퀴도 쓰신가요?

홍: 문어 같은 거 잡을려고 하면 쓰제. 전복 잡을 때 비창.

　【문어 같은 것 잡으려고 하면 쓰지. 전복 잡을 때 빗창.】

조 갈고리도 쓰세요?

홍: 그게 갈고리랑께. 고기 쏠 때는 이제 작살.

　【그게 갈고리라니까. 고기를 쏠 때는 이제 작살.】

조 호멩이는 뭐 할 때 쓰신가요?

홍: 문어 잡을 때, 문어나 소라 잡을 때. 비창은 전복 잡을 때.

　【문어 잡을 때, 문어나 소라 잡을 때. 빗창은 전복 잡을 때.】

조 닻돌도 쓰신가요?

홍: 닷돌은 안 써, 나는. 자유스럽게 돌아다녀.

　【닻돌은 안 써, 나는. 자유스럽게 돌아다녀.】

조 테왁이라고 하셨죠.

홍: 여기는 두름박이라고 하는디 그거를 난 안 갖고 다녀. 망, 그물망만.

　【여기는 두름박이라고 하는데 그거를 난 안 가지고 다녀. 망, 그물망
만.】

조 망이 가라앉지 않나요?

홍: 목에다 걸고 이렇게 걸고 요롷게 만들어, 테를 만들어 갖고 목에 걸고
다녀.
【목에다 걸고 이렇게 걸고 요렇게 만들어, 테를 만들어 가지고 목에
걸고 다녀.】

조 목에 걸고 하시는 거예요?
홍: 산소통 메고 손으로 갖고 다닌 거 너무 힘드니까 목에다.
【산소통 메고 손으로 가지고 다니는 것이 너무 힘드니까 목에다 걸
고.】

조 그럼 산소통 하기 전에는 어떻게 하셨어요?
홍: 들왔다 나왔다 두럼박하고.
【들어왔다 나왔다 테왁하고.】

조 산소통 하실 때는?
홍: 목에다 걸어 이렇게, 똥그랗게 만들어 갖고.
【목에다 걸어 이렇게, 동그랗게 만들어 가지고.】

조 보여주실 수 있으세요?
홍: 배에가 있는데.
【배에 있는데.】

조 파래도 있나요?
홍: 파래는 있는데 그거 채취 안 하고.
【파래는 있는데 그거 채취 안 하고.】

[조] 소라도 나오죠.

홍: 예.

　【예.】

[조] 고둥 같은 거는요?

홍: 나와, 나와도 그건 안 잡아, 우리가.

　【나와, 나와도 그건 안 잡아, 우리가.】

[조] 군벗은요?

홍: 안 잡아. 금요일에 잡은다더라고.[29] 그런 거 안 해.

　【안 잡아. 금요일에 잡는다더라고. 그런 것 안 해.】

[조] 문어는?

홍: 잡어, 잡지.

　【잡아, 잡지.】

[조] 문어는 문어라고 해요?

홍: 네.

　【네.】

[조] 고둥은요?

홍: 잡어. 먹을 거 잡어.

　【잡아. 먹을 것 잡아.】

---

29 전남 방언은 받침이 있는 단어의 경우 표준어와 달리 현재형은 '잡는다'가 아니라 '잡은다'처럼 '은'이 결합한다.

조 전복은 크기가 큰가요?

홍: 큰 것도 잡고 작은 것도 잡고.

  【큰 것도 잡고 작은 것도 잡고.】

조 성게는?

홍: 잡고. 성게는 언제부터 하냐 그러면 6월달로 8월달까지.

  【잡고. 성게는 언제부터 하냐 그러면 6월부터 8월까지.】

조 성게는 잡으면 자기가 다 가져가요?

홍: 옛날에는 수출을 했는데 지금은 이제 까서 하고 또 피체 줘.

  【옛날에는 수출했는데 지금은 이제 까서 하고 또 가시가 있는 그대로
  줘.】

조 성게는 어떻게 계산해요?

홍: 피 체하면 키로를 달아서 갖고 가요. 갖고 와서 자기들이 가서 이제 가
  공을 해. 채취하고 가면 자기들이 가공해서 일본으로도 보내고 국내에
  서 팔고 그래.

  【가시가 있는 그대로 킬로그램을 달아서 가지고 가요. 가지고 와서 자
  기들이 가서 이제 가공을 해. 채취하고 가면 자기들이 가공해서 일본
  으로도 보내고 국내에서 팔고 그래.】

조 피 체가 가시가 있는 그대로 하는 거예요?

홍: 뿔 있는 거 그대로.

  【뿔 있는 것 그대로.】

조 성게를 팔고 어촌계와 나눠요?

홍: 다 나누제.
　【다 나누지.】

조 다른 곳은 성게 작업한 것은 자기가 가져가더라고요.
홍: 가져갈 수도 있고 나눌 수도 있고 한데 우리 같은 경우는 바다를 여기
　　사람들이 모다니까 또 어촌게다 얼마 주고 우리가 다 가질 수도 있고
　　요. 여러 가지여, 그거는.
　【가져갈 수도 있고 나눌 수도 있고 한데 우리 같은 경우는 바다를 여
　　기 사람들이 못 하니까 또 어촌계에 얼마 주고 우리가 다 가질 수도
　　있고요. 여러 가지야, 그거는.】

조 해삼은 어떤가요?
홍: 해삼은 어판장 가서 키로에 얼마썩 팔제. 팔고 나눠 갖제.
　【해삼은 어판장 가서 킬로에 얼마씩 팔지. 팔고 나눠 가지지.】

조 여기 게도 있나요?
홍: 게는 있는데 그거는 소량.
　【게는 있는데 그거는 소량.】

제5장

생일도 해녀의 삶과 언어

생일도 해녀의 삶과 언어

조 어르신의 어머니는 물질을 안 하셨어요?

김: 안 했어요.

【안 했어요.】

조 어디에서 태어나셨어요?

김: 안도읍 2구, 군청 밑에. 집 그랬어요. 어머니 돌아가시고.

【완도읍 2구, 군청 밑에. 집 그랬어요. 어머니 돌아가시고.】

조 결혼을 여기 와서 하신 거예요?

김: 예.

【예.】

조 시어머니가 물질하신 거예요?

김: 아니요, 안 했어요.

【아니요, 안 했어요.】

조 시어머니가 물질을 안 하셨으면 어떻게?

김: 저 혼자.

【저 혼자.】

조 어떻게 혼자 하셨을까요?

김: 저 혼자 해서.

【저 혼자 해서.】

조 여기에 시집오셔서 물질하셨어요?

김: 예, 저 혼자 해서 인자 가정을 이끌었는디 그때는 물량도 많이 있었어요. 지금은 물량이 없어요, 바다 속에가. 물량이 없으니까 좀 힘든디 처음에 신○○ 군수님이 첨에 나오실 때 손으로 악수를 하길래 '군수님, 제안 한 가지 있습니다.' 그랑께는 군수님이 아무 말 안 해요. 근데 옆에서 '아직 군수 안.', '됩니다. 군수님.' 그랬더니 영낙없이 됐어요. 그래 갖고 말하라고 그러더라고 그래서 제주도는 교통비, 수투버, 이 병원비 다 무료잖아요. 간디 다른 거는 안 원할랍니다. 거기는 협회가 있으니까. 그렇지만 안도 군에는 이렇게 협회가 없잖아요. 따로따로 이렇게 하니까. 그런다고 했더니 알았다더만은 그양 군심 돼 갖고 가을에 직원들이 면사무소 직원들이 전화 왔더라고. 수트복 맞히라고. 그랑께 금일도 안 한 사람들이 해녀 해놔서 맞췄는가 봐 고무옷을 스토벅을 그래 갖고 전번에 형님, 나 군수님이 스트북 해준 거 한 번도 안 입었는디 그 놈 입고 작업 하쇼? 한디 몇 미리여 함께 6미리해. 안 입을라 6미리는. 5미리 몸이 야가니까 납을 여러 개 안 차잖아요. 그랑께 여섯 개 찼다가 세 개 빼고 인자 쬐깐한 거 하나 찼어요. 여름에는 인자 옷이 얇으니까. 그라고 한디 해녀 병이라문 해녀 병이라고 하까, 이게 잠수병. 기도 차문은 이렇게 뿡뼁이 안 돼요. 가문 '큥큥'이라고 머리를 눌러서 몇 번 하문서 물속에서 뿡뼁이 되고 그란디 옛날에는 해녀라문은 막된 노동일이다 해서 이 보험도 안 들어줬어요. 주부라 해야 보험도 들어주지 해녀라문은 위험한 직업이다 해서 보험을 안 들어주거든요. 그란디 올 2월달인가 아잉, 해녀 저기 하라고, 세금 내라고. 【예, 저 혼자 해서 이제 가정을 이끌었는데 그때는 물량도 많이 있었어요. 지금은 물량이 없어요, 바다 속에. 물량이 없으니까 좀 힘든데 처음에 신○○ 군수님이 처음에 나오실 때 손으로 악수를 하길래 '군수님, 제안 한 가지 있습니다.' 그러니까 군수님이 아무 말 안 해요. 그

런데 옆에서 '아직 군수 안.', '됩니다. 군수님.' 그랬더니 영락없이 됐어요. 그래 가지고 말하라고 그러더라고 그래서 제주도는 교통비, 잠수복, 이 병원비 다 무료잖아요. 그런데 다른 거는 안 원하랍니다. 거기는 협회가 있으니까. 그렇지만 완도군에는 이렇게 협회가 없잖아요. 따로따로 이렇게 하니까. 그런다고 했더니 알았다고 하더만 그냥 군수님 돼 가지고 가을에 직원들이 면사무소 직원들이 전화 왔더라고. 잠수복 맞추라고. 그러니까 금일도 안 한 사람들이 해녀 해 놓아서 맞췄는가 봐 고무옷을 잠수복을 그래 가지고 저번에 형님, 나 군수님이 잠수복 해준 것 한 번도 안 입었는데 그 놈 입고 작업을 하쇼? 한데 몇 밀리미터야 하니까 6밀리미터 해. 안 입으려고 6밀리미터는. 5밀리미터는 몸이 약하니까 납을 여러 개 안 차잖아요. 그러니까 여섯 개 찼다가 세 개 빼고 인자 조그마한 것 하나 찼어요. 여름에는 인자 옷이 얇으니까. 그렇게 하는데 해녀 병이라면 해녀 병이라고 할까, 이게 잠수병. 기도 차면은 이렇게 펌핑이 안 돼요. 그러면 '쿵쿵'이라고 머리를 눌러서 몇 번 하면서 물속에서 펌핑이 되고 그런데 옛날에는 해녀라면 막된 노동일이라고 해서 이 보험도 안 들어줬어요. 주부라 해야 보험도 들어주지 해녀라면 위험한 직업이라고 해서 보험을 안 들어주거든요. 그런데 올 2월인가 아, 해녀 저기 하라고, 세금 내라고.】

조 갑자기 왜 세금을요?

김: 그러니까 나잠 허가증이 60년 됐거든요. 그리고 다이브증도 있고 다이브로 인제 하고 있는디 그전에는 해녀라문은 보험도 안 내줬는데 왜 세금을 뜯어가냐 그래 갖고 일단은 냈어요. 세금을, 지금 일단은 냈는디 몇 천 원이어도 그렇잖아요. 게서는 이라서 우리 전남에는 어쩌 해녀들이 전남 노아, 보길, 청산, 도우도, 금일, 생일은 나 혼자배께 아니지만 약산도 거 언니 혼자배께 아니고 그러지만 그런 쫌 교통비가 됐

든지 먼 혜택을 조깐 주면 좋겠습디다. 그런디 그런 거는 전혀 없고 막 댄 노동 일인디 세금까지 내라 하니까 나이가 있는디 얼마나 하겠어 요? 바닥을 인자 바닥 기간이 7년 남은 것이 있어요. 그 안에 나이가 70살 넘도록까지 하겠는디 오늘 또 작업을 가보니까 여그 허리가 5번 뼈, 4번 뼈가 가랑 짝 벌려 갖고 확 찍어빈디 빗끌쳐 버렸어요. 그란디 그때 당시에 병원에 가야 된디 쫌 내가 이렇게 아프고 엄살이 없어. 그 래 가지고 아퍼도 참고 했는디 난중에 와서 MRI를 찍어보니까 5번, 4 번 뼈 뿌너져 빗글쳐 갖고 협착증 일로 심해요. 그란디 작년 가을에 우 리 크레인, 큰배에서 일본에서 일한 사람이 그 홍합을 이만썩 한 거 바 에서 짓어 갖고 전북 광주를 하나를 주길래 쩔로 좀 주제 함께 여기서 받으쇼. 그놈 받다가 이 줄에 콱 발 미끄러 갖고 궁둥이가 지양 접었 어. 그랬더만 하도 아프고 2월달에 코로나가 걸렸는디 인자 괜찮었어 요. 그란디 후유증이 크더만. 아픈 데가 힘이 없어요. 게서 강진 중앙 원에 가서 원장님, 이라라고 하는디 후유증 주사 쪼깐 놔주세요. 그랑 께 전번에 안 맞았어요? 어깨 인대 떨어진 것만 치료해 줬어요. 그랑께 '그래요.' 하문 오늘 치료를 했으니까 한 이틀 있다 와서 맞으라더라고. 가니까 머 3만 원짜리 맞고 나니까는 3만 원짜리 맞고 나니까는 가쁘 대. 아, 이거 치료가 된다라고 또 메칠 있다 또 가서 또 3만 원짜리를 놔주더라고요. 게서는 또 얼마 있다가 또 가니까 그때는 5만 원짜리 놔주더라고. 그란디 5만 원짜리는 아무 효과가 없더라고. 무시무책대 로 그냥 흘러가더라고 그랬는디 게도 거기서 주사 놔줘서 내가 좀 건 강해져 갖고 올해는 작업을 많이 못 했어요. 조금만 도로 오문 태풍 영 향으로.

【그러니까 나잠 허가증이 60년 됐거든요. 그리고 다이버증도 있고 다 이버로 이제 하고 있는데 그전에는 해녀라면 보험도 안 내줬는데 왜 세금을 뜯어가냐 그래 가지고 일단은 냈어요, 세금을, 지금. 일단은 냈

는데 몇 천 원이어도 그렇잖아요. 그래서 우리 전남에는 어째 해녀들이 전남 노아, 보길, 청산, 덕우도, 금일, 생일은 나 혼자밖에 아니지만 약산도 거기 언니 혼자밖에 아니고 그렇지만 그런 좀 교통비가 됐든지 뭔 혜택을 조금 주면 좋겠습디다. 그런데 그런 거는 전혀 없고 막댄 노동 일인데 세금까지 내라 하니까 나이가 있는데 얼마나 하겠어요? 바다를, 이제 바다 기간이 7년 남은 것이 있어요. 그 안에 나이가 70살 넘도록까지 하겠는데 오늘 또 작업을 가보니까 여기 허리가 5번 뼈, 4번 뼈가 짝 벌어져 가지고 확 찍어 버려 비뚤어져 버렸어요. 그런데 그때 당시에 병원에 가야 되는데 좀 내가 이렇게 아프고 엄살이 없어. 그래 가지고 아파도 참고 했는데 나중에 와서 MRI를 찍어보니까 5번, 4번 뼈 부러져 비뚤어져 가지고 협착증이 이쪽으로 심해요. 그런데 작년 가을에 우리 크레인, 큰배에서 일본에서 일한 사람이 그 홍합을 이만씩 한 것 바에서 지어 가지고 전복 광주리를 하나를 주길래 저쪽으로 좀 주지 하니까 여기서 받으쇼. 그놈 받다가 이 줄에 콱 발이 미끄러져 가지고 궁둥이가 그냥 접혔어. 그랬더니 하도 아프고 2월에 코로나가 걸렸는데 이제 괜찮았어요. 그런데 후유증이 크더군. 아픈 데가 힘이 없어요. 그래서 강진 중앙원에 가서 원장님이 이렇게 하라고 하는데 '후유증 주사 좀 놓아주세요.' 그러니까 저번에 안 맞았어요? 어깨 인대 떨어진 것만 치료해 줬어요. 그러니까 '그래요.' 하면서 오늘 치료를 했으니까 한 이틀 있다 와서 맞으라더라고. 가니까 뭐 3만 원짜리 맞고 나니까 3만 원짜리 맞고 나니까 가뿐하대. 아, 이거 치료가 된다고 또 며칠 있다 또 가서 또 3만 원짜리를 놓아주더라고요. 그래서는 또 얼마 있다가 또 가니까 그때는 5만 원짜리 놓아주더라고. 그런데 5만 원짜리는 아무 효과가 없더라고. 시간이나 방법이 없어 그냥 흘러가더라고 그랬는데 그래도 거기서 주사 놓아줘서 내가 좀 건강해져 가지고. 올해는 작업을 많이 못 했어요. 물질할 수 있는 조금만 돌

아오면 태풍 영향으로.】

조 그러면 해녀 교육을 받으신 거는 아니네요.
김: 배았제. 웃사람들 따라다니면서.
【배웠지. 윗사람들 따라다니면서.】

조 시집오셨을 때 여기에 해녀가 계셨어요?
김: 예, 게서 그때는 여섯 분. 그랬는디 돌아가시고 저기한테 밖으로 한 분은 나가시고 그랬는디 그게 그렇게 그 사람들이 갔다 오문 천초, 우물막 이렇게 널어놓잖아요. 시어머니 보고 나 좀 저거 쪼깐 따라다녔으문 쓰겄다 했더니 '어야, 우리 애기가, 새아기가 그거 쫌 따라다니고 싶으다네.' 항께는 그라문 말하자면 지금은 넝 미고 들어간디 그때는 두룸박, 두룸박 갖고 만들어서 줌씨로 가자더라고. 처음에는 뭐 할 줄 모릉께 요마나나 한 줌이나 다 잡으문 그분들이 걷어서 하나썩 해서 주고 그랬는디 그 뒷번에 내 배아 갖고 더 잘해 브니까 내가 요롷게 해서 줬어. 인자 그랬더니 감사합니다 그러더라고.
【예, 그래서 그때는 여섯 분. 그랬는데 돌아가시고 저기한테 밖으로 한 분은 나가시고 그랬는데 그게 그렇게 그 사람들이 갔다 오면 천초, 우무를 막 이렇게 널어놓잖아요. 시어머니 보고 나 좀 저거 조금 따라다녔으면 좋겠다 했더니 '어야, 우리 아기가, 새아기가 그거 좀 따라다니고 싶다네.' 하니까 그러면, 말하자면 지금은 넝 메고 들어가는데 그때는 테왁, 테왁 가지고 만들어서 주면서 가자고 하더라고. 처음에는 뭐 할 줄 모르니까 요 정도만 한 한 줌이나 다 잡으면 그분들이 걷어서 하나씩 해서 주고 그랬는데 그 뒤에 내가 배워 가지고 더 잘해 버리니까 내가 요렇게 해서 줬어. 이제 그랬더니 감사합니다 그러더라고.】

조 그때 시집오셔서 배우실 때 옷을 어떤 거 입으셨어요?

김: 고무옷 안 입었제.

【고무옷 안 입었지.】

조 그때는 뭐 입으셨어요?

김: 저그 베로 된 흐간 웅더리하고[1] 여기 꺼만 거라고 이렇게 밑빵 달려서.

【저기 베로 된 하얀 윗도리하고 여기 까만 거라고 이렇게 멜빵 달려서.】

조 잠벵이 그런 거 입으셨어요?

김: 예, 그것도 나는 많이 안 입었어요. 제주가 아는 언니가 있어 가지고 고무옷을 보냈더라고. 간디 그것을 첨에 입을지를 몰르니까 어떻게 입으냐고 전화로 물어봉께는 '이라라 해서 밀가리 품어 갖고 이렇게 입으면 쏙 들어간다, 뒤로 올려주레라, 벗을 때는 접쳐 갖고 물 담어 갖고 이렇게 충충충해서 벗으면 벗어진다.' 그래서 인자 배아서 그래도 고무옷을 안 째져봤어요.

【예, 그것도 나는 많이 안 입었어요. 제주에 아는 언니가 있어 가지고 고무옷을 보냈더라고. 그런데 그것을 처음에 입을지를 모르니까 어떻게 입냐고 전화로 물어보니까 '이렇게 하라고 해서 밀가루 품어 가지고 이렇게 입으면 쏙 들어간다, 뒤로 올려 주려라, 벗을 때는 접혀 가지고 물 담아 가지고 이렇게 충충해서 벗으면 벗어진다.' 그래서 이제 배워서 그래도 고무옷이 터져서 갈라지지 않았어요.】

조 처음에는 물소중이 입고 하신 거네요.

---

1 '웅더리'는 '윗도리'를 말하는데 '웅'은 '위'의 옛말이다. 휴지(休止) 앞에서는 'ㅎ'이 탈락하여 '우'로 나타난다. '위'의 전라방언에는 '욱'도 있다.

김: 예, 겨울에는 막 불 피고 춥다고.
　【예, 겨울에는 막 불 피우고 춥다고.】

조 여기 불 피우는 데가 있나요?
김: 아니, 나무를 인자 여기 모아 갖고 가서 인자 나오문 불 피면 같이 앙
　저서 불 피고.
　【아니, 나무를 이제 여기 모아 가지고 가서 이제 나오면 불 피우면 같
　이 앉아서 불 피우고.】

조 어디에서 불 피워요?
김: 작업한 데서.
　【작업한 데에서.】

조 여기에서 가까운 데 있어요? 아니면 멀리 있어요?
김: 가까운 데. 여 5개 부락이잖아요. 생일도가 도우도까지 육 개 부락인디
　인자 5개 부락이니까 인자 이 바다에서 여그 서성리 바다에서 한다든
　가 굴전리 바다에서 한다든가 용출리 바다에서 한다든가 그러면 그 대
　목, 대목 가서 같이 빳고² 하니까.
　【가까운 데. 여기가 5개 마을이잖아요. 생일도가 덕우도까지 육 개 마
　을인데 이제 5개 마을이니까 이제 이 바다에서 여기 서성리 바다에서
　한다든가 굴전리 바다에서 한다든가 용출리 바다에서 한다든가 그러
　면 그 지점에 가서 같이 빠지고 하니까.】

조 따로 불 피우는 장소가 있는 건 아니에요?

---

2 '빠지다'의 전남 방언이다.

김: 예, 없어요. 이녁들이³ 나무 모아 갖고 가서 인자 피고 그랬제.

　　【예, 없어요. 자기들이 나무를 모아 가지고 가서 이제 피우고 그랬지.】

조 결혼은 언제 하셨어요?

김: 결혼은 저 스물한 살에 했는데요. 애기들은 다 서울가 지금 있고.

　　【결혼은 저 스물한 살에 했는데요. 아이들은 다 서울에 지금 있고.】

조 몇 명이나 낳으셨어요?

김: 2남 1녀.

　　【2남 1녀.】

조 결혼해서 여기 오신 거죠?

김: 예.

　　【예.】

조 바깥 어르신들은 무슨 일 하셨어요?

김: 인자 미역밭 맡고 다시마 좀 하고 전북 쪼금 해요. 전북 쪼금 하는데
　　지금 7년 됐어요. 7년 됐는디 지금 올해 말이니까 작년에 다 죽어 버렸
　　잖아요. 강께 혜택을 많이 받잖아요. 근데 우리는 그런 혜택을 못 보고
　　인자 우리는 이렇게 많이 죽었는디 사람들은 쫌씩 죽었어요. 강께 혜
　　택이 없어. 군에서도 지원금도 없었고 그래 가지고 인자 해남 농신부
　　에를 가니까 그 삼춘이 둘이 이혼을, 합의 이혼을 하래. 오늘 합의 이
　　혼을 해 갖고 서류를 여래요. 그라문은 싼 이자를 0.1프로짜리를 받어
　　서 그놈으로 갚으라고 그러더라고 그래서는 1억인디 999만 원이까 1

---

3 '자기'의 전남 방언이다.

억에서. 그걸 인자 받아서 팔 거 갖다 새끼 옇어 놓은 거 한번 선별한 거 다 죽어 버렸으니까. 군수님이 오세 가지고 이로를 시킨디 그때는 이로를 시케도 이 마음에 멋이 암:것도 안 다. 전북이 메더 가치가 이러분다 그랬는디 그때 그놈 내고 또 서류를 갖고 맨날 갔어. 전북도 그렇게 안 죽은 사람들이. 게서는 싼 이자 낼란다고 긍께 뭐단디 서루 갖고 댕기어 긍께는 형수도 '가봅시다.' 그래. 갔더만 이틀 만에 5천만 원 통장 하나 옇줘 붑디다. 아이, 근데 자기들은 안 들어왔다 그거야 게서 나는 인자 '형수 돈 들었습디여?' 그랑께 이틀 만에 들옵디다 그랑께는 '우리는 왜 안 들어오까?' 그러더니 안 줬는가 봐. 그것도 능력 봐서 준가 봐 인자. 조합장이 그래 갖고 그거는 5천만 원 갖고 두 집 딱 갈러 중께 딱 끝났제. 999만 원은 멫 집을 나눠서 줘도 삼천이 부족했어. 【이제 미역밭 맡고 다시마 좀 하고 전복 조금 해요. 전복 조금 하는데 지금 7년 됐어요. 7년 됐는데 지금 올해 말이니까 작년에 다 죽어 버렸잖아요. 그러니까 혜택을 많이 받잖아요. 그런데 우리는 그런 혜택을 못 보고 이제 우리는 이렇게 많이 죽었는데 사람들은 조금씩 죽었어요. 그러니까 혜택이 없어. 군에서도 지원금도 없었고 그래 가지고 이제 해남 농협 신용부에 가니까 그 삼촌이 둘이 이혼을, 합의 이혼을 하래. 오늘 합의 이혼을 해 가지고 서류를 넣으래요. 그러면 싼 이자를 0.1 프로짜리를 받아서 그놈으로 갚으라고 그러더라고 그래서 1억인데 999만 원인가 1억에서. 그걸 이제 받아서 팔 것 가지고 새끼 넣어 놓은 것 한 번 선별한 것 다 죽어 버렸으니까. 군수님이 오셔 가지고 위로를 하는데 그때는 위로를 해도 이 마음에 뭣이 아무것도 안 다가와. 전복이 가치가 이래 버린다 그랬는데 그때 그놈 내고 또 서류를 갖고 맨날 갔어. 전복도 그렇게 안 죽은 사람들이. 그래서 싼 이자 낸다고 그러니까 뭣한데 서류 가지고 다니냐 그러니까 형수도 '가봅시다.' 그래. 갔더니 이틀 만에 5천만 원 통장 하나 넣어줘 버립디다. 아이,

그런데 자기들은 안 들어왔다 그거야 그래서 나는 이제 '형수 돈 들왔
습디까?' 그러니까 이틀 만에 들옵디다 그러니까 '우리는 왜 안 들어올
까?' 그러더니 안 줬는가 봐. 그것도 능력 봐서 주는가 봐 이제. 조합장
이 그래 가지고 그거는 5천만 원 가지고 두 집이 딱 갈라 주니까 딱
끝났지. 999만 원은 몇 집을 나눠서 줘도 삼천이 부족했어.】

조 1억에서 999만 원이요? 그것밖에 안 줘요?

김: 예, 그것배께 안 주더라고.

　　【예, 그것밖에 안 주더라고.】

조 1억인데.

김: 9천 9백 9십만 원. 그래 갖고는 인자 또 부족했는디 다른 거 집을, 헌
집을 팔았어요. 이천오백, 삼천 팔아 갖고도 오백이 떨어졌어. 그래 그
끝통으로 지금 좀 우리가 이렇게 힘들어 갖고 이라고 하니까는 허리가
이렇게 응치 뼈는 인자 이번에 지장친 놈에 빗끌채 불고 그랬는디 꼭
이렇게 안 좋아요. 일로가, 그래 갖고 한디 이렇게 힘드니까 작업을 안
하고 싶어도 어쩔 수 없이 넝을⁴ 밀고 또 가요. 안도군의 해녀들 쪼깐
인자 안도읍의 해녀들은 다 부재에요. 우리들 하기 전에 수문, 용곡 그
런 데서 개집 맡아 갖고 돈 벌어 갖고 나도 수문을 가봤는디 돈이 되더
라고요, 그란디 텐다가⁵ 처음으로 조금 텐다가, 나 머리 멍청했으면 죽
었을 건디.

　　【9천 9백 9십만 원. 그래 가지고 이제 또 부족했는데 다른 것 집을, 헌

4　제보자는 공기통이라고 하였다.

5　제보자는 바닷속에서 잠수부로 작업할 때 산소를 공급해 주는 줄이 있는데 이것은
　산소 호스와 줄을 하나로 묶어서 엉키지 않게 풀었다 감았다 하는 것을 '텐다'라
　고 설명하였다.

집을 팔았어요. 이천오백, 삼천에 팔아 가지고도 오백이 떨어졌어. 그
래 그 남은 것으로 지금 좀 우리가 이렇게 힘들어 가지고 이렇게 하니
까는 허리가 이렇게 엉덩이뼈는 이제 이번에 처치한 곳이 어긋나 버리
고 그랬는데 꼭 이렇게 안 좋아요. 이쪽으로, 그래 가지고 하는데 이렇
게 힘드니까 작업을 안 하고 싶어도 어쩔 수 없이 공기통을 밀고 또
가요. 완도군의 해녀들 조금 이제 완도읍의 해녀들은 다 부자예요. 우
리들이 하기 전에 수문, 용곡 그런 데서 개집 맡아 가지고 돈 벌어 가
지고. 나도 수문을 가봤는데 돈이 되더라고요. 그런데 텐다가 처음으
로 조금 텐다가, 나 머리 멍청했으면 죽었을 건데.】

조 수문이 어디예요?
김: 장흥 수문, 용곡.
　　【장흥 수문, 용곡】

조 용곡으로 가신 거예요?
김: 예, 율포도 갔고 그랬는디, 아니 그날 쩌거 국회의원들 선거하라고 2월
이십 며칠이까, 그때는 그 선거를 그때 했었어요. 겡비선이 쪼치니까[6]
다 도망가 분디 나는 요거 닷줄이잖아요. 가문은 욜로 끼:서 요렇게 넘
어와 빘어. 그랑께 요렇게 해서 욜로 끼야 된다 텐다가 계속 땡겨 붕께
요로 감어저고 있어. 인자, 그래 갖고 날래[7] 풀어 갖고는 밧줄 잡고 발
을 까 갖고 잡고 있는게는 놔두더만. 어차피 능청해져. 느근[8] 올라가서
살라 그랬더만 겡비선 옹께 짤라버려 쓰겄어요.
　　【예, 율포도 갔고 그랬는데, 아니 그날 저거 국회의원들 선거하라고 2

---

6 '쫓다'의 전남 방언이다.
7 '빨리'의 전남 방언이다.
8 '너희'의 전남 방언이다.

월 이십 며칠일까, 그때는 그 선거를 그때 했었어요. 경비선이 쫓으니까 다 도망가 버리는데 나는 요거 닻줄이잖아요. 그러면 요리로 끼어서 요렇게 넘어와 버렸어. 그러니까 요렇게 해서 요리로 끼어야 되는데 텐다가 계속 댕겨 버리니까 요로 감아지고 있어. 이제, 그래 가지고 빨리 풀어 가지고 밧줄 잡고 발을 까 가지고 잡고 있으니까 놔두더군. 어차피 탄력 있게 흔들려서 너희는 올라가서 살라 그랬더니 경비선이 오니까 잘라 버려야 되겠어요.】

조 텐다가 뭔가요?

김: 줄을 늦거줬다 당겄다 이렇게 배서, 가문 내가 탁 쳐서 신호를 하문 그때 잡아댕기고 망아리가 찼을 때, 간디 몰라 갖고 겡비선 온 것만 생각하고 내 호수를 짱커분디[9] 느그 올라가서 바라고 납을 끓은 동시에 공기가 안 들어오더라고 그래서 비상 탈출하고 나와서는 항께는 선주가 와마 얼릉[10] 올로오쇼, 얼굴이 시커메 갖고 못 쓰겄오. 가드만 그바게 뜨거운 물을 끓어서 주더라고 그래 갖고 해녀들이 나 했다는 걸 보고는 저 가이내가[11] 멍청했으문 죽었을 건디 영리항께 살았다문서 안 가부렀어 인제 안도 해녀들이.

【줄을 늘어뜨렸다가 당겼다 이렇게 배에서, 그러면 내가 탁 쳐서 신호를 하면 그때 잡아당기고 그물이 찼을 때, 그런데 몰라 가지고 경비선 온 것만 생각하고 내 호스를 잘라 버렸는데 너희 올라가서 바라고 납을 끓는 동시에 공기가 안 들어오더라고 그래서 비상 탈출하고 나와서는 그러니까 선주가 어마, 얼른 올라오쇼, 얼굴이 시커메 가지고 못 쓰겠어. 그러더니 급하게 뜨거운 물을 끓여서 주더라고 그래 가지고 해

---

9 '자르다'의 전남 방언이다.
10 '얼른'의 전남 방언이다.
11 '계집아이'의 전남 방언이다.

녀들이 나 했다는 걸 보고는 저 여자가 멍청했으면 죽었을 것인데 영
리하니까 살았다면서 안 가버렸어. 인제 완도 해녀들이.】

[조] 물안경 쓰고 하셨어요?

김: 물안경 쓰고 납 차고 인자 망아리 목에다 걸고 인자 빠지문은 인자 천
천히 줘. 선주가 야, 몸 푸라고 가고 올릴 때도 천천히 올려주고. 간디
그런 사람이 큰일 나게 그런 짓거리 해야 쓰겄오.
【물안경 쓰고 납 차고 이제 망사리 목에다 걸고 이제 빠지면 이제 천
천히 줘, 선주가. 몸 푸라고 그리고 올릴 때도 천천히 올려주고. 그런
데 그런 사람이 큰일 나게 그런 짓거리를 해야 쓰겠어.】

[조] 산소통 메고 가셨어요?

김: 산소통은 인자 거그는 줄 다이브로 하고. 줄 다이브로 쓰리로도 하고
저그 둘이도 하고 그라고 한디 지금은 인자 산소 미고 가지, 나 혼자.
【공기통은 이제 거기는 줄 다이빙으로 하고. 줄 다이빙은 셋이서도 하
고 둘도 하고 그렇게 하는데 지금은 이제 공기통을 메고 가지, 나 혼
자.】

[조] 산소통 메고 하신 것은 언제부터 하신 거예요?

김: 많이 됐어요. 한 7, 8년.
【많이 됐어요. 한 7, 8년.】

[조] 그전에는 어떻게 하셨어요?

김: 나잠.
【나잠.】

조 형제분들은 다 완도에 계신가요?

김: 이제 우리 큰오빠는 그래도 아버지가 수산대까지 보냈어요. 그래 가지
고 외양선 선장하다가 정년퇴직했고 동생들은 다 서울가 살고.
【이제 우리 큰오빠는 그래도 아버지가 수산대까지 보냈어요. 그래 가
지고 외양선 선장하다가 정년퇴직했고 동생들은 다 서울에서 살고.】

조 부모님은 다 완도가 고향이신가요?

김: 예, 우리 친정엄마는 석장리, 안도 석장리 고향이고.
【예, 우리 친정엄마는 석장리, 완도 석장리가 고향이고.】

조 부모님들은 무슨 일 하셨을까요?

김: 나는 잘 몰르는디 그때는 학교 댕길 때잖아요. 학교 댕길 때 항상 이렇
게 원피스 이렇게 치마를 입혀주더라고 저구리하고 그라고 다른 애들
은 고무신을 신은디 그 까만 운동화 있잖아요. 그걸 꼭 싱키고 그란디
우리 지금도 내가 안 물어봐요. 나를 안 갤쳐 갖고. 우리 학교 댕길 때
중학교 시험 치고 들어갔어요. 그 안도 구중학교, 시험 치고 들어갔는
디 댕기는 동시에 딸네들 시집만 잘 가문 된다라고 아들만 갤친다 그
게 머리에 백해 가지고[12] 우리 아버지 제사를 한 번도 안 보러 갔어요.
섭해 가지고. 딸 보고 너는 국무총리상까지 받았으니까 대학을 가거라
그랑께 엄마 무레질 그만해, 나 자격증 따 가지고 나 돈 벌 거야, 너
어떻게 학교 댕길라다 먼 간호사 저기를 했던가 그것도 수석으로 뽑혀
가지고 서울 을지로 병원에 있다가 하도 개인병원 원장님이 순항께,
착항께 좋다고 오라해서 갔는디 또 금일 엑기스 공장 사장님이 나랑
갑인디 딸 조깐 주라고 사무실에 딸 조깐 주란디 그때 가이내가 안 갈

---

12 '박히다'의 전남 방언으로 'ㅣ' 모음 역행동화가 일어난 것이다.

랍디다 그라더만 한 몇 개월 넘응께는 '엄마, 나 거 가문 될까?' 긍께
'야, 그 큰 회사가 경리 안 얻었겠냐? 뻘써 얻었제.' 그래요. 공부 잘했
어, 우리 딸도.

【나는 잘 모르는데 그때는 학교 다닐 때잖아요. 학교 다닐 때 항상 이
렇게 원피스 이렇게 치마를 입혀주더라고 저고리하고 그리고 다른 애
들은 고무신을 신는데 그 까만 운동화 있잖아요. 그걸 꼭 신기고 그런
데 우리, 지금도 내가 안 물어봐요. 나를 안 가르쳐 가지고. 우리 학교
다닐 때 중학교 시험 치고 들어갔어요. 그 완도 구중학교, 시험 치고
들어갔는데 다니는 동시에 딸네들 시집만 잘 가면 된다고 아들만 가르
친다 그게 머리에 박혀 가지고 우리 아버지 제사를 한 번도 안 보러
갔어요. 섭섭해 가지고. 딸 보고 너는 국무총리상까지 받았으니까 대
학을 가거라 그러니까 엄마 물질 그만해, 나 자격증 따가지고 나 돈 벌
거야, 너 어떻게 학교 다니냐 뭔 간호사 저기를 했던가 그것도 수석으
로 뽑혀 가지고 서울 을지로 병원에 있다가 하도 개인병원 원장님이
순하니까, 착하니까 좋다고 오라고 해서 갔는데 또 금일 진액공장 사
장님이 나랑 갑인데 딸 좀 주라고 사무실에 딸 좀 주라고 하는데 그때
딸이 안 갈랍디다 그러더니만 한 몇 개월 넘으니까 '엄마, 나 거기 가
면 될까?' 그러니까 '야, 그 큰 회사가 경리 안 얻었겠냐? 벌써 얻었지.'
그래요. 공부 잘했어, 우리 딸도.】

조 바깥 어르신은 어떻게 만나서 결혼하신 거예요?
김: 옆에 사람 소개로 해서 그랬어.
　　【옆에 사람 소개로 해서 그랬어.】

조 따로 중매하는 사람이 있었나요? 아니면 친척이.
김: 아니, 그냥 누가 즈그, 자기 친구가 누가 어찔게 해갖고 그랬어요.

【아니, 그냥 누가 자기, 자기 친구가 누가 어떻게 해 가지고 그랬어
요.】

조 결혼하실 때 가마 타고 오셨어요?
김: 아니, 우리들이 할 때는 그런 것도 없었어.
【아니, 우리가 할 때는 그런 것도 없었어.】

조 배 타고 생일도 오셨어요?
김: 그랬제. 그때는 배도 이렇게 자주 없어요. 그때 당시에는. 선으로 그런
데로 왔었제. 나는 지끔 장애나 똑같애요. 허리 수술을 할라문 4번, 5
번 뼈를 잡아야 되잖아요. 간디 1번 뼈가 교통사고로 나 죽었다 살아
났어요. 상대방이 내 차선을 달려분 바람에 '왜 저것이 내 차선으로 오
지.' 사고 날라 키레분 거여, 정신을. 가다, 가다 정신 한 분씩 나문은
멋을 저렇게 찌른다고 찌르지 왜 차를 얼로 밀리지 원래 차를 막 밀르
라고 그래 그란디 펭소에 그분이 나한테 신레감을 주고 살아나서 그냥
딱 덮어 불고 돈 삼백 주고 합의서 받아다 갔어. 300 주면서 둘이 보약
이나 좋은 거 한 채썩 먹으라 주고 그냥 합의서 받아다 옇고 차 회사에
서 2천 나왔던만. 그 천만 원 차 고치라고 주고 천만 원은 내가 수술한
데는 없잖아요. 여그만 머리만 터져서 그랬지, 갈비만 싹 나가비렀는
디 갈비 한나가 이렇게 뿌러졌대요.[13] 오른쪽인가 왼쪽인가 간디 광주
전대 교수님이 '어머니 세상 어떻게 사셨어요?' 그랑께는 내가 또 의자
에 앉어서 우리 딸을 뒤에서 잡고 있고 '나 잘 못 살았어요.' 이랑께 아
니요, 잘 못 산 것이 아니고 어머니는 세상을 살면서 베풀고 진실로 남
에게 베풀면서 살았기 때문에 새 생명 연장이 있습니다. 그러면서 화

13 '부러지다'의 전남 방언이다.

장지를 빼서 눈시울 적시드만 눈을 닦으더라고 그래서 아이 그랑께 내가 이제 나도 모르게 눈물이 막 흘러 부네 그래서 딸이 '엄마 울지 마, 울지 마.' 그러더라고 그랬는디 지끔 5번, 4번 뼈를 잡아주문 1번 뼈가 쏟아져 분대요. 그랑께 수술 못한다고.

【그랬지. 그때는 배도 이렇게 자주 없어요. 그때 당시에는. 선으로 그런 데로 왔었지. 나는 지금 장애나 똑같아요. 허리 수술을 하려면 4번, 5번 뼈를 잡아야 되잖아요. 그런데 1번 뼈가 교통사고로 나 죽었다 살아났어요. 상대방이 내 차선을 달려버린 바람에 '왜 저것이 내 차선으로 오지.' 사고 날라 그래 버린 거야. 정신을. 가다, 가다 정신 한 번씩 나면 뭣을 저렇게 찌른다고 찌르지 왜 차를 어디로 밀지 원래 차를 막 밀라고 그래 그런데 평소에 그분이 나한테 신뢰감을 주고 살아나서 그냥 딱 덮어 불고 돈 삼백 주고 합의서 받아다 갔어. 300 주면서 둘이 보약이나 좋은 것 한 채씩 먹으라 주고 그냥 합의서 받아다 넣고 차 회사에서 2천 나왔더군. 그 천만 원 차 고치라고 주고 천만 원은 내가 수술한 데는 없잖아요. 여기만 머리만 터져서 그랬지, 갈비만 싹 나가 버렸는데 갈비 하나가 이렇게 부러졌대요. 오른쪽인가 왼쪽인가 그런데 광주 전대 교수님이 '어머니 세상 어떻게 사셨어요?' 그러니까 내가 또 의자에 앉아서 우리 딸은 뒤에서 잡고 있고 '나 잘 못 살았어요.' 이러니까 아니요, 잘 못 산 것이 아니고 어머니는 세상을 살면서 베풀고 진실로 남에게 베풀면서 살았기 때문에 새 생명 연장이 있습니다. 그러면서 화장지를 빼서 눈시울 적시더니 눈을 닦더라고 그래서 아이, 그러니까 내가 이제 나도 모르게 눈물을 막 흘려 버리네 그래서 딸이 '엄마 울지 마, 울지 마.' 그러더라고 그랬는데 지금 5번, 4번 뼈를 잡아주면 1번 뼈가 쏟아져 버린대요. 그러니까 수술을 못 한다고.】

조 그럼 운동을 따로 하셔야 되겠네요.

김: 그랑께 인자 병원에서는 억지로 앉은 일을 하지 마래. 골반이 또 비틀어졌으니까 지금 다른 사람 같으문 장애요, 장애. 나보고 그러더라고. 하도 몸이 핵강해 갖고 생긴 폼이 그러니까 허리 아픈지도 너무 걸어가면 모른다고 반듯이 거니까 간디 진짜 아픈 사람 여근디 험한 사람이 수술했다. 우리 어른이 수술했고 왔거든, 2년 됐어요. 서울 순천항대학병원에서 고관절까지 다 염증이 있어 가지고 하고 허리에 아주 수술해 분는디 현철 1억 들어갑디다. 간병비가 광주서는 13만 원 두 달, 가고 서울에서는 3개월 10만 원, 간디 그 여자가 다른 사람 이름으로 처음에는 통장에 돈을 빼갔거든요. 그랬는디 마지막 날도 돈 다 여쳤는디 아니, 두 주로 돈이 안 들어왔다고 140만 원을 가져가 분 거여. 핸드폰 번호가 있는디 아이고, 140만 원이면 나는 1억 4천만 원으로 생각을 한디 사람 간병하느라 고생했다야, 냅도[14] 불난다라고 놔도 불었어요.

【그러니까 이제 병원에서는 억지로 앉는 일을 하지 말래. 골반이 또 비틀어졌으니까 지금 다른 사람 같으면 장애요, 장애. 나보고 그러더라고. 하도 몸이 엄청 강해 가지고 생긴 형태가 그러니까 허리 아픈지도 너무 걸어가면 모른다고 반듯이 걸으니까 그런데 진짜 아픈 사람 여기인데 애먼 사람이 수술했다. 우리 어른이 수술하고 왔거든, 2년 됐어요. 서울 순천항대학병원에서 고관절까지 다 염증이 있어 가지고 수술하고 허리에 아주 수술해 버렸는데 현찰 1억 들어갑디다. 간병비가 광주서는 13만 원 두 달, 그리고 서울에서는 3개월 10만 원, 그런데 그 여자가 다른 사람 이름으로 처음에는 통장에 돈을 빼갔거든요. 그랬는데 마지막 날도 돈 다 넣어 줬는데 아니, 두 주가 돈이 안 들어왔다고 140만 원을 가져가 버린 거야. 핸드폰 번호가 있는데 아이고, 140만

---

14 '놓아두다'의 전남 방언으로, 기본형은 '냅두다'이고 건드리지 않고 그대로 둔다는 뜻이다.

원이면 나는 1억 4천만 원으로 생각하는데 사람 간병하느라 고생했다, 놓아 버린다고 놔도 버렸어요.】

⊠ 대단하시네요. 보통 돈 돌려달라고 그러는데요.

김: 그라제. 그랄 필요가 없고 게서 그냥 나도 분디, 저번 병원에 갔을 때는 45킬로인가 44킬로가 나갔어요. 그랬는디 인자 삼이 사방에서 6년 근 삼이 들어온 거여. 그걸 청하고 우유하고 계속 갈아주고 했더니 아예, 몸이 저렇게 75킬로로 붙읍디.

【그렇지. 그럴 필요가 없고 그래서 그냥 놓아 버렸는데, 저번 병원에 갔을 때는 45킬로인가 44킬로가 나갔어요. 그랬는데 이제 인삼이 사방에서 6년근 인삼이 들어온 거야. 그걸 청하고 우유하고 계속 갈아주고 했더니 아예, 몸이 저렇게 75킬로로 붙습디다.】

⊠ 건강하셔서 그런가 보네요.

김: 예, 그라고는 이가 안 좋다길래 인자 어서 말 듣고 당노 있는 사람은 이가 삼을 계속 먹으문 몸에 안 좋대요. 게서 딱 중단했다가 올봄에 인자 또 나가 문다 갈아 놓으문 또 한 분썩 묵더라고 '묵지 마.' 그랬어.

【예, 그리고 이가 안 좋다길래 이제 어디에서 말을 듣고 당뇨가 있는 사람은 이가 삼을 계속 먹으면 몸에 안 좋대요. 그래서 딱 중단했다가 올봄에 이제 또 내가 먹는다고 갈아놓으면 또 한 번씩 먹더라고 '먹지 마.' 그랬어.】

⊠ 결혼식 때는 무슨 옷을 입으셨을까요?

김: 그때는 한복이제.

【그때는 한복이지.】

조 결혼식은 어디에서 하셨어요?

김: 기양 여기 가까운 사진관에서 했제.

【그냥 여기 가까운 사진관에서 했지.】

조 그러면 여기 생일도에서 하신 거예요?

김: 안도서, 안도 오케이. 잊어불도 안 해. 오케이 사진간.

【완도서, 완도 오케이. 잊어버리지도 않아. 오케이 사진관.】

조 완도에서 결혼식 하시고 그다음에 여기로 들어오신 거예요?

김: 예.

【예.】

조 결혼할 때 예물은 뭐가 있어요?

김: 없어요. 그때만 해도 지금 몇십 년인디.

【없어요. 그때만 해도 지금 몇십 년인데.】

조 그럼 뭐 가져온 거 없어요?

김: 그런 것도 없고 그때는 단순하게 그냥 했어요.

【그런 것도 없고 그때는 단순하게 그냥 했어요.】

조 아무것도 안 가지고 오셨어요?

김: 이녁 갈아입을 옷은 가져왔제.

【자기 갈아입을 옷은 가져왔지.】

조 이불도 가져오셨어요?

김: 예, 가져왔어요.

【예, 가져왔어요.】

㊂ 결혼할 때 남자 집에서 여자 집으로 가져온 것이 있었나요?
김: 없어요. 그때 당시는 좀 어두운 세상이고.
　【없어요. 그때 당시는 좀 어두운 세상이고.】

㊂ 신부상, 신랑상 그런 거 있었나요?
김: 없어요.
　【없어요.】

㊂ 결혼식 하고 마을 잔치도 하셨나요?
김: 그거는 잘 모르겠어요.
　【그거는 잘 모르겠어요.】

㊂ 여기 오셔서 따로 잔치는 안 하셨어요?
김: 예, 그런 것도 없고. 지금 생일도가 많이 이렇게 쫌 발전이 됐다고 생
　각을 하까, 그때는 완전히 여그 지금 우리 집 짓은 데가 바다여. 간디
　매립하고, 매립하고 해 가지고 욱에 뒷질로 거가 질로 다녔더라고 우
　리 집 뒤에. 간디 여 공장 하던 사람이 안 하고 항께는 이걸 샀제. 땅
　을, 땅을 사 가지고 집을 짓다 봉께 너무 크게 짓어 가지고 불만이 있
　제. 내 몸이 안 편하니까 청소할라문은 쫌 힘들고 강께 감옥감옥 청소
　를 해요. 안채 청소, 안방하고 나서 또 쉬었다가 메칠 있다가 거실하고
　또 쉬었다가 자고 있다 하고.
　【예, 그런 것도 없고. 지금 생일도가 많이 이렇게 쫌 발전이 됐다고 생
　각을 할까, 그때는 완전히 여기 지금 우리 집 지은 데가 바다야. 그런
　데 매립하고, 매립해 가지고 위에 뒷길로 거기가 길로 다녔더라고 우

리 집 뒤에. 그런데 여기 공장 하던 사람이 안 하고 하니까 이걸 샀지. 땅을, 땅을 사 가지고 집을 짓다 보니까 너무 크게 지어 가지고 불만이 있지. 내 몸이 안 편하니까 청소하려면 좀 힘들고 그러니까 조금씩 청소를 해요. 안채 청소, 안방하고 나서 또 쉬었다가 며칠 있다가 거실하고 또 쉬었다가 자고 있다 하고.】

조 결혼식 할 때 혹시 사람들이 부조는 뭐로 했어요?

김: 그때는 돈이라 봐야 쩌거 예를 들면 지금 몇십 년일까, 오백 원, 천 원. 그때 당시는 누구든가.

【그때는 돈이라 봐야 저거 예를 들면 지금 몇십 년일까, 오백 원, 천 원. 그때 당시는 누구든지.】

조 쌀이라든지 그런 거는 안 했어요?

김: 나는 인자 몰르제 그거를. 인자 시갓집[15] 갖다 준가, 안 준가는 나는 인자 그거를 몰르제.

【나는 이제 모르지 그거를. 인자 시집에 갖다 주는가, 안 주는가는 나는 이제 그거를 모르지.】

조 부조로 보통 500원이나 천 원 그렇게 해요?

김: 예.

【예.】

조 결혼하시면 무슨 국 드셨을까요?

김: 특별한 것도 없고 기양 머 각시라고 해도 그냥 와서 밥 해 묵고 어차

---

15 '시집'의 전남 방언이다.

고[16] 하니까 인자 옛날에 보리 찧었잖아요. 이걸 못 찧으니까 안도서
컸는디 머 찧을 줄 알겄어요. 머리를 멫 번 찧고 그러니까 인자 시어머
니가 하지 말고 놔두라더라고 자기가 할란다고.

【특별한 것도 없고 그냥 뭐 각시라고 해도 그냥 와서 밥을 해 먹고 어
쩌고 하니까 이제 옛날에 보리 찧었잖아요. 이걸 못 찧으니까 완도에
서 컸는데 뭐 찧을 줄 알겠어요. 머리를 몇 번 찧고 그러니까 이제 시
어머니가 하지 말고 놔두라더라고 자기가 한다고.】

조 쌀밥도 드셨나요? 아니면 보리밥을 많이 드셨나요?

김: 나는 어렸을 때 우리 친정에서부터 쌀에다가 톳을 여서 밥을 해주더만
간디 그것이 그렇게 묵기 싫어 갖고 그 민죽[17] 썼잖아요, 보리 갈어서. 친
구들 가서 바꺼 먹고 또 여그 치마에다가 쌀을 쪼깐 싸 갖고 가서 주고
그랬더니 엄마가 '아조 저기다가 하나 여다 줘라.' 그래도 부모네가 갖다
줬다고 머라고 한 것이 아니고 그러더라고 그때 당시는 아빠가 멋을 했
었는가 몰라요. 일본 오키나라까지 갔다 다녔으니까. 회장님, 회장님 그
러더라고요. 그란디 그때 우리들 클 때는 지금은 콤퓨터가 저기잖아요.
우리들 클 때는 타자가 1등이었어요. 타자도 내가 잘 쳐서 우체국도 들어
갈 수 있고 농협에도 들어갔으문 무조건 못 가게 하더라고. 왜 그랬던가
몰라, 긍께 지금 생각하문 우리 아빠가 그때 치매 걸렸으까 그랬제.

【나는 어렸을 때 우리 친정에서부터 쌀에다가 톳을 넣어서 밥을 해주
더군. 그런데 그것이 그렇게 먹기 싫어 가지고 그 보리죽을 썼잖아요,
보리 갈아서. 친구들에게 가서 바꿔 먹고 또 여기 치마에다가 쌀을 조
금 싸 가지고 가서 주고 그랬더니 엄마가 '아주 저기다가 하나 이어 줘

---

16 '어쩌다'의 전남 방언이다.
17 보리를 갈아서 풀처럼 쑨 죽을 말하는 것 같다.

라.' 그래도 부모네가 갖다 줬다고 뭐라고 한 것이 아니고 그러더라고 그때 당시는 아빠가 뭣을 했었는지 몰라요. 일본 오키나와까지 다녔으니까. 회장님, 회장님 그러더라고요. 그런데 그때 우리들이 클 때는 지금은 컴퓨터가 저기잖아요. 우리들이 클 때는 타자가 1등이었어요. 타자도 내가 잘 쳐서 우체국도 들어갈 수 있고 농협에도 들어갔으면 했는데 무조건 못 가게 하더라고. 왜 그랬던가 몰라, 그러니까 지금 생각하면 우리 아빠가 그때 치매 걸렸을까 그랬지.】

[조] 결혼할 때 요강이나 세숫대야, 빗 이런 것도 가져오셨나요?

김: 안 가져왔어요.

【안 가져왔어요.】

[조] 갈아입을 옷하고 이불만 가져오신 거예요?

김: 예.

【예.】

[조] 결혼하고 신랑 발바닥 때리는 것도 하셨을까요?

김: 그런 것은 했는디 나는 안 봤어요. 그런 거.

【그런 것은 했는데 나는 안 봤어요. 그런 것.】

[조] 보통 때릴 때는 신부 옆에다 두고 때리잖아요.

김: 그때는 또 그때는 또 이상한 법으로 쓰더라고, 그런 상황인디 달리 하더라고. 그냥 나는 피해 불고.

【그때는 또 그때는 또 이상한 법으로 쓰더라고, 그런 상황인데 달리 하더라고. 그냥 나는 피해 버리고.】

조 그럼 따로 계시고 신랑만 친구들하고 있었어요?

김: 잉.

　【응.】

조 결혼할 때 가장 기억에 남는 게 뭐 있으실까요?

김: 진짜 기억에 남은 거는 별로 그때 너무 힘들었기 때문에 멋이 기억에 남는다 생각한 것보다도 인자 내가 왜 안도서 생일도로 시집을 왔을까, 그거는 생각을 한번 해봤어요.

　【진짜 기억에 남는 거는 별로 그때 너무 힘들었기 때문에 뭣이 기억에 남는다 생각한 것보다도 이제 내가 왜 완도서 생일도로 시집을 왔을까, 그거는 생각을 한번 해봤어요.】

조 예전에 살던 집은 어떻게 장만하신 거예요?

김: 둘이 인자 살면서 같이 벌어서 한 것이제.

　【둘이 이제 살면서 같이 벌어서 한 것이지.】

조 그러면 시어머니랑 같이 안 사셨어요?

김: 안 사셨어요.

　【안 살았어요.】

조 따로 두 분이 사신 거예요?

김: 예.

　【예.】

조 예전에 사신 집은 어떻게 하셨어요?

김: 팔았어요. 그거는 우리가 살다가 인자 집으로 지어 오면서 판다니까

인자 누가 사더라고요.

【팔았어요. 그거는 우리가 살다가 이제 집으로 지어 오면서 판다니까
이제 누가 사더라고요.】

조 처음에 그 집 어떻게 마련하셨어요?

김: 처음에는 인자 그거를 기억이 안 나요. 너무 힘든 생 살았어요.

【처음에는 이제 그거를 기억이 안 나요. 너무 힘든 생을 살았어요.】

조 그때 생활을 어르신은 물질하시고 바깥 어르신은 뭐 하셨어요?

김: 다른 거 미역발, 다시마발 그런 거 하고 이케 쩌그 스쿠부로 넝을 미고
들어가니까 둘이 간 줄 알아요. 그때는 여럿이 하니까 한 사람이 배 타
고 무레가 우리가 빠져서 히어[18] 다니문 인자 물이 참바[19] 들문은 그때
실로 오고 그라고 했는디 지금은 둘이 같이 다니잖아요. 미어 줘야 되
고 망아리 올려야 되고 넝 공기통 빈 거 올려야 되고 그러니까.

【다른 것 미역발, 다시마발 그런 것 하고 이렇게 저거 스쿠버로 공기통
을 메고 들어가니까 둘이 간 줄 알아요. 그때는 여럿이 하니까 한 사람
이 배 타고 물질을 우리가 빠져서 헤엄쳐 다니면 이제 물이 만조 들면
그때 실으러 오고 그라고 했는데 지금은 둘이 같이 다니잖아요. 메어
줘야 되고 망사리 올려야 되고 공기통 빈 것 올려야 되고 그러니까.】

조 무거워서요?

김: 예.

【예.】

---

18 '헤엄'과 관련이 있는 것 같다. 제주도에서는 '히엄치다'라고 한다.
19 '만조'의 전남 방언으로 '참바지'라고도 한다.

조 넝이 뭔가요?

김: 공기통.

【공기통.】

조 바깥 어르신은 어떤 분이셨어요?

김: 농촌에서 일했고 일해 먹고 살제 머.

【농촌에서 일했고 일해 먹고 살지 뭐.】

조 살림살이는 결혼하시고 어떻게 장만하신 거예요?

김: 결혼해서 같이 벌어 갖고 이렇게 무레질도 하고 다시마도 하고 그래
갖고 벌어 갖고 어느 날 전복을 맨날 키길래 인제 그때부터 시도를 했
제. 전복을, 전복에 실패를 좀 보고는 그래서 인자 언능[20] 못 일어나요.
【결혼해서 같이 벌어 가지고 이렇게 물질도 하고 다시마도 하고 그래
가지고 벌어 가지고 어느 날 전복을 맨날 키길래 인제 그때부터 시도를
했지. 전복을, 전복에 실패를 좀 보고는 그래서 이제 얼른 못 일어나요.】

조 임신했을 때 태몽을 꾸셨어요?

김: 첫애 가졌을 때는 먼 태몽을 꾼지는 몰라요. 간디 두 번째 애기는 큰
산에가 이렇게 가도 뱀띠예요. 두째가 그것이 이렇게 보이더라고. 가
고 인자 우리 딸 밷을 때는 벨라도 아주 이쁜 감을 그케 꼭지 쏙쏙 빠
진 감을 이렇게 막 그케 막 주더라고 가드만 딸이라고 그라더니 영락
없이 딸이더라고.
【첫애 가졌을 때는 뭔 태몽을 꿨는지 몰라요. 그런데 두 번째 아이는
큰 산에 이렇게 걔도[21] 뱀띠예요. 둘째가 그것이 이렇게 보이더라고.

---

20 '얼른'의 전남 방언이다.

그리고 이제 우리 딸 뱄을 때는 아주 이쁜 감을 그렇게 꼭지 쏙쏙 빠진 감을 이렇게 막 그렇게 막 주더라고 그러더니 딸이라고 그러더니 영락 없이 딸이더라고.】

[조] 입덧도 하셨어요?

김: 안 했어요. 둘 다 성제, 남매 저거 남자들 둘 낳았을 때도 입덧을 안 했는디 가이내 저거 배서는 열 달까지 아무것도 못 했어요. 멋도 못 묵고. 【안 했어요. 둘 다 형제, 남매 저거 남자들 둘 낳았을 때도 입덧을 안 했는데 계집아이 저거 배어서는 열 달까지 아무것도 못 했어요. 뭣도 못 먹고.】

[조] 아예 못 드셨어요?

김: 아예 못 먹었어요. 강께는 애기 뒷달에 난다, 인자 한 서너 달 됐을까 그랬어요. 배가 째깐하다고 그래 갖고 그때 무레질 갔다 와서 애기 낳고는 또 보름에, 보름에 또 무레를 갔더니 이 몸에서 동설 짐이 나더라고 안 가야 된디. 【아예 못 먹었어요. 그러니까 아기 다음 달에 낳는다, 이제 한 서너 달 됐을까 그랬어요. 배가 작다고 그래 가지고 그때 물질 갔다 와서 아기 낳고는 또 보름에, 보름에 또 물질을 갔더니 이 몸에서 동설 김이 나더라고 안 가야 되는데.】

[조] 동설 짐이요?

김: 동설 짐이라는 게 뜨끈한 짐이 막 나. 애기 낳고 무레를 갔더니. 그랑께 일곱 이레 못 가서 무레를 들어갔제.

---

21 그 아이가 줄어든 '걔'의 전남 방언이다.

【동설 김이라는 게 뜨끈한 김이 막 나와. 아기 낳고 물질을 갔더니. 그러니까 일곱 이레를 못 가서 물질을 들어갔지.】

조 그냥 쉬어야 되는데요.

김: 예, 그게 인자 내가 쪼끔 후회되고 인자 허리가 이렇게 안 좋으니까 쪼끔. 제주도는 협회가 있잖아요. 그란디 이런 데는 없으니까.
【예, 그게 이제 내가 조금 후회되고 이제 허리가 이렇게 안 좋으니까 조금. 제주도는 협회가 있잖아요. 그런데 이런 데는 없으니까.】

조 완도에서 협회를 만드는 게 쉽지 않고 제주처럼 한 곳에 있는 것도 아니고요.

김: 여기는 다 갈라져 있잖아요. 모이기도 힘들고. 게도 저 같은 생각은 해녀 해봐야 인자 몇십 년을 하겠어요, 나이가 있는디. 바닥 기간까지만 한다문 5, 6년. 이라고 생각을 하고 있는데 이렇게 몸이 불펜하니까 쫌 나도 쪼깐 무료로 쪼끔 해줬으문 그런 생각이 들어가더라고.
【여기는 다 갈라져 있잖아요. 모이기도 힘들고. 그래도 저 같은 생각은 해녀 해봐야 이제 몇십 년을 하겠어요, 나이가 있는데. 바다 기간까지만 한다면 5, 6년. 이렇게 생각을 하고 있는데 이렇게 몸이 불편하니까 좀 나도 조금 무료로 조금 해줬으면 그런 생각이 들어가더라고.】

조 잠수병 치료하는 데가 이쪽은 없다고 그러더라고요.

김: 없어요. 나는 통영 가서 했어요. 통영 가서, 통영 가서 메시가[22] 다섯이가 들어가더라고 그란디 거그서 공기를 메구타를[23] 물어요. 나는 처음에

---

22 보통 캡슐 모양으로 고압산소로 잠수병을 치료하는 고압산소 탱크나 고압산소방을 가리키는 것 같다.

23 산소를 마시는 호흡기를 말하는 것 같다.

들어가서 깨끗한 메구타를 물었어. 간디 어느 해녀는 얼마나 담배내가 난다고 막 넘어올란다고 못 하겠다고 그라더라고 그래 갖고 빼고 앉어 있는데. 그 안에가, 기양 우리는 빼도 안 하고 그냥 계속 공기 그놈 저기하고 인자 시간 되께 나왔는디 나보고 참을성이 강하다고 그러더라고.
【없어요. 나는 통영에 가서 했어요. 통영에 가서, 통영에 가서 메시가 다섯이 들어가더라고 그런데 거기서 공기를 메구타를 물어요. 나는 처음에 들어가서 깨끗한 메구타를 물었어. 그런데 어느 해녀는 얼마나 담배 냄새가 난다고 막 넘어온다고 못 하겠다고 그러더라고 그래 가지고 빼고 앉아 있는데. 그 안에, 그냥 우리는 빼도 안 하고 그냥 계속 공기 그놈 저기하고 이제 시간 되니까 나왔는데 나보고 참을성이 강하다고 그러더라고.】

조 그거 하면은 돈을 얼마 정도 내요?
김: 돈도 그렇게 많이 안 받았어요.
【돈도 그렇게 많이 안 받았어요.】

조 아이 낳고 나서 뭐 먹었어요?
김: 우리는 쩌 분유보다도 모유를 많이 믹였어요. 간디 분유 묵고 큰 애기들하고 모유 묵고 큰 애기들하고 큰 가정에서 이렇게 사회생활 한 걸 보믄은 모유 묵고 큰 애기들이 좀 순해요. 간디 분유 묵은 애기들이 쪼끔 말하자면 나쁘게 말하믄 악스러. 강께 이 테러비에 나오잖아요. 저가 나와 갖고 애기들 보세요. '저 애기는 분명히 우유 묵고 컸구마.' 그라고 웃었어.
【우리는 저 분유보다도 모유를 많이 먹였어요. 그런데 분유 먹고 큰 아기들하고 모유 먹고 큰 아기들하고 큰 가정에서 이렇게 사회생활 하는 걸 보면 모유 먹고 큰 아기들이 좀 순해요. 그런데 분유 먹은 아기들이 조금 말하자면 나쁘게 말하면 악스러워. 그러니까 이 텔레비전에 나오잖아요. 저기에 나와 가지고 아기들 보세요. '저 아기는 분명히 우

유 먹고 컸군.' 그러고 웃었어.】

조 애 낳을 때 누가 와서 도와주셨나요?

김: 할머니가 도와줬어요.

【할머니가 도와줬어요.】

조 할머니가요?

김: 네, 시어머니가.

【네, 시어머니가.】

조 댁에서 낳으신 거예요?

김: 예.

【예.】

조 제사도 지내세요? 몇 분이나?

김: 예, 세 분.

【예, 세 분.】

조 한꺼번에 하신가요? 아니면 따로따로 하신가요?

김: 따로따로.

【따로따로.】

조 1년에 세 번 이상 하시는 거네요. 요즘은 다 합치더라고요.

김: 합친디 우리 집을 지을 때 8월달에 들었는디 시어머니가 10월달에 돌
   아가셨어요. 게서 절대로 집 돌이 안 넘었으니까 머 갖고 들어오지 마
   라더라고 그란디 영안실에 쓰던 거 갖다 여기다 턱 놔둬 갖고 다 버리

기는 버렸는디 좀 그게 항상 깨름직했고 있어요. 그라기 전에는 멋을
해도 돈도 풀리고 거시기 했는디 이 집 짓고 들어와서는 그때 어머니
돌아가시고는 계속 이렇게 좀 껴요.

【합친데 우리 집을 지을 때 8월에 들었는데 시어머니가 10월에 돌아
가셨어요. 그래서 절대로 집 돌이 안 넘었으니까 뭐 갖고 들어오지 말
라더라고 그런데 영안실에 쓰던 것 갖다 여기다 탁 놓아둬 가지고 다
버리기는 버렸는데 좀 그게 항상 께름직했어요. 그러기 전에는 뭣을
해도 돈도 풀리고 거시기 했는데 이 집 짓고 들어와서는 그때 어머니
돌아가시고는 계속 이렇게 좀 꼬여요.】

조 빚도 있으셨겠네요. 어떻게 갚으신 거예요?
김: 예, 인자 전복 키서 폴아서 갚으고 다시마 캐서 폴아서 갚으고.
【예, 이제 전복 키워서 팔아서 갚고 다시마 캐서 팔아서 갚고.】

조 전복이랑 다시마를 주로 많이 하신 거네요. 물질해서는?
김: 물질해서도 그전에는 머 6개월에 1억씩을 벌었제만 지금 물겡이 없잖
아요.
【물질해서도 그전에는 뭐 6개월에 1억씩 벌었지만 지금 물건이 없잖
아요.】

조 시집살이도 좀 하셨어요?
김: 했어요. 안 했겄어요? 우리 나인디.
【했어요. 안 했겠어요? 우리 나이인데.】

조 뭐가 제일 힘드셨을까요?
김: 인자 힘든 거는 말로 할 수가 없제. 힘들었어요. 우리들 나이에만 해도

그것을 보고 살아라 하기 때문에 살았지만 지금은 그렇게 안 해요. 어른도 없어요.

【이제 힘든 거는 말로 할 수가 없지. 힘들었어요. 우리들 나이에만 해도 그것을 보고 살아라 하기 때문에 살았지만 지금은 그렇게 안 해요. 어른도 없어요.】

조 어른이 없어 시집살이도 없겠네요.

김: 예, 그런 것도 없고 옛날 어르신들이라 이렇게 사상이 머리가 콱 박혜 갖고 오로지 '여자는 남자 말 굴구분을 해야 된다.' 이게 사상이 벡혔더라고요. 지금은 안 그러잖아요.

【예, 그런 것도 없고 옛날 어르신들이라 이렇게 사상이 머리가 콱 박혀 가지고 오로지 '여자는 남자 말을 굴종해야 된다.' 이게 사상이 박혔더라고요. 지금은 안 그러잖아요.】

조 제사 때 음식 준비는 뭐 하신가요?

김: 펭아[24] 인제 음식 준비는 탕이야, 떡이야, 과일이야 다 해요. 고기야.

【내나 인제 음식 준비는 탕이야, 떡이야, 과일이야 다 해요. 고기야.】

조 탕은 뭐로 한가요?

김: 탕은 여러 가지 해요. 기칙이 고사리, 도라지 인자 콩나물, 당근 요렇게는 하잖아요. 인자 그 외에 다른 것은 몇 가지 올라가제.

【탕은 여러 가지 해요. 규칙이 고사리, 도라지 이제 콩나물, 당근 요렇게는 하잖아요. 이제 그 외에 다른 것은 몇 가지 올라가지.】

---

24 '결국, 내나'의 전남 방언이다.

조 그럼 떡은요?

김: 떡 해요.

【떡 해요.】

조 무슨 떡을 해요?

김: 찰떡을 하는데 시리[25] 이렇게 해서.

【찰떡을 하는데 시루 이렇게 해서.】

조 밥은 쌀밥을 하나요?

김: 쌀밥.

【쌀밥.】

조 그럼 국은?

김: 국은 인자 생선, 생선 멕국[26] 인자 하고

【국은 이제 생선, 생선 미역국 이제 하고.】

조 떡은 어떻게 만들어요?

김: 인자 떡방에[27] 집다 멜겨요.

【이제 떡방아 집에다 맡겨요.】

조 그때도 맡기셨어요?

김: 예, 옛날에는 부모네들이 떡을 했어요. 도구테로[28] 찍어 갖고 그 시절

---

25 '시루'의 전남 방언이다. '하루'를 전남 방언에서는 '하리'라고 한다.
26 '미역'의 전남 방언은 '멕'으로 '멕국'은 '미역국'을 말한다.
27 '떡방아'의 전남 방언이다.
28 '절구통'의 전남 방언이다. '도구텡이'라고도 한다.

이 금방 얼마 안 돼서 그냥 떡방에 집서 만들었어요.

【예, 옛날에는 부모네들이 떡을 했어요. 절구통으로 찧어 가지고 그 시절이 금방 얼마 안 돼서 그냥 떡방아 집에서 만들었어요.】

조 제사상에 올리는 과일은 뭐가 있어요?

김: 지금, 지금이 제사다 그러면 지금 난 과일 있잖아요.

【지금, 지금이 제사라고 그러면 지금 나오는 과일 있잖아요.】

조 옛날에는 뭐를 올리셨어요?

김: 페나[29] 옛날에는 과일이라고 해봐야 머 수박 그런 것도 벨로 없었고 인자 배 그런 거.

【결국 옛날에는 과일이라고 해봐야 뭐 수박 그런 것도 별로 없었고 이제 배 그런 것.】

조 그럼 배하고 사과도 올려요?

김: 예, 지금은 포도도 나오고 머 자두도 나오고 벨것도 다 나온디.

【예, 지금은 포도도 나오고 뭐 자두도 나오고 별것도 다 나오는데.】

조 고기는 소고기 올려요? 아니면 돼지고기 올려요?

김: 쩌그 갯고기.[30] 강셍돔 그런 거 쪄서 올리고.

【저기 바닷물고기. 감성돔 그런 것 쪄서 올리고.】

조 그러면 육고기는 안 올리고 생선만 올려요?

김: 예.

---

29 '결국'의 전남 방언이다. '펭야'라고도 한다.

30 '바닷물고기'의 전남 방언이다.

【예.】

⊠ 추석하고 설 말고 또 크게 쇠는 명절은 뭐가 있어요?
김: 없어요. 보름에는 밥만 가만히 해 놓고.
  【없어요. 보름에는 밥만 가만히 해 놓고.】

⊠ 시어머니 돌아가실 때 어떻게 장례를 치르셨어요?
김: 그거는 장례식장에서 해놔서 나는 안 바나서 몰라요.
  【그거는 장례식장에서 해 놓아서 나는 안 봐서 몰라요.】

⊠ 예전에 돌아가셨을 때는 장례를 어떻게 했어요? 완도로 모시고 가나요?
김: 아니, 처음에는 우리 시어머니도 요양병원에 가 있었어요. 그란디 거
  서 돌아가셔 나서 그냥 머시기로³¹ 가버렸제, 장례식장으로 가버렸제.
  【아니, 처음에는 우리 시어머니도 요양병원에 가 있었어요. 그런데 거
  기서 돌아가셔 그냥 거시기로 가버렸지, 장례식장으로 가버렸지.】

⊠ 수의는 따로 입히시나요?
김: 예, 그거는 이제 사서 입히고.
  【예, 그거는 이제 사서 입히고.】

⊠ 그러면 돌아가시고 어디에 묻으시는 거예요?
김: 여기 산소에다가 묻었어요.
  【여기 산소에다가 묻었어요.】

---

31 '거시기'의 전남 방언으로 이름이 얼른 생각나지 않거나 바로 말하기 곤란한 사람
또는 사물을 가리킬 때 사용한다.

⊠ 선산이 있어요?
김: 예, 선산이 있어요.
【예, 선산이 있어요.】

⊠ 돌아가신 분들 머리에 뭐를 하나요?
김: 다 씌우데요. 옷이 다 있데요. 손도 다 있고.
【다 씌우데요. 옷이 다 있데요. 손도 다 있고.】

⊠ 그럼 그것은 뭘로 만든 거예요?
김: 베로 다 만들었던디.
【베로 다 만들었던데.】

⊠ 돌아가신 분을 묻고 나서 따로 제사를 지내셨어요?
김: 묻고 나문은 오후에 제사 지내제. 다시 상 차려서.
【묻고 나면 오후에 제사 지내지. 다시 상 차려서.】

⊠ 상 차리고 전부 절해요?
김: 아니, 자손들만.
【아니, 자손들만.】

⊠ 자손들이 제사 지내는 걸 뭐라고 부르나요?
김: 저는 거까지 신경 안 쓰니까.
【저는 그거까지 신경 안 쓰니까.】

⊠ 여기에는 무당 있나요?
김: 없어요.

【없어요.】

조 예전에 아프면 굿하고 그런 것도 없나요?
김: 나 오기 전에는 그런 분이 게셨는디 돌아가셨다더라고.
　【나 오기 전에는 그런 분이 계셨는데 돌아가셨다더라고.】

조 바나 나갈 때 지내는 제사는 없나요?
김: 없어요.
　【없어요.】

조 장례식 때 남아 있는 분들은 무슨 옷 입으세요?
김: 장례 쳐보고 나문 다 벗어 불고 까만 옷 입었다, 다 벗어 불고 이녁
　옷 입제.
　【장례 치르고 나면 다 벗어 버리고 까만 옷 입었다, 다 벗어 버리고 자
　기 옷 입지.】

조 그 옷은 따로 장만하나요? 아니면 어디서 빌려오나요?
김: 장만해요. 장만해 오 갖고 온 사람은 다 사르고.
　【장만해요. 장만해 가지고 온 사람은 다 불사르고.】

조 상주가요?
김: 예, 다 사르고 또 빌레 갖고 온 사람들은 다시 보내고.
　【예, 다 불사르고 또 빌려 가지고 온 사람들은 다시 돌려보내고.】

조 상주는 머리에 뭐 쓰나요?
김: 두건.

【두건.】

조 이런 거는 다 빌려서 하나요?

김: 만들고 막 그러더라고요.

【만들고 막 그러더라고요.】

조 물질을 실제로 배우신 거는?

김: 스물두 살 때.

【스물두 살 때.】

조 해녀들 따라다니시면서 배우셨어요?

김: 예.

【예.】

조 물질 말고 여기서 밭일도 하셨어요?

김: 예, 밭일도 해요.

【예, 밭일도 해요.】

조 주로 어떤 일을 하셨을까요?

김: 인자 고구마 같은 거 놓고 그다음에 밭도 매고 고구마도 놓고 인자 그
랬는데 그런 거 안 하잖아요. 지금은.

【이제 고구마 같은 것 심고 그다음에 밭도 매고 고구마도 심고 이제
그랬는데 그런 것 안 하잖아요. 지금은.】

조 고구마 말고 다른 것도 없었어요?

김: 없었어요. 고구마하고 보리하고 간디 인자 그런 것을 안 하고 지금은 그

밭에다가 건조장 깔아 갖고 다시마를 널어 부니까 없어요. 그런 거이.
【없었어요. 고구마하고 보리하고 그런데 이제 그런 것을 안 하고 지금
은 그 밭에다가 건조장 깔아 가지고 다시마를 널어 버리니까 없어요.
그런 것이.】

조 오다 보니까 밭에 깔려 있는 게 다 다시마 말리려고 해 놓은 거예요?
김: 파란 그물 깔아진 거는 다 다시마 선조장.
【파란 그물 깔아놓은 거는 다 다시마 건조장.】

조 미역 채취도 여기서 하셨어요?
김: 예. 공장에다 비어다 주니까.
【예. 공장에다 베어다 주니까.】

조 미역 채취는 매일 하신가요?
김: 아니요, 그 철이 있어요.
【아니요, 그 철이 있어요.】

조 언제쯤 해요?
김: 봄에. 3월 안에 채취하고 3월 넘어서는 이제 생다시마, 인자 5월 되문
은 건다시마 그래요.
【봄에. 3월 안에 채취하고 3월 넘어서는 이제 생다시마, 이제 5월 되
면 건다시마 그래요.】

조 예전에는 물질하실 때 뭐 가져가셔서 물질하셨어요?
김: 인자 무레질할 때는 이 두름박하고 수겡하고 오리발하고 납하고 그렇
게 갖고 인자 가서 해요.

【이제 물질할 때는 이 테왁하고 수경하고 오리발하고 납하고 그렇게
가지고 이제 가서 해요.】

조 빗창도 가져가세요?
김: 예. 다 가져가요. 그런 것도.
  【예. 다 가져가요. 그런 것도.】

조 미역 따실 때는 물에 들어가서 따시나요?
김: 아니, 배에서.
  【아니, 배에서.】

조 그러면 배 타고 가서 미역 걷어 올리시나요?
김: 네, 그래 갖고 공장에 갖다 주고.
  【네, 그래 가지고 공장에 갖다 주고.】

조 그러면은 양식한 미역을 채취하시는 거예요?
김: 예.
  【예.】

조 바위에 있는 자연산 미역은 채취하지 않으세요?
김: 자연산 미역은 여기는 없어요. 진도 서거차 그런 데는, 흑산도 저그 흑
  산도도 쩌그 어디요? 중국 가찬데 가거도, 가거도도 가봤는데요. 거그
  는 독미역이 미역기가 이렇게 있냐 하면은 지데네[32] 가문은 거기 해녀
  들이 지방 해녀들이 비어다 갖다가 이렇게 붙여서 팔더라고요. 그래

---
32 미역귀 모양이 두텁고 지그재그로 되어 있는 것을 말하는 것 같다.

갖고는 나도 가거도 갔는디 거기는 해삼이 언제 나냐 하면은 5, 6월에
나요. 간디 문어, 군소는 겁네요. 거기가, 간디 그거 문어, 군소는 크게
안 씨여. 가문 제주 해녀들은 군서 잡고 군서를 우리들은 밑에서 이렇
게 딱 끼브면 쫙 쪼그라져 블거든 이렇게 간디 그 사람들은 등거리서[33]
떼고 똥창만 딱 빼 불고는 그대로 쌀 먹고 강께 복실복실하고 크잖아
요. 그래 갖고 머 1킬로에 3만 원씩에 제주도서 팔고 문어도 잡아다 팔
고 그란디 왔다 갔다 여비 한다고. 선주가 '누나는 문어 잡지 마시오.'
이랑께 '물겡만 잡으셔야 돼.' '알았어.' 이러고 문어가 이렇게 큰 게 앉
우고 있어, 탁 찍으면 탁 떨어지잖아요. 그람 쩌가 있어. 가문 들고 획
가서는 획 벳겨 놓고 오문은 오리발 잡으면 잡은데.

【자연산 미역은 여기는 없어요. 진도 서거차도 그런 데는, 흑산도 저기
흑산도 저기 어디요? 중국 가까운데 가거도, 가거도도 가봤는데요.
거기는 돌미역이 미역귀가 이렇게 있냐 하면은 지데네 그러면 거기 해
녀들이 지방 해녀들이 베어다 갖다가 이렇게 붙여서 팔더라고요. 그래
가지고 나도 가거도 갔는데 거기는 해삼이 언제 나냐 하면은 5, 6월에
나요. 그런데 문어, 군소는 많아요. 거기가, 그런데 그거 문어, 군소는
크게 안 써요. 그러면 제주 해녀들은 군소 잡고 군소를 우리는 밑에서
이렇게 딱 끼어버리면 쫙 쪼그라져 버리거든 이렇게, 그런데 그 사람
들은 등에서 떼고 큰창자만 딱 빼버리고 그대로 삶아 가지고 가니까
복슬복슬하고 크잖아요. 그래 가지고 뭐 1킬로에 3만 원씩에 제주도서
팔고 문어도 잡아다 팔고 그런데 왔다 갔다 여비 한다고. 선주가 '누나
는 문어 잡지 마시오.' 이러니까 '물건만 잡으셔야 돼.' '알았어.' 이러
고. 문어가 이렇게 큰 게 앉아 있어, 탁 찍으면 탁 떨어지잖아요. 그러
면 저가 있어. 그러면 들고 획 가서는 획 벗겨놓고 오면은 오리발 잡으

---

33 '등'의 전남 방언이다.

면 잡는데.】

🔲 미역 끝나고 여기서는 뭐 하신가요?

김: 인자 미역 끝나믄은 인자 생다시마. 생다시마 해서 공장에다 주믄 디
   쳐서³⁴ 인자 염장해서 또 팔고 그리고 인자 생다시마 끝나믄은 건다시
   마, 바다 밭에 넌 거. 올해는 건다시마 끔이 좋았잖아요.
   【이제 미역 끝나면 인자 생다시마. 생다시마 해서 공장에다 주면 데쳐
   서 이제 염장해서 또 팔고 그리고 이제 생다시마 끝나면 건다시마, 바
   다 밭에 넌 것. 올해는 건다시마 가격이 좋았잖아요.】

🔲 건다시마 끝나고 그다음에 뭐 하세요?

김: 인제 건다시마 끝났으니까 악구 정리 싹 해요. 가을에 막을 준비를 해
   요.
   【인제 건다시마 끝났으니까 악구 정리 싹 해요. 가을에 막을 준비를
   해요.】

🔲 소라는 언제 한가요?

김: 소라는 인자 지금도 가문은 무레 가문은 몇십 키로씩은 잡어요.
   【소라는 이제 지금도 가면, 물질 가면 몇십 킬로씩은 잡아요.】

🔲 소라도 계속 하세요?

김: 예. 인자 해삼은 들어갔고.
   【예. 이제 해삼은 들어갔고.】

---

34 '데치다'의 전남 방언이다.

조 해삼은 언제 하세요?

김: 해삼은 인자 겨울에 나와요.

【해삼은 이제 겨울에 나와요.】

조 모자반이나 톳도 해요?

김: 그런 것은, 그런 것은 봄에. 하기는 하는데 지금은 옛날 같잖애 해서
안 팔아. 이녁 먹을 거만 비다가 하고 그러더라고.

【그런 것은, 그런 것은 봄에. 하기는 하는데 지금은 옛날 같지 않아서
해서 안 팔아. 자기 먹을 거만 베다가 하고 그러더라고.】

조 바위에 거북손이나 고둥도 있어요?

김: 많이 있어요.

【많이 있어요.】

조 따러 가시나요?

김: 어깨 아퍼서 못 해요. 다른 사람들은 해도 어깨 이것이 인대가 떨어진
데가 7년 됐는디 저런 병원에 있을 때 내가 많이 써봤어 직원들 데꼬
그랬더니 아프더라고 게서 인대 떨어진 데가 어체 또 아프더라고 그래
도 신경을 안 쓰고 잔뜩 인자 찌시고 아픙께는 병원에 가서 시트로 찍
어 보니까 수술해야 된다고 그래서 '원장님 수술하면 어떻게 해요? 가
정을.' '해야 돼요.' 염증 오고 빼 뜨껴버렸는데 어찌게 안 해요? 하더
니 언제쯤이나 강게 그때는 '아, 안 되겠는디요.' 그랑께 '왜요?' 관절
까지 와버렸대. 간디 전번에 저그 21일 날인가 19일 날인가 갔으까?
아까 며칠 날 십 며칠 날 갔어. 그때도 금오일 갔는데 많이 좋아졌다고
하더라고요. 원장님이, 감사합니다. 내가 보답하께요.

【어깨 아파서 못 해요. 다른 사람들은 해도 어깨 이것이 인대가 떨어

진 데가 7년 됐는데 저런 병원에 있을 때 내가 많이 써버렸어, 직원들
데리고 그랬더니 아프더라고 그래서 인대 떨어진 데가 어찌 또 아프더
라고 그래도 신경을 안 쓰고 잔뜩 이제 찌르고 아프니까 병원에 가서
CT를 찍어 보니까 수술해야 된다고 그래서 '원장님 수술하면 어떻게
해요? 가정을.' '해야 돼요.' 염증 오고 뼈 뜯겨버렸는데 어떻게 안 해
요? 하더니 언제쯤이나 가니까 그때는 '아, 안 되겠는데요.' 그러니까
'왜요?' 관절까지 와버렸대. 그런데 저번에 저 21일 날인가 19일 날인
가 갔을까? 아까 며칠에, 십 며칠에 갔어. 그때도 금요일 갔는데 많이
좋아졌다고 하더라고요. 원장님이, 감사합니다. 내가 보답할게요.】

조 물에 들어가서 전복도 잡으세요?
김: 예.
　　【예.】

조 전복 잡으실 때 빗창으로 하세요?
김: 예.
　　【예.】

조 문어는 뭘로 잡으세요?
김: 갈쿠로.
　　【갈고리로.】

조 여기 주변에 바다에서 나는 풀은 뭐가 있어요?
김: 그거는 인자 바닷속에는 천초, 청각.
　　【그거는 이제 바닷속에는 우뭇가사리, 청각.】

조 작살도 사용하세요?

김: 작살을 사용했는데 지금은 안 해요.

【작살을 사용했는데 지금은 안 해요.】

조 작살로 뭐 잡으셨어요?

김: 강생돔. 강생돔이 얼만큼 영리한지 알아요? 한 마리 싸고 두 마리 싸잖

아요. 이렇게 떼가 있다가도 싹 흩어져 버려요. 안 와요.

【감성돔. 감성돔이 얼마만큼 영리한지 알아요? 한 마리를 쏘고 두 마

리를 쏘잖아요. 이렇게 떼가 있다가도 싹 흩어져 버려요. 안 와요.】

조 감성돔하고 다른 거는?

김: 다른 것도 싸고 노래미 같은 것도 잡고.

【다른 것도 쏘고 노래미 같은 것도 잡고.】

조 광어는?

김: 그런 것도 잡고.

【그런 것도 잡고.】

조 배 타고 고기 잡으러 나가기도 하셨어요?

김: 안 가봐요.

【안 가봤어요.】

조 근처에서 물질만 하신 거예요?

김: 예.

【예.】

조 여기서 혹시 해녀 부르는 말이 있어요?

김: 잠수.

　　【잠수.】

조 잘하는 해녀를 뭐라고 부른가요?

김: 상군.

　　【상군.】

조 그러면 그다음으로 잘하는 해녀는?

김: 그다음은 먼 말 안 해요.

　　【그다음은 무슨 말 안 해요.】

조 제일 못하는 해녀는 뭐라고 해요?

김: 인자 못 한다고 하문은 이 사람이 저기하니까 못 한다는 소리 안 해요.

　　그 사람들 보고.

　　【이제 못 한다고 하면 이 사람이 저기하니까 못 한다는 소리 안 해요.

　　그 사람들 보고.】

조 바위가 있는 바다를 뭐라고 부른가요?

김: 아니, 그런 이름은 없어요. 갯바위.

　　【아니, 그런 이름은 없어요. 갯바위.】

조 모래가 있는 바다가 여기 있나요? 뭐라고 부르나요?

김: 해수욕장, 모래사장.

　　【해수욕장, 모래사장.】

조 여기 자갈이 있는 바다도 있어요?

김: 없어요. 용출 있제.

【없어요. 용출리에 있지.】

조 거기 부르는 이름은 따로 없어요?

김: 없어요.

【없어요.】

조 갯벌은 이쪽에 있나요?

김: 없어요.

【없어요.】

조 작업하시는 데를 무슨 여라고 부르나요?

김: 아니요.

【아니요.】

조 작업하시는 바다를 뭐라고 부르나요?

김: 그거는 인자 동네벨로 어촌게 바다라 동네 이름 따서 서성리면 서성
리, 임대를 하니까.

【그거는 인자 동네별로 어촌계 바다라 동네 이름 따서 서성리면 서성
리, 임대하니까.】

조 거기 이름을 서성리 바다 그렇게 얘기를 하는 거예요?

김: 예.

【예.】

조 잔잔한 바다를 뭐라고 부르나요?

김: 없어요.

　【없어요.】

조 가까운 바다나 먼바다를 따로 부르는 이름 있나요?

김: 없어요.

　【없어요.】

조 물때는 뭐라고 부르신가요?

김: 조금씨, 사리 때.

　【조금시, 사리 때.】

조 작업하시면 한물?

김: 두물, 서물, 너물, 다섯물까지 가요. 물 맑고 날 좋으문.

　【두물, 서물, 너물, 다섯물까지 가요. 물 맑고 날 좋으면.】

조 그러면 다섯, 여섯, 일곱, 여덟, 아홉, 열물 하고 그다음에는?

김: 열한물, 열두물.

　【열한물, 열두물.】

조 열두물까지 가요?

김: 안 가요. 그때는, 잘하문 여섯, 일곱물.

　【안 가요. 그때는, 잘하면 여섯, 일곱물까지 작업해요.】

조 그 물때를 셀 때는 한물부터 열두물 그다음에는?

김: 대개끼, 아침조금, 한조금.

【대객기, 아침조금, 한조금.】

조 한조금 때도 작업을 하시나요?
김: 물 맑으면 그때도 가고 글안하문[35] 못 가고.
　　【물 맑으면 그때도 가고 그렇지 않으면 못 가고.】

조 물질은 아침에 하시죠?
김: 아침에 7시에 갔다가 10시 반에도 들어올 때 있고 11시 그때도 들어올
　　때 있고 그래요.
　　【아침에 7시에 갔다가 10시 반에도 들어올 때 있고 11시 그때도 들어
　　올 때 있고 그래요.】

조 아침 물질, 저녁 물질이라는 말도 사용해요?
김: 안 하고. 하루에 물때만.
　　【안 하고. 하루에 물때만.】

조 오후에 나가시지는 않고요?
김: 예, 없어요.
　　【예, 없어요.】

조 저녁에도 안 나가시고요?
김: 예.
　　【예.】

---

35 '그러지 않다, 그렇지 않다'의 전남 방언이다.

조 여기 미역 말리는 데를 부르는 이름이 있나요?

김: 건조장.

　【건조장.】

조 불 쬐는 곳을 부르는 이름은 없나요?

김: 없어요.

　【없어요.】

조 탈의실 같은 곳도 없나요?

김: 예, 인제 집에서 벗고.

　【예, 인제 집에서 벗고.】

조 물에 들어갔다가 숨이 차서 이렇게 한번 숨을 쉬잖아요. 그걸 뭐라고
　한가요?

김: 후께소리.

　【후께소리.】

조 미역 채취할 때 잡아주는 사람을 뭐라고 부르나요?

김: 올래 준 사람 따로 불른 말은 없어요.

　【올려주는 사람을 따로 부르는 말은 없어요.】

조 혹시 성게도 작업하시나요?

김: 예.

　【예.】

조 성게 작업하신 것은 자기가 다 가져가나요? 아니면 절반 나누나요?

김: 인자 여그는 내가 이 바다를 임대했잖아요. 멫 프로 주고 멫 프로 내가
　　묵고. 내가 다 갖고 와서 까야, 까서 팔아요.
　　【이제 여기는 내가 이 바다를 임대했잖아요. 몇 프로 주고 몇 프로 내
　　가 먹고. 내가 다 가지고 와서 까야, 까서 팔아요.】

조: 그러면 전체를 다 사신 거네요. 어촌계랑 따로 안 나누세요?
김: 강께 따로 나누제.
　　【그러니까 따로 나누지.】

조: 몇 대 몇으로 나눠요?
김: 오 대 사. 오가 해녀, 사는 동네, 일은 경비로.
　　【5 대 4. 5가 해녀, 4는 동네, 1은 경비로.】

조: 옛날에 물적삼 입으셨을까요?
김: 예.
　　【예.】

조: 하의는 물소중이 입으셨어요?
김: 예.
　　【예.】

조: 고무옷은 어디에서 사신 거예요?
김: 제주.
　　【제주.】

조: 완도에는 없어요?

김: 없어요.
　【없어요.】

조 귀마개는 뭘로 하세요?
김: 나는 안 막어요.
　【나는 안 막아요.】

조 수경은 큰 걸로 하세요? 작은 걸로 하세요?
김: 큰 거.
　【큰 것.】

조 그걸 뭐라고 불러요?
김: 물안겡.
　【물안경.】

조 그물을 뭐라고 해요?
김: 망아리.
　【망사리.】

조 물에 들어가실 때 망아리는 어떻게 하세요?
김: 들고 들어가요. 손에.
　【들고 들어가요. 손에.】

조 목에다가 걸고 들어간다고 하던데?
김: 아니요. 그거는 줄다이브³⁶ 할 때, 게지,³⁷ 게집 할 때는 목에다 걸고
　　다니고 게지, 도칫불, 숨은 도칫불 많이 나잖아요. 해녀 스쿠버 할 때

는 두름박, 다이브 줄다이브 할 때는 목에다 걸고 들어가고 인자 넝 미
고 할 때는 쪼깐한 망아리, 그 망아리 차면 올려주고 또 들어가니까.
【아니요. 그거는 줄 다이빙할 때, 키조개, 키조개 할 때는 목에다 걸고
다니고 키조개, 도칫불, 숨은 도칫불 많이 나잖아요. 해녀 스쿠버 할
때는 두름박, 다이빙 줄다이빙 할 때는 목에다 걸고 들어가고 이제 공
기통 메고 할 때는 조그마한 망사리, 그 망사리가 차면 올려주고 또 들
어가니까.】

조 물질 가실 때 가져가는 게?
김: 비창 가져가고 갈쿠 가져가고 망아리 가져가고.
【빗창 가져가고 갈퀴 가져가고 망사리 가져가고.】

조 호미는?
김: 그런 건 안 갖고 가고.
【그런 건 안 가지고 가고.】

조 예전에 물질하실 때 닻돌이나 닻줄도 있었나요?
김: 예, 몽똑 있어요. 닷 놓고 닷이 탁 벡히면 둠박이 뜨고 있잖아요. 그거
보고 몽똑이라 해. 부른 게 다 틀려요. 지역마다.
【예, 몽돌 있어요. 닻 놓고 닻이 탁 박히면 테왁이 뜨고 있잖아요. 그
거 보고 몽돌이라고 해. 부르는 것이 다 달라요. 지역마다.】

---

36 바다에서 공기호스로 산소를 넣어주는 줄이 달린 청동 헬멧을 쓰고 해산물을 채취
하는 작업을 말한다.
37 '키조개'의 전남 방언이며 도칫불이라고도 한다. 전남에서는 '게지, 게이지, 개두',
부산에서는 '채이조개', 마산에서는 '챙이조개', 군산에서는 '게지'라고 부른다.

⊠ 두름박이 테왁인 거죠.

김: 예.

【예.】

⊠ 옛날에는 주로 뭘로 많이 하셨나요?

김: 테를 스프링 그 수도 빠이프 있잖아요. 그걸로 옛날 수도 빠이프 그걸로 만들어 가지고 부이 이렇게 만들어서 인자 그물로 망 만들어서 타고 다녔제.

【테를 스프링 그 수도 파이프 있잖아요. 그걸로 옛날 수도 파이프 그걸로 만들어 가지고 부표 이렇게 만들어서 이제 그물로 망 만들어서 타고 다녔지.】

⊠ 테왁 재료는 뭘로 했나요? 박으로 했나요?

김: 저런 바다에 떠꼬 있는 스트로프. 그거 이삐 깎어 갖고 그걸로 했제.

【저런 바다에 떠 있는 스티로폼. 그거 이쁘게 깎아 가지고 그걸로 했지.】

⊠ 톳은 안 하셨어요?

김: 톳도 옛날에는 했어요. 근데 지금은 안 해요.

【톳도 옛날에는 했어요. 그런데 지금은 안 해요.】

⊠ 청각은 하세요?

김: 청각은 인자 돌청각도 하고 또 저그 지금 청각발 막어 갖고 올해 다 떨어져 버리잖아요. 게서 줄 빼요. 지금 백 줄, 백 메타, 백 줄 막았는디 한 주먹도 안 달아보고 줄 빼야 돼요.

【청각은 이제 돌청각도 하고 또 저기 지금 청각발 막아 가지고 올해

다 떨어져 버리잖아요. 그래서 줄 빼요. 지금 백 줄, 백 미터, 백 줄 막 았는데 한 주먹도 안 달아보고 줄 빼야 돼요.】

[조] 그게 양식처럼 해 났는데 다 안 됐다는 뜻인 거죠.
김: 예. 쩍이[38] 많이 올르고 지심이 올라서 못 써요. 전복 먹이를 빼다 줄라고.
【예. 쩍이 많이 오르고 풀이 올라서 못 써요. 전복 먹이를 빼다 주려고.】

[조] 파래도 있나요?
김: 없어요.
【없어요.】

[조] 천초만 하신가요?
김: 예.
【예.】

[조] 그거는 파신가요?
김: 아니요, 이녁 먹어요. 옛날에는 팔았는디 지금은.
【아니요, 자기만 먹어요. 옛날에는 팔았는데 지금은.】

[조] 군벗도 있나요?
김: 그런 거는 집에서 인자.
【그런 거는 집에서 이제.】

---

38 먹을 수 있는 시기가 지나서 뿔이나 다른 것이 자란 것을 '쩍이 오른다.'라고 표현하였다.

조 전복은 따로 부르는 이름이 있나요?

김: 없어요.

【없어요.】

조 성게는 성게라고 한가요? 구살이라고 한가요?

김: 성게.

【성게.】

조 여기는 따로 협회 같은 게 없어서 어촌계 사하고 해녀 오하고 경비 일
　하고 그렇게 나눠서 하는 거예요?

김: 예.

【예.】

조 1년에 모든 거 다 그렇게 하셨나요?

김: 예.

【예.】

조 따로 개인이 그냥 가져갈 수 있는 건 없고요?

김: 예.

【예.】

제6장

평일도 해녀의 삶과 언어

평일도 해녀의 삶과 언어

[조] 제주도 어디에서 오셨을까요?

오: 구좌읍이요.

【구좌읍이요.】

[조] 회장님의 어머니도 해녀이셨을까요?

오: 네.

【네.】

[조] 회장님 어머니도 구좌읍에 사셨던 거죠.

오: 아니, 다 돌아가시고 안 계세요. 언니도 하고, 인제 돌아가셨어요.

【아니, 다 돌아가시고 안 계세요. 언니도 하고, 인제 돌아가셨어요.】

[조] 가족이 다 하신 거네요.

오: 예.

【예.】

[조] 그러면 완도는 언제 오신 거예요?

오: 완도는 내가 그 열여덟 가을에 왔어요. 학교 다니다가 뭐라 하까, 지금 제주도분들이 육지에 가서 1년 내내 이렇게 작업을 해서 유지를 해서 돈을 벌어서 목돈을 이제 옛날에는 이렇게 지금 한 4, 50년 전이다면, 예를 들어서 그때는 돈을 인자 목돈을 갖고 가면 쪼금, 쪼금 하는 땅을 이렇게 사잖아요. 그러면 그런 걸 엄청 부러라 해요. 아, 우리도 거 가서 돈을 받고 살 수 있겠다. 그래서 인제 나는 이제 쪼금 기본적으로 헤엄만 칠 줄 알았어요. 이제 학교 다니다가 인제 안 하고 있다가 인제

그런 애들이 돈을 벌어 와서 땅도 사고 막 이렇게 아무튼 인제 그때 당시에는 제주도도 곤란하게 살았잖아요. 돈도 못 지게 따라왔어요. 【완도는 내가 그 열여덟 가을에 왔어요. 학교 다니다가 뭐라 할까, 지금 제주도분들이 육지에 가서 1년 내내 이렇게 작업을 해서 유지를 해서 돈을 벌어서 목돈을 이제 옛날에는 이렇게 지금 한 4, 50년 전이라면, 예를 들어서 그때는 돈을 이제 목돈을 갖고 가면 조금, 조금 하는 땅을 이렇게 사잖아요. 그러면 그런 걸 엄청 부러워해요. 아, 우리도 거기 가서 돈을 받고 살 수 있겠다. 그래서 인제 나는 이제 조금 기본적으로 헤엄만 칠 줄 알았어요. 이제 학교 다니다가 인제 안 하고 있다가 인제 그런 애들이 돈을 벌어 와서 땅도 사고 막 이렇게 아무튼 인제 그때 당시에는 제주도도 곤란하게 살았잖아요. 돈도 못 받고 따라왔어요.】

조 18살에요?

오: 네, 그래서 따라온다는 것이 여기 왔어요. 그리고 할 줄을 모르니까 그때 당시 9월달에 와 가지고 이게 12월달에 들어갔잖아요. 그때 당시에는 보면 봄에는 돈벌이가 많은데 가을에는 별로 그래요 그러니까 그때는 이제 머 돈 그다지 크게는 못 벌어도 되니까 아무리 바다 이 안에 속 내용을 모르니까 그래서 인제 그냥 입벌이만 하고 그때 가고 그러니까 인제 그 바다에 한 사람이 이제 인솔하러 가요. 인솔하러 가면 제 사람만 데리고 오고 싶으죠. 근데 인자 또 잘한 사람만 올 수는 없잖아요. 그래서 나는 더불어서 인제 왔어요. 그다음에 열아홉 된 해에 와 가지고 중상해서 인자 대상. 그건 중군 머 하군 그러잖아요. 그래서 이제 못 돼 가지고 내가 엉뚱하게 이제 잘 했잖아요. 그래서 인제 내가 여기서 배웠기 때문에 인제 그때 당시에는. 아니, 제주도에서 한 사람이 다 모집을 해서 인솔자, 제주도 사람이 그래 가지고 인제 여기서 내가 기술을 배웠으니까 또 따른 데서 또 오라고 하잖아요. 전도금을 막

쥐요. 그럼 다 맞게는 안 하잖아요. 이러니까 막 이렇게 사람이 돈을 많이 번다고 하면 다 가게 되잖아요. 이리도 저리도 다 가는데 저는 인제 여기로 올라고 그랬는가 어쨌는가 여기 처음에 내가 와서 계속하더라고 그래서 온 것이 사 년 정도, 여기 와 사 년 정도 다녔어요.

【네, 그래서 따라온다는 것이 여기 왔어요. 그러고 할 줄을 모르니까 그때 당시 9월에 와 가지고 이게 12월에 들어갔잖아요. 그때 당시에는 보면 봄에는 돈벌이가 많은데 가을에는 별로 그래요 그러니까 그때는 이제 뭐 돈 그다지 크게는 못 벌어도 되니까 아무리 바다 이 안에 속 내용을 모르니까 그래서 인제 그냥 밥벌이만 하고 그때 가고 그러니까 인제 그 바다에 한 사람이 이제 인솔하러 가요. 인솔하러 가면 제 사람만 데리고 오고 싶죠. 그런데 이제 또 잘한 사람만 올 수는 없잖아요. 그래서 나는 더불어서 인제 왔어요. 그다음에 열아홉 된 해에 와 가지고 중상해서 인자 대상. 그건 중군 뭐 하군 그러잖아요. 그래서 이제 못 돼 가지고 내가 엉뚱하게 이제 잘 했잖아요. 그래서 인제 내가 여기서 배웠기 때문에 이제 그때 당시에는. 아니, 제주도에서 한 사람이 다 모집을 해서 인솔자, 제주도 사람이 그래 가지고 이제 여기서 내가 기술을 배웠으니까 또 다른 데서 또 오라고 하잖아요. 전도금을 막 줘요. 그럼 다 맞게는 안 하잖아요. 이러니까 막 이렇게 사람이 돈을 많이 번다고 하면 다 가게 되잖아요. 이리도 저리도 다 가는데 저는 인제 여기로 오려고 그랬는가 여기 처음에 내가 와서 계속하더라고 그래서 온 것이 사 년 정도, 여기 와 사 년 정도 다녔어요.】

조 제주도에 사시면서 오셨어요?

오: 4년 다니다가 이렇게 거의 보면 친척들하고 이렇게 연결돼 갖고 오잖아요. 나 아는 사람 지인이 하다 보면 친한 친구나 아니면 친척 이케 타향살이하다 보면 대부분 보면 친한 사람하고 그런 사람하고 이렇게

하다가 다녀서. 아, 인제 예를 들어서 다 마무리하고 제주도 가면 어디
사람은 어디 머, 예를 들어서 충무 같은 데 그러면 호기심이 가잖아요.
그래서 한번 저쪽에 가고 거제, 거제 가고 또 너니 가고 거기는 이제
몇 건 있다가 여기서 또 인수를 하러 또 왔더라고 여기서 그래서 여기
와서 하다가 인자 우리 아저씨를 만났어요.

【4년 다니다가 이렇게 거의 보면 친척들하고 이렇게 연결돼 가지고 오
잖아요. 나 아는 사람 지인이 하다 보면 친한 친구나 아니면 친척 이렇
게 타향살이하다 보면 대부분 보면 친한 사람하고 그런 사람하고 이렇
게 하다가 다녀서. 아, 인제 예를 들어서 다 마무리하고 제주도 가면
어디 사람은 어디 뭐, 예를 들어서 충무 같은 데 그러면 호기심이 가잖
아요. 그래서 한번 저쪽에 가고 거제, 거제 가고 또 넷이 가고 거기는
이제 몇 건 있다가 여기서 또 인수하러 또 왔더라고 여기서 그래서 여
기 와서 하다가 인자 우리 아저씨를 만났어요.】

조 몇 살 때 만나신 거예요?

오: 22살 때요. 그러니까 4년 하고 22살 인제 12월. 그래서 인자 스물세
살에 결혼을 했어요. 스물두 살에 만나 갖고 그래서 제주도선 엄청 반
대했어요. 왜 그러냐 하면 여기는 섬이잖아요. 글고 제주도분들하고
전라도하고 인연이 안 좋아요. 전라도하고는, 육지도 아니고 그러고
제주도 사람들은 또 내가 제주도에서 살았는데도 그 텔레비에 보믄 제
주도 사람들 이야기하면 그 말을 잘 못 알 정도로 이제 아, 그런 건 다
기억하는데 지금 그런 말 할라믄 못 할 것 같애요.

【22살 때요. 그러니까 4년 하고 22살 인제 12월. 그래서 이제 스물세
살에 결혼했어요. 스물두 살에 만나 가지고 그래서 제주도선 엄청 반
대했어요. 왜냐하면 여기는 섬이잖아요. 그리고 제주도분들하고 전라
도하고 인연이 안 좋아요. 전라도하고는, 육지도 아니고 그리고 제주

도 사람들은 또 내가 제주도에서 살았는데도 그 텔레비전을 보면 제주
도 사람들 이야기하면 그 말을 잘 못 알아들을 정도로 이제 아, 그런
건 다 기억하는데 지금 그런 말 하려면 못 할 것 같아요.】

조 알아듣기는 하시는데.

오: 예, 알아듣기는 하는데. 그런, 그런 식으로 그냥 옛날 풍습대로 부모네
정해준 대로 가라 막 이런 식으로 해요. 그래 가지고 반대하고 그랬는데
그래도 인연이 될라고 해서 이제 우리 아저씨랑 다시 만나서 절대 안 할
라고 했는데 그게 아니잖아요. 그 돈이 쪼끔 위험한 직업이라도 그러면
몇 시간 하면 얼마, 하루 종일 그 따른 일당 받아서 하는 것보다도.
【예, 알아듣기는 하는데. 그런, 그런 식으로 그냥 옛날 풍습대로 부모
네 정해준 대로 가라 막 이런 식으로 해요. 그래 가지고 반대하고 그랬
는데 그래도 인연이 되려고 해서 이제 우리 아저씨랑 다시 만나서 절
대 안 하려고 했는데 그게 아니잖아요. 그 돈이 조금 위험한 직업이라
도 그러면 몇 시간 하면 얼마, 하루 종일 그에 따른 일당 받아서 하
는 것보다도.】

조 어르신이 배 운전을 하셨어요?

오: 예, 원래 우리 큰집에서가 해녀 사업을 했어요.
【예, 원래 우리 큰집에서 해녀 사업을 했어요.】

조 여기 큰집에서, 바깥어른 큰집에서 하셨어요?

오: 예, 우리 집 식구가 형님이 해서 거기 우리 형님, 우리 하자면 시아주
버님이잖아요. 거기 제주도에 와서 인수를 하고 그래서 이제 우리 아
저씨를 만났지. 처음에는 전혀 반대쪽으로 배를 탔어요.
【예, 우리 집 식구가 형님이 해서 거기 우리 형님, 나로 하자면 시아주

버님이잖아요. 거기 제주도에 와서 인수하고 그래서 인제 우리 아저씨를 만났지. 처음에는 전혀 반대쪽으로 배를 탔어요.】

조 지금 나가실 때도 바깥 어르신하고 같이 나가시는 거예요?

오: 같이 나가요. 같이 들어갔다가 같이 나갔다가.

【같이 나가요. 같이 들어갔다가 같이 나갔다가.】

조 두 분만 가시는 거예요? 아니고 다른 분도 같이 나가세요?

오: 옛날에는 그랬죠.

【옛날에는 그랬죠.】

조 옛날에 같이 나갔는데 지금은?

오: 혼자 그냥 혼자 간 게 편하더라고.

【혼자 그냥 혼자 가는 게 편하더라고.】

조 멀리까지 안 나가시고 여기 앞에 가시는 거예요?

오: 예, 그게 머 가문 삼십 분 간 데도 있고 머 한 시간 간 데도 있고 근데 지금은 혼자 완도를 하고 이 다이브하고는 전혀 하는 방식이 다르지.

【예, 그게 뭐 가면 삼십 분 가는 데도 있고 뭐 한 시간 가는 데도 있고 그런데 지금은 혼자 완도를 하고 이 다이버하고 전혀 하는 방식이 다르지.】

조 망사리 그런 거 안 하고 그냥 조락만 가지고 목에다 걸고 하신다고 그러더라고요.

오: 예, 그렇게. 테레비에 나오는 것처럼 그대로 해요. 한다고 하는데 그냥 저희들이.

【예, 그렇게. 텔레비전에 나오는 것처럼 그대로 해요. 한다고 하는데 그냥 저희들이.】

조 다이버 하면은 한 40분 정도 물속에 계신가요?

오: 저는 1시간 정도.

【저는 1시간 정도.】

조 그럼 감압병 치료도 해야 된다고 그러던데 그런 거는 안 하세요?

오: 그런 건 없고 인제.

【그런 건 없고 이제.】

조 물에 들어갔다 오셔도 몸은 괜찮으신 거예요?

오: 수심이 쪼금 인제 한 십 년 전에 한 번 그런 저기 이게 수심이 야픈 데 하고 수심 깊은 데 하고 아무래도 인제 안이니까 전복이든 해삼이든 많이 아퍼서 매뉴얼, 매뉴얼 식으로 그게 이제 여기저기 됐다 하고 매뉴얼 식으로 이제 그래 가지고 한 2년 못 했어요. 안 하고 있다가 인제.

【수심이 조금 인제 한 십 년 전에 한 번 그런 저기 이게 수심이 얕은 데 하고 수심 깊은 데 하고 아무래도 인제 안이니까 전복이든 해삼이든 많이 아파서 매뉴얼, 매뉴얼대로 그게 이제 여기저기 됐다 하고 매뉴얼대로 이제 그래 가지고 한 2년 못 했어요. 안 하고 있다가 인제.】

조 어렸을 때 그 해녀 교육을 받으신 거예요? 아니면 어머니 하시는 거 보고 따라서 하신 거예요?

오: 따로 받은 적은 없고요. 그 제주도 이게 우리 가래잖아요. 내가 육십년 대에 태어났으니까 칠십 돼서 막 수영을 하고 그래요. 수영을 하면 실제 알잖아요. 근데 이제 우리 그 부모들이 인자 무레질 하면서 여자는

기술을 배워놓으면 나중에 살기가 좋다. 이라고 공부한다고 하니까 살림도 까깝한디[1] 공부를 어떻게 하냐 이거 배와 다 댕기면서 저거 가지고 오고 그런 식으로 하다가 인자 헤엄만 칠 줄 알았어요. 따로 하긴 안 했어요. 그래서 인제 막 이런 언니네가 돈을 사고 막 이렇게 집도 사고 이러니까 인제 욕심도 나고 부러워서 내가 만칠 줄 알았는데 고생 1년, 고생 많이 했죠.

【따로 받은 적은 없고요. 그 제주도 이게 우리 가래잖아요. 내가 육십년대에 태어났으니까 칠십 돼서 막 수영을 하고 그래요. 수영하면 실제 알잖아요. 그런데 이제 우리 그 부모들이 이제 물질하면서 여자는 기술을 배워놓으면 나중에 살기가 좋다. 이라고 공부한다고 하니까 살림도 갑갑한데 공부를 어떻게 하냐 이거 배워 다 다니면서 저거 가지고 오고 그런 식으로 하다가 이제 헤엄만 칠 줄 알았어요. 따로 하긴 안 했어요. 그래서 인제 막 이런 언니네가 돈을 벌고 막 이렇게 집도 사고 이러니까 인제 욕심도 나고 부러워서 내가 돈을 만질 줄 알았는데 고생 1년, 고생 많이 했죠.】

[조] 결혼하시고 자녀분들은 몇남 몇녀 낳으셨어요?
오: 1남.
【1남.】

[조] 원래 해녀 사업을 하신 거예요?
오: 예, 예.
【예, 예.】

---

1 '갑갑하다'의 전남 방언이다.

조 배로 나가고 바다 사고.

오: 바다도 인제 그 이렇게 정하는 거 있잖아요.

【바다도 인제 그 이렇게 정하는 것 있잖아요.】

조 5년.

오: 5년 인제 계약을 해 가지고 5년 끝나문 인제 또 재계약을 해 가지고.

【5년 인제 계약을 해 가지고 5년 끝나면 인제 또 재계약을 해 가지고.】

조 바깥 어르신 형제분들은 다 여기 계시는 거죠? 동백리.

오: 예.

【예.】

조 몇 분이나 계시는 거예요?

오: 원래는 6남 1녀. 아니 4남 2녀 여섯 명. 그 딸은, 딸 하나 부산가 있고 인제 나머지는.

【원래는 6남 1녀. 아니 4남 2녀 여섯 명. 그 딸은, 딸 하나 부산에 있고 인제 나머지는.】

조 중매는 아니신 거죠?

오: 예, 예.

【예, 예.】

조 해녀 작업하시다가 만나신 거예요?

오: 예, 예.

【예, 예.】

조 혹시 결혼하실 때 제주도에서 하셨어요?

오: 여기서 했어요.

【여기서 했어요.】

조 결혼식 할 때 가마 타고 하셨나요?

오: 그런 것도 없고요. 그때 당시에 섬이잖여. 천구백○○년도에 했는 것
같아요. 긍께 그때는 이렇게 그때 당시 지금 밤을 자고 그러니까 인제
이틀 만에 여기 온 거예요. 부산에서 타면은 하루 종일 타고 잠을 자고
그다음 날 인자 오후에 도착하고 그러니까 엄청 반대했죠. 그래서 그
때는 그래서 무료로 옛날식으로 무료로 인제 해준다고 사진관에서 인
제 쪼금만 그렇게 해준다고 해서. 동사무소하고 우리 집하고 가까웠어.
【그런 것도 없고요. 그때 당시에 섬이잖아요. 천구백○○년도에 한 것
같아요. 그러니까 그때는 이렇게 그때 당시 지금 밤을 자고 그러니까
인제 이틀 만에 여기 온 거예요. 부산에서 타면 하루 종일 타고 잠을
자고 그다음 날 이제 오후에 도착하고 그러니까 엄청 반대했죠. 그래
서 그때는 그래서 무료로 옛날식으로 무료로 인제 해준다고 사진관에
서 인제 조금만 그렇게 해준다고 해서. 동사무소하고 우리 집하고 가
까웠어.】

조 그럼 동사무소에서 결혼하신 거네요.

오: 예, 동사무소에서.

【예, 동사무소에서.】

조 결혼식 때 드레스 입으셨어요? 한복 입으셨어요?

오: 드레스 입었죠. 그때 사진관에서 그냥 거기 동네 사람 다 입었으니까
그거 하나 갖고.

【드레스 입었죠. 그때 사진관에서 그냥 거기 동네 사람 다 입었으니까 그거 하나 가지고.】

조 그럼 여기에 사진관도 있었나요?
오: 지금 없어졌죠. 없어졌어.
【지금 없어졌죠. 없어졌어.】

조 사진관이 있었으면 그래도 꽤 큰 섬이네요. 보통 없더라고요.
오: 예, 지금 없어요. 월송리에가 있었는데 그 마누라는 미장원 하고 그랬어요.
【예, 지금 없어요. 월송리에 있었는데 그 마누라는 미장원을 하고 그랬어요.】

조 남편분은 사진관 하고 아내분은 미장원 하고요?
오: 그렇게 해 가지고 결혼식을 동네마다 다니면서 그렇게 했어요.
【그렇게 해 가지고 결혼식을 동네마다 다니면서 그렇게 했어요.】

조 결혼하실 때 예물도 하셨어요?
오: 없어요. 엄청 반대한디.
【없어요. 엄청 반대하는데.】

조 결혼할 때 뭐 가져오셨어요?
오: 그때는 아무것도 없지. 그냥, 그냥 그대로.
【그때는 아무것도 없지. 그냥, 그냥 그대로.】

조 이불 같은 것은?

오: 인제 이불 같은 건 했죠. 시어머니가 게시니까. 저는 이제 셋째 며느리거든요. 셋째 며느리인데 내가 모시고 살았어요.

【인제 이불 같은 건 했죠. 시어머니가 계시니까. 저는 이제 셋째 며느리거든요. 셋째 며느리인데 내가 모시고 살았어요.】

조 장남이 모셔야 되는데요.

오: 인제 옛날 사람들은 장남, 막내 하나가 있어서 인제 다 이렇게 철거하고 둘이 데리고 살다가 우리가 결혼을 하나 남았잖아요. 그래서 인제 그게 머야 우리 그 큰 아드님이 이제 막내는 우리가 데리고 가니까 인제 애가 그 시어머니가 그래서 인제 어떻게 이제 사이가 좀 안 좋아갖고 모시지도 못하고 어찰² 수 없이 그냥 저가.

【인제 옛날 사람들은 장남, 막내 하나가 있어서 인제 다 이렇게 철거하고 둘이 데리고 살다가 우리가 결혼을 하나 남았잖아요. 그래서 인제 그게 뭐야 우리 그 큰 아드님이 이제 막내는 우리가 데리고 가니까 인제 애가 그 시어머니가 그래서 인제 어떻게 이제 사이가 좀 안 좋아가지고 모시지도 못하고 어쩔 수 없이 그냥 제가.】

조 신부상이나 신랑상은 아예 없었겠네요.

오: 없었어요.

【없었어요.】

조 결혼하실 때 마을 잔치도 하셨나요?

오: 잔치는 했죠. 머 집을 하나 지어 가지고 집들이 겸 집도 잔치가 된 거죠. 인제 집을 입택을 하니까 입택을 하면서 이거 같이 했어요.

---

2 기본형은 '어차다'이며 '어쩌다'의 전남 방언이다.

【잔치는 했죠. 뭐 집을 하나 지어 가지고 집들이 겸 집도 잔치가 된 거
죠. 인제 집을 입택(入宅)을 하니까 입택을 하면서 잔치를 같이 했어요.】

조 집을 새로 만들어서 가신 거예요?
오: 새로 지었어요. 지금 큰 형님이 동생 장만해서.
【새로 지었어요. 지금 큰 형님이 동생을 위해 장만해서.】

조 처음에는 두 분만 사신 거예요?
오: 아니, 같이 저기 머야 시어머니랑 같이 살다가 시어머니는 큰아들한테
가고 인제 안 맞아 가지고 할 수 없이 우리가 모셨죠.
【아니, 같이 저기 뭐야 시어머니랑 같이 살다가 시어머니는 큰아들한
테 가고 인제 안 맞아 가지고 할 수 없이 우리가 모셨죠.】

조 그때 결혼할 때 사람들이 부조는 뭘로 했을까요.
오: 그때는 쌀 있잖아요. 쌀, 좀 가까운 형제간들 아니면 보리쌀, 보리쌀
많이 왔어요. 이런 양재기에다³ 이고 그렇게 왔어요. 부조는 돈이라는
것은 별로 없더라고요.
【그때는 쌀 있잖아요. 쌀, 좀 가까운 형제간들 아니면 보리쌀, 보리쌀
많이 왔어요. 이런 양재기에다 이고 그렇게 왔어요. 부조는 돈이라는
것은 별로 없더라고요.】

조 오히려 여기는 그래도 돈이 많잖아요.
오: 지금은 그런데 그때는, 그때는 그때 당시에는 5천 원씩, 제일 많은 사

---

3 안팎에 법랑을 올린 그릇으로, 양은이나 알루미늄 따위로 만든 그릇을 포함하기도
한다.

람이 5천 원씩.
【지금은 그런데 그때는, 그때는 그때 당시에는 5천 원씩, 제일 많은 사람이 5천 원씩.】

조 결혼하실 때 국은 뭘 끓이셨을까요?
오: 잔치국수.
【잔치국수.】

조 그때 쌀밥도 드셨어요?
오: 그때 인제 잔치국수 외는 이제 아마 그런 거 같아요.
【그때 인제 잔치국수 외는 이제 아마 그런 것 같아요.】

조 저녁에는 쌀밥 드시고 낮에는 사람 많으니까 잔치국수 드셨어요?
오: 예, 예.
【예, 예.】

조 결혼식 하실 때 요강이라든지 세숫대야, 빗이라든지 가져오셨나요?
오: 그런 건 없었어요.
【그런 건 없었어요.】

조 피로연 때 남편 발바닥 때리는 것도 하셨어요?
오: 그런 거 없었어요.
【그런 것 없었어요.】

조 결혼할 때 뭐가 가장 제일 기억에 남으실까요?
오: 기억에 남는 것이 그 너무 멀리 왔다고 그런 것 같다고 너무 마음이

아파서 그냥 그동안 나 계속 울었어요. 발을 뻗고.

【기억에 남는 것이 그 너무 멀리 왔다고 그런 것 같다고 너무 마음이 아파서 그냥 그동안 내가 계속 울었어요. 발을 뻗고.】

조 결혼식 다 하고 가실 때요?

오: 예, 그때 제일 기억이 나요.

【예, 그때 제일 기억이 나요.】

조 집은 형제분들이 지어주신 거네요.

오: 그렇죠. 인제 그게 배를 탔다고 월급 대신에 지어준 거죠.

【그렇죠. 인제 그게 배를 탔다고 월급 대신에 지어준 것이죠.】

조 그때 생활은 어떻게 하셨어요? 물질하시고.

오: 물질했어요.

【물질했어요.】

조 물질하고 또 다른 것도 하셨을까요?

오: 다른 거는 그때 당시는 인제 그 이런 지금 새내기⁴ 그런 배가 아니고 노 젓고 그때 당시는 그렇게 해 가지고 인제 미역을 이렇게 너르박에서⁵ 붙여서 가닥 미역으로⁶ 팔고 인제 그렇게 하고 저희들은 그 기술이 있으니까 인제 열심히 해녀, 해녀를 열심히 해 가지고 처음에는 둘이

---

4 어선의 엔진은 선외기와 선내기로 구분하는데 선외기는 엔진이 배 뒤의 밖에 있고 휘발유를 사용한다. 선내기는 엔진이 배 안에 있고 경유를 사용한다. '새내기'는 선내기 배를 가리키는 것 같다.
5 미역을 말리는 넓은 장소를 가리키는 것 같다.
6 가공하거나 자르지 않고 채취한 그대로 햇볕에 말려 파는 미역을 말한다.

아무것도 없었지만 만났죠.

【다른 거는 그때 당시는 인제 그 이런 지금 선내기 그런 배가 아니고 노 젓고 그때 당시는 그렇게 해 가지고 인제 미역을 이렇게 너르박에 서 붙여서 가닥 미역으로 팔고 인제 그렇게 하고 저희는 그 기술이 있 으니까 인제 열심히 해녀, 해녀를 열심히 해 가지고 처음에는 둘이 아 무것도 없었지만 만났죠.】

조 바깥 어르신은 어업 하신 거예요?

오: 그런 것도 아니고.

【그런 것도 아니고.】

조 그전에 무슨 일을 하셨을까요?

오: 머 그전에 보면 그런 거 조금씩 해서 인자 어머님이랑, 어머님이랑 이 렇게 가닥 미역 붙이고 하고 김 그렇게 해 가지고 옛날에는 이렇게 대 까지 해서 훑어 가지고 그렇게 조금씩 해서 포도시.[7]

【뭐 그전에 보면 그런 것 조금씩 해서 이제 어머님이랑, 어머님이랑 이렇게 가닥 미역 붙이고 하고 김 그렇게 해 가지고 옛날에는 이렇게 대까지 해서 훑어 가지고 그렇게 조금씩 해서 간신히.】

조 양식은 아니고요?

오: 그냥 자연, 자연산. 그런 식으로 조금 그렇게 하고 살았더라고.

【그냥 자연, 자연산. 그런 식으로 조금 그렇게 하고 살았더라고.】

조 물질하시면서 살림살이를 장만하신 거네요.

---

7 '간신히'의 전남 방언이다.

오: 그러죠. 우리는 일단은 어쨌든 해녀 사업하면서 살림이 늘어났죠. 인
제 성공했죠. 어쨌든 성공했죠.
【그렇죠. 우리는 일단은 어쨌든 해녀 사업하면서 살림이 늘어났죠. 이
제 성공했죠. 어쨌든 성공했죠.】

㊀ 여기 원래 있던 해녀분하고 제주도에서 오신 분하고 차이가 있어요? 돈
버는 것은 어때요?
오: 아니, 인제 머야 해야 되니까 거의 이렇게 물질 같은 건 신경 안 쓰고
제주도에서 오신 분은 오로지 내가 목적으로 물질을 해야 돈이니까 또
열심히 하고 하니까 아무래도 일이 있으면 못 가고 없을 때 일 찾아서.
【아니, 인제 뭐야 해야 되니까 거의 이렇게 물질 같은 건 신경 안 쓰고
제주도에서 오신 분은 오로지 내가 목적으로 물질을 해야 돈이니까 또
열심히 하고 하니까 아무래도 일이 있으면 못 가고 없을 때 일 찾아서.】

㊀ 지방 해녀는 부업으로 그냥 하시는 건가요?
오: 예, 시간이 인제 났을 때 외적으로,[8] 이제 여기 사람 말 외적 찾아서
다닌다고 그런 식으로 이제 그렇게 하면 돼.
【예, 시간이 인제 났을 때 외적으로, 이제 여기 사람 말로 외적 찾아서
다닌다고 그런 식으로 이제 그렇게 하면 돼.】

㊀ 첫아이 가지셨을 때 태몽을 꾸셨을까요?
오: 그때는 모르겠어요. 그때는 좀 어려 가지고 오래 돼서.
【그때는 모르겠어요. 그때는 좀 어려 가지고 오래 돼서.】

---

8 외부에 작업할 수 있는 곳을 의미하는 것 같다.

조 입덕은 안 하셨어요?

오: 했죠. 그래도 같은 날 난다 할 때까지 다녔어요. 작업을, 그 인자 그때 당시에 몇월 달이다, 몇월 달이다, 이러니까 언제 나올지 모르잖아요. 그래서 계속 다녔어요. 물질 갔다 와서 배 타고 오면서 양수가 터져 갖고 집에 막 들어 오 분도 못 돼 갖고 애기 낳고 거의 그랬어요. 열심히 인제 열심히 인제 물질만 계속하다 보니까 셋 다 그래서 한 번도 가본 적도 없어요.

【했죠. 그래도 같은 날 아이를 낳는다고 할 때까지 다녔어요. 작업을, 그 이제 그때 당시에 출산이 몇월 달이다, 몇월 달이다, 이러니까 언제 나올지 모르잖아요. 그래서 계속 다녔어요. 물질 갔다 와서 배 타고 오면서 양수가 터져 가지고 집에 막 들어와 오 분도 못 돼 가지고 아기 낳고 거의 그랬어요. 열심히 인제 열심히 인제 물질만 계속하다 보니까 셋 다 그래서 병원에 한 번도 가본 적도 없어요.】

조 누가 아이를 받아주었어요?

오: 그런 것도 없이 그냥 혼자 스스로 나:서 시어머니가 배 이거 짤라주고. 우리 나이에 이렇게 했다 하면 우리 딸이 지금 마흔두 살인데 내가 그렇게 했다 하면 굳이 안 듣잖아요. 진짜 옛날 아주 옛날처럼 느끼잖아요.

【그런 것도 없이 그냥 혼자 스스로 낳아서 시어머니가 배 이거 잘라주고. 우리 나이에 이렇게 했다 하면 우리 딸이 지금 마흔두 살인데 내가 그렇게 했다 하면 굳이 안 듣잖아요. 진짜 옛날 아주 옛날처럼 느끼잖아요.】

조 첫아이 낳고 뭐 드셨을까요?

오: 미역국.

【미역국.】

조 미역국에 뭐 넣어서 만들어요?

오: 저기 여기는 나는 육고기 같은 거 못 먹으니까 그냥 홍합 같은 거.

【저기 여기는 나는 육고기 같은 것 못 먹으니까 그냥 홍합 같은 것.】

조 애 낳을 때 여기서 도와주신 분이 있나요?

오: 없어요. 시어머니가 3일 정도만 해 주고 나머지는 저가 해서 했어요.
시어머니가 해 주니까 좀 그러더라고요. 마음이 안 편하고 불편해서
그냥 '내가 하께요.' 이러고.

【없어요. 시어머니가 3일 정도만 해 주고 나머지는 제가 해서 했어요.
시어머니가 해 주니까 좀 그러더라고요. 마음이 안 편하고 불편해서
그냥 '내가 할게요.' 이러고.】

조 애 낳으시고 한 며칠 동안 쉬셨어요? 보통 삼칠일 하죠.

오: 삼칠일 했는데 저는 십사 일 만에 갔어요.

【삼칠일 했는데 저는 십사 일 만에 갔어요.】

조 14일 만에요. 몸이 많이 아프셨을 것 같은데.

오: 그러죠. 그래서 인제 시어머니하고 친정엄마가 다른 이유가 딸이면 말
릴 건데 시어머니는 아주 인자 시어머니 아주 옛날이잖아요. 지금 안
계시지만, 옛날 사람은 삼 일, 삼 일 애기 낳고 삼 일 만에 머 밭에
가서 먼 일도 하고 소매도⁹ 이렇게 푸고 그런 말 우리 시어머니가 그
말 하더라고요 그러니까 불편하잖아요. 근데 제주도에서 오는 분들이
그러더라고 이제 아무래도 내가 제주도다 보니까 좀 그래서 시어머니
하고 친정엄마가 틀리다 이거여. 시어머니가 친정엄마 같으면 못 가게
말릴 건데 지금 우리 그때는 머 삼 일 애기 낳고 3일 만에 가서 소매도

---

9 '오줌'의 전남 방언이다.

푸고 밭도 갈고 밭도 매고 이랬다고 이런 말을.

【그렇죠. 그래서 인제 시어머니하고 친정엄마가 다른 이유가 딸이면 말릴 건데 시어머니는 아주 이제 시어머니 아주 옛날이잖아요. 지금 안 계시지만, 옛날 사람은 삼 일, 삼 일 아기 낳고 3일 만에 뭐 밭에 가서 뭐 일도 하고 오줌도 이렇게 푸고 그런 말 우리 시어머니가 그 말 하더라고요 그러니까 불편하잖아요. 그런데 제주도에서 오는 분들이 그러더라고 이제 아무래도 내가 제주도다 보니까 좀 그래서 시어머니하고 친정엄마가 다르다 이거야. 시어머니가 친정엄마 같으면 못 가게 말릴 건데 지금 우리 그때는 뭐 삼 일 아기 낳고 3일 만에 가서 소매도 푸고 밭도 갈고 밭도 매고 이랬다고 이런 말을.】

조 물질하면서 빚도 지셨어요?
오: 빚은 안 졌죠.
【빚은 안 졌죠.】

조 하나도 안 지셨어요?
오: 그러죠. 저가 이제 머 기술이 있어서 잘 하여튼 잘해, 1등으로 잘해 불제. 일등으로, 1등으로 예를 들어서 이게 엄청 차이가 나더라고. 일 년에 이제 예를 들어서 백만 원 번다, 저는 한 천만 원 정도 벌어요. 그렇게 잘해 부러. 한 사람 못하는 사람 비교하면 10배를 해불잖아요. 그러니까 이제 성공했죠. 이거 못하는 이제 잘하고 싶어도 그 기술이 안 느는 사람이 있더라고 근데 이제 저는 특별히 잘했어요. 그러니까 열심히 몸이 아파서 감기가 걸리면 약을 먹고 다니고 코에서 피가 나도 그렇게 진짜 열심히 해 가지고 금방 한 몇 년 하니까 돈이 들더라고 그래서.
【그렇죠. 저가 이제 뭐 기술이 있어서 잘 하여튼 잘해, 1등으로 잘해 버리지. 일등으로, 1등으로 예를 들어서 이게 엄청 차이가 나더라고.】

일 년에 이제 예를 들어서 백만 원 번다, 저는 한 천만 원 정도 벌어요. 그렇게 잘해 버려. 한 사람 못하는 사람 비교하면 10배를 해버리잖아 요. 그러니까 이제 성공했죠. 이거 못하는 이제 잘하고 싶어도 그 기술 이 안 느는 사람이 있더라고 그런데 이제 저는 특별히 잘했어요. 그러 니까 열심히 몸이 아파서 감기에 걸리면 약을 먹고 다니고 코에서 피 가 나도 그렇게 진짜 열심히 해 가지고 금방 한 몇 년 하니까 돈이 들 더라고 그래서.】

조 사리 넘으면 못 하는 거죠?
오: 예.
【예.】

조 그때는 안 나가시는 거죠?
오: 그때는 조금만 했는데 지금은 산소통 메고 하니. 물 시야만 맑으면 다 니죠.
【그때는 조금만 했는데 지금은 산소통 메고 하니. 물 시야만 맑으면 다니죠.】

조 처음에 하실 때는 수경 쓰시고 하셨죠.
오: 그랬죠.
【그랬죠.】

조 시집살이는 하셨어요?
오: 그렇죠.
【그렇죠.】

조 뭐가 제일 힘드셨을까요?

오: 시어머니가 우리하고 안 맞어 가지고 저 같은 경우는 제주도 사람이잖아요. 또 데꼬[10] 해도 편 들어줄 사람이 없잖아요. 내가 느끼기에는, 저는 혼자잖아요. 아무리 잘해서 혹시 시어머니 흉을 보믄 금방 너무 멋이 집에다 갖춰 놓은 것이 없으니까 그 당시 모르네, 엄청 좋고 유명했어. 그 금을 딱 부산에서 사서 보냈더라고. 그러게 막 인제 머 전 그때는 그냥 맨땅에다 이불 놔놓고 그렇게 하고 사는 거라서, 보고는 너무 머락 그러면 다 바다잖아요. 만약 거기서 준다면 계속 이제 부산으로 나오라고 하더라고 그래서 '나가자, 아저씨는 절대 안 나간다.' 그래 가지고 내가 그냥 혼자 가 불었어요. 가서 한 십 일 만에 있는데 애들이 인제 애들이 걸려서, 왔다고 그런 것이 다 시집살이잖아요. 우리랑 같으면 같이 못 살았었죠. 저는 어쩔 수 없잖아요. 미웁든 곱든 욕을 하고 막 미어라 해도 맡겨놓고 가야지 데리고 갈 수 없는. 큰아들한테가 있어야 밑에 못 간다. 그게 그 시어머니가 있을 자리가 없으니까 인제 어머니도 찾는 것도 있고 인제 돈이 어디서 생기면 인제 자식들이 이렇게 주고 단 주머니도[11] 챙기고 뭐라 하까 이렇게 우리랑 사는, 몸만 살았지 마음은 딴 디, 그러더라고 그래서 우리 아저씨하고 싸움을 많이 했어요. 아들하고 싸우면 나한테만 애기를 못 본다, 애기 엎고 오라고 해도 맡겨놓고 가야 되니까 그런 엄청 고생 많이 하고 살았죠. 【시어머니가 우리하고 안 맞아 가지고 저 같은 경우는 제주도 사람이잖아요. 또 데리고 해도 편 들어줄 사람이 없잖아요. 내가 느끼기에는, 저는 혼자잖아요. 아무리 잘해서 혹시 시어머니 흉을 보면 금방 너무 뭣이 집에다 갖춰 놓은 것이 없으니까 그 당시 모르네, 엄청 좋고 유명

---

10 기본형은 '델다'이고 '데리다'의 전남 방언이다.
11 '딴 주머니'를 말한다.

했어. 그 금을 딱 부산에서 사서 보냈더라고. 그러니까 막 이제 뭐 전 그때는 그냥 맨땅에다 이불 놔놓고 그렇게 하고 사는 거라서, 보고는 너무 뭐라고 그러면 다 바다잖아요. 만약 거기서 준다면 계속 이제 부산으로 나오라고 하더라고 그래서 '나가자, 아저씨는 절대 안 나간다.' 그래 가지고 내가 그냥 혼자 가 버렸어요. 가서 한 십 일 만에 있는데 아이들이 이제 아이들이 걸려서, 왔다고 그런 것이 다 시집살이잖아요. 우리랑 같으면 같이 못 살았죠. 저는 어쩔 수 없잖아요. 밉든지 곱든 지 욕을 하고 막 미워라 해도 맡겨놓고 가야지 데리고 갈 수 없는. 큰 아들한테 가 있어야 밑에 못 간다. 그게 그 시어머니가 있을 자리가 없 으니까 이제 어머니도 찾는 것도 있고 이제 돈이 어디서 생기면 인제 자식들이 이렇게 주고 딴 주머니도 챙기고 뭐라 할까 이렇게 우리랑 사는, 몸만 살았지 마음은 다른 데, 그러더라고 그래서 우리 아저씨하 고 싸움을 많이 했어요. 아들하고 싸우면 나한테만 아기를 못 본다, 아 기를 업고 오라고 해도 맡겨놓고 가야 되니까 그런 엄청 고생을 많이 하고 살았죠.】

조 제사도 지내셨어요? 음식은 준비는 여기서 하셨어요?
오: 예, 다 여기서.
　【예, 다 여기서.】

조 뭐 준비하셨어요?
오: 여기서 시어머니한테, 시어머니 세배 오거나 어차면 다 집으로 오잖아요. 그러니까 다 여기 풍속대로 해요.
　【여기서 시어머니한테, 시어머니 세배 오거나 어쩌면 다 집으로 오잖아요. 그러니까 다 여기 풍속대로 해요.】

조 주로 뭐 하셨어요?

오: 머 고기 같은 거 장만하고.

　【뭐 고기 같은 것 장만하고.】

조 고기는 어떤 고기로?

오: 생선.

　【생선.】

조 생선은 뭘로 하셨어요?

오: 돔 같은 거, 강성, 농어.

　【돔 같은 것, 감성돔, 농어.】

조 나물은 주로 뭐 하셨을까요?

오: 고사리하고 저그 도라지하고 기본으로 그렇게 들어가고.

　【고사리하고 저기 도라지하고 기본으로 그렇게 들어가고.】

조 시금치 같은 거는 안 하세요?

오: 여기는 그런 거는 안 하고, 육지 같은 데는 전을 많이 부치면은 해산물.

　【여기는 그런 거는 안 하고, 육지 같은 데는 전을 많이 부치면 해산물.】

조 떡도 하신가요?

오: 그러죠.

　【그렇죠.】

조 무슨 떡을 하셨어요?

오: 옛날에는 하던데 지금은 다 방앗간에 거의 하죠.

【옛날에는 하던데 지금은 다 방앗간에서 거의 하죠.】

조 시루떡은 어떻게 만드셨을까요?

오: 불 때서 그 머 이렇게 도구통에다[12] 이거 쌀을 뽀서[13] 가지고 머 체로 이렇게 치 가지고 이렇게 가는 거는 빠지고 있으면 또 그놈을 또 찍고[14] 또 찍어서 이렇게 해서 그거 시루에다가.

【불 때서 그 뭐 이렇게 절구에다 이거 쌀을 빻아 가지고 뭐 체로 이렇게 쳐 가지고 이렇게 가는 거는 빠지고 있으면 또 그놈을 또 찧고 또 찧어서 이렇게 해서 그거 시루에다가.】

조 제사상에 과일은 뭐 올리셨을까요?

오: 과일은 기본적으로 다섯 가지 정도 해요. 사과 머 밀감 같은 거 철 따라서 여름철에는 수박, 봄에는 참외.

【과일은 기본적으로 다섯 가지 정도 해요. 사과 뭐 밀감 같은 것 철 따라서 여름철에는 수박, 봄에는 참외.】

조 고기는 따로 안 올리시나요?

오: 육고기는 특별히 탕 같은 거.

【육고기는 특별히 탕 같은 것.】

조 육고기라든지 소고기 그런 거는?

오: 없었어요. 여기 풍속은 바다라 보니까 바다의 것을 많이 하더라고.

【없었어요. 여기 풍속은 바다이다 보니까 바다의 것을 많이 하더라고.】

---

12 '절구'의 전남 방언이다.
13 기본형은 '뽀수다'이며 '빻다'의 전남 방언이다.
14 '찧다'의 전남 방언이다.

조 여기 오셔서 추석하고 설하고 주로 이거를 크게 쇠시죠.

오: 예, 시제.[15]

【예, 시제.】

조 시제도 있어요?

오: 예, 시제가 제일 크죠.

【예, 시제가 제일 크죠.】

조 시제는 어떻게 지내요?

오: 시월 보름날, 음력으로 10월 보름이라고 이날 되면 제사를 자동으로 없어지는.

【시월 보름날, 음력으로 10월 보름이라고 이날 되면 제사를 자동으로 없어지는.】

조 어디 산에서 지내요?

오: 우리는 저기 다른 데가 있어요. 선산에서, 선산에서.

【우리는 저기 다른 데가 있어요. 선산에서, 선산에서.】

조 선산에 가서 제사를 지내요?

오: 예, 음식 장만 해 가지고.

【예, 음식 장만을 해 가지고.】

조 보통 제사 하는 거하고 똑같이 해요?

오: 예, 거기는 조금 더 또 많이 하죠. 인제.

---

15 음력 10월에 5대 이상의 조상 무덤에 지내는 제사를 말한다.

【예, 거기는 조금 더 또 많이 하죠. 이제.】

[조] 시제는 마을 전체가 하시는 건가요?

오: 집안이. 예를 들어서 서울서 살던 부산에서 살면 그때 맞춰서 와요.
　　【집안이. 예를 들어서 서울에서 살든 부산에서 살든 그때 맞춰서 와
　　요.】

[조] 어르신들 돌아가시면 어떻게 하신가요?

오: 수의 같은 거는 그 그러면 거기서 좋은 거 있고 중간 그러면 자기가
　　선택해요. 거기서 갖고 와서 인제 따로 옛날, 지금 화장하는데 지금 그
　　대로 가서 인제.
　　【수의 같은 거는 그 그러면 거기서 좋은 것 있고 중간 그러면 자기가
　　선택해요. 거기서 가지고 와서 이제 따로 옛날, 지금 화장하는데 지금
　　그대로 가서 이제.】

[조] 여기는 다 화장하신 거예요?

오: 지금은 거의. 여기서 돌아가셔도 다 지금.
　　【지금은 거의. 여기서 돌아가셔도 다 지금.】

[조] 금일읍에 장례식장이 있어요?

오: 없죠. 저기 고금, 마량 그쪽으로. 여기는 금일은 없어요.
　　【없죠. 저기 고금, 마량 그쪽으로. 여기는 금일은 없어요.】

[조] 완도로는 안 가시고요?

오: 완도는 별로 안 가고 왜냐면 어차피 우리가 화장하러 가면은 해남 쪽
　　으로, 목포 쪽으로 가잖아요. 그러니까 완도 쪽으로는 거의 안 가고 고

금이라고, 마량 쪽으로 글고 지금은 연세가 드시면 다 요양원으로 딱 가불잖아요. 거기서도.

【완도는 별로 안 가고 왜냐면 어차피 우리가 화장하러 가면 해남 쪽으로, 목포 쪽으로 가잖아요. 그러니까 완도 쪽으로는 거의 안 가고 고금도나 마량 쪽으로 그리고 지금은 연세가 드시면 다 요양원으로 딱 가버리잖아요. 거기서도.】

조 여기는 장의사가 없어요?

오: 없어요.

【없어요.】

조 돌아가신 분들 머리에다 뭐 씌우는 거 있나요?

오: 그런 거 나는 못 봤어요.

【그런 것 나는 못 봤어요.】

조 그러면 땅에 묻고 나서 제사를 지내시나요?

오: 예.

【예.】

조 그걸 뭐라고 해요?

오: 그거 을프제다[16] 있고 머 돌아가시고 삼 일 되면 나가고 그러더라고요. 우리 시어머니 돌아가실 때 딱 묻고 나더니 잘 이제 마친 날부터 삼일 날은 산에 인제 다 이케 그 상주들이 산에 가서 거기서 그 복을 벗

---

16 제주에서 출상 전날 고인과 마지막 이별을 하는 의미로 드리게 되는 제사인 '일포제(日哺祭)'가 있는데 이를 말하는 것 같다. 시체를 파묻고 봉분을 만든 뒤에 지내는 제사는 '평토제'라고 한다.

더라고.[17]

【그거 일포제가 있고 뭐 돌아가시고 삼 일 되면 나가고 그러더라고요. 우리 시어머니 돌아가실 때 딱 묻고 나더니 잘 이제 마친 날부터 삼 일째 되는 날에 산에 이제 다 이렇게 그 상주들이 산에 가서 거기서 그 상복을 벗더라고.】

조 3일째 옷을 따로 입고 그 옷을 태워요?

오: 상복을.

【상복을.】

조 제사 한 번 지내고 3일 후에 삼오제[18] 하시고.

오: 예.

【예.】

조 여기 무당도 있나요?

오: 없어요. 옛날에는 많이 있었는데 지금은 없어요.

【없어요. 옛날에는 많이 있었는데 지금은 없어요.】

조 옛날에는 있었어요?

오: 옛날 사람들은 많이 있었어요. 근데 그분들이 다 돌아가셨잖아요.

【옛날 사람들은 많이 있었어요. 그런데 그분들이 다 돌아가셨잖아요.】

---

17 장사를 지낸 후 세 번째 지내는 제사인 '삼우제'를 말한다. 장례 당일에 지내는 제사를 '초우'(初虞), 그 다음날 지내는 제사를 '재우'(再虞), 셋째 날에 지내는 제사를 '삼우'(三虞)라고 한다.

18 '삼우제'를 잘못 말한 것이다.

⬜ 그 무당들이 바다에 나갈 때 풍어제라든지 그런 것도 했었나요?

오: 예, 했어요. 그 무당들이 가 가지고 하더라고.

【예, 했어요. 그 무당들이 가서 하더라고.】

⬜ 보신 적은 있으세요?

오: 그렇죠. 우리도 했어요. 배를 크게 지어 가지고 그 무당 우리 집안에 한 분이.

【그렇죠. 우리도 했어요. 배를 크게 지어 가지고 그 무당 우리 집안에 한 분이.】

⬜ 배 만들고 굿하고 그런 거예요?

오: 예.

【예.】

⬜ 그럼 굿하고 나서 사례금은 얼마나 주나요?

오: 사례금은 그때 당시를 기억 못 하겠더라고요. 인제 얼마 들린 것 같아요. 글고 거기다가 또 돈도 넣고 그러더라고요. 1만 원짜리 한나 넣고 돼지머리를, 돼지머리에다 한나 넣고 긍께 인제 밥을 네 군데 차리더라고 왜냐하면 선양이라고[19] 선양이 한 분 또 거기 용[20] 한 분 이게 배 이렇게 또 하고 우리가 배를 타고 댕겨, 우리가 우리 신고 다니는 우리 몸 머이냐 추서 그런 거 있잖아.

【사례금은 그때 당시를 기억 못 하겠더라고요. 이제 얼마 드린 것 같아요. 그리고 거기다가 또 돈도 넣고 그러더라고요. 1만 원짜리 하나

---

19 선신(船神)인 선왕을 말한다.

20 바다신인 용왕을 말한다.

넣고 돼지머리를, 돼지머리에다 하나 넣고 그러니까 이제 밥을 네 군
데 차리더라고 왜냐하면 선왕이라고 선왕이 한 분 또 거기 용왕 한 분
이게 배 이렇게 또 하고 우리가 배를 타고 다녀, 우리가 우리 싣고 다
니는 우리 몸 뭐이냐 추서 그런 것 있잖아.】

[조] 밥 네 군데는 어디에 차리나요?

오: 배에다가, 배에다 차렸어요. 우리 아저씨랑 가서.

　　【배에다가, 배에다 차렸어요. 우리 아저씨랑 가서.】

[조] 음식 싸 가서 거기다가 차려놓고.

오: 저거 배에 가서 먼저 해 놓고 집에 와서 제사 지내제.

　　【저거 배에 가서 먼저 해 놓고 집에 와서 제사 지내지.】

[조] 상주분들은 어떤 옷을 입으실까요?

오: 옛날에 노란 그 머여, 마포.

　　【옛날에 노란 그 뭐야, 마포.】

[조] 머리도?

오: 그렇죠. 이렇게 마포로 네모자기 이렇게 하고 그 머이냐 볏짚 있잖아
　　요. 새나꼬를[21] 이렇게 꽈 가지고 이렇게 씌워, 그거 썼어요.
　　【그렇죠. 이렇게 마포로 네모 보자기 이렇게 하고 그 뭣이냐 볏짚 있
　　잖아요. 새끼를 이렇게 꼬아 가지고 이렇게 씌워, 그거 썼어요.】

[조] 물질을 배우신 나이는 몇 살이실까요?

---

21 '새끼'의 전남 방언으로 '새나꾸, 새나끼'도 있다.

오: 초등학교 다닐 때.
　【초등학교 다닐 때.】

조 초등학교 몇 학년 때일까요?
오: 초등학교 한 3학년 때. 아니 그거는 물질 아니라 헤엄쳤제. 따로 교육
　받거나 그런 거는.
　【초등학교 한 3학년 때. 아니 그거는 물질 아니라 헤엄쳤지. 따로 교육
　받거나 그런 거는.】

조 그럼 물질을 하신 거는?
오: 열여덟 살.
　【열여덟 살.】

조 그럼 제주 해녀가?
오: 많이 왔었어요.
　【많이 왔었어요.】

조 제주 해녀가 가르쳐주셔서 물질을 배우신 거예요?
오: 아니. 언니, 언니 따라왔어요. 사촌 언니하고 우리 친언니하고 고모네
　랑 고모 딸이랑 형제간들이 많이 왔어요. 일 보다 머리에다 기억을 해
　났다가 그런 식으로 하고.
　【아니. 언니, 언니 따라왔어요. 사촌 언니하고 우리 친언니하고 고모네
　랑 고모 딸이랑 형제간들이 많이 왔어요. 일 보고 머리에 기억해놨다
　가 그런 식으로 하고.】

조 그럼 같이 따라다니면서 배우신 거네요.

오: 예.

【예.】

㉽ 물질 말고 밭일도 혹시 하셨어요?

오: 밭일은 거의 안 했어요 우리 시어머니가 쪼금 한 거 그냥 심부름만 그냥
따라다녀서 '머 갖고 와라.', '이거 가져가라.' 그 정도제 따로는 안 했어.

【밭일은 거의 안 했어요. 우리 시어머니가 조금 한 것 그냥 심부름만
그냥 따라다녀서 '뭐 갖고 와라.', '이거 가져가라.' 그 정도지 따로는
안 했어.】

㉽ 밭이 있기는 해요?

오: 네, 있어요.

【네, 있어요.】

㉽ 옛날에 미역 채취도 하셨을까요?

오: 네, 했어요.

【네, 했어요.】

㉽ 그러면 배 타고 가서 하신 거예요?

오: 배 타고 가서 인제 우리 건조장이 안 생겼잖아요. 그때는 이제 이렇게
가닥 미역 붙인데 결혼하고 팔십 년대부터는 미역 공장이 하다가 중국
산이 나오면서 좀 이렇게.

【배 타고 가서 인제 우리 건조장이 안 생겼잖아요. 그때는 이제 이렇
게 가닥 미역 붙이는데 결혼하고 팔십 년대부터는 미역 공장이 하다가
중국산이 나오면서 좀 이렇게.】

조 물질해서 채취하고 공장에다 파시고 그렇게 하신 거예요?

오: 예.

【예.】

조 미역 하는 거는 바다 사서 하셨던 거예요?

오: 그러죠. 다 이렇게 구역마다 1년 하면 임대료가 있어요. 무턱대고 하는 것이 아니에요. 부락 규칙이.

【그렇죠. 다 이렇게 구역마다 1년 하면 임대료가 있어요. 무턱대고 하는 것이 아니에요. 마을 규칙이.】

조 예전에 물질할 때 뭐 가져가실까요?

오: 수경, 납, 오리발. 고무옷하고.

【수경, 납, 오리발. 고무옷하고.】

조 예전에 보면 잠벵이라든지 물적삼 그런 것도 입고 물질하신 적 있으세요?

오: 그저 그런 건 없고요. 우리가 주로 제주도에서 이렇게 한물, 두물, 서무셋 날은 인제 참 종이 있잖아요, 창호지 같은 종이에다 쌀을 이렇게 딱 싸 가지고 머 자기 이름 쓰고 술 붓어 놓고 글안할 때는.

【그저 그런 건 없고요. 우리가 주로 제주도에서 이렇게 한물, 두물, 서물 때는 이제 참 종이 있잖아요, 창호지 같은 종이에다 쌀을 이렇게 딱 싸 가지고 뭐 자기 이름 쓰고 술 부어 놓고 그렇지 않을 때는.】

조 먼저 종이에 쓰고 그다음에 물질하시는 거예요?

오: 아니, 그 조금에는[22] 하루 그렇게 해. 조금은 그런 식으로 했어요.

---

22 조수(潮水)가 가장 낮은 때를 이르는 말이다.

【아니, 그 조금에는 하루 그렇게 해. 조금은 그런 식으로 했어요.】

조 언제 미역 따러 가셨어요? 따는 시기가 있었나요?

오: 시기가 있죠. 12월달부터 그다음 해 3, 4월달까지.

　　【시기가 있죠. 12월부터 그다음 해 3, 4월까지.】

조 미역 따러 가실 때 물에 들어가셔서 하신 거예요? 아니면 그냥 배에서
　　하신 거예요?

오: 처음에는 그냥 물속에 들어가서 했는데 이제 세월이 흐르다 보니께 이
　　제 양식을, 양식을 해 가지고 줄에다 이렇게 양식을 포자 해 가지고 이
　　제 양이 많다 보니까 그렇게 해 가지고 저도 많이 벌었어요.

　　【처음에는 그냥 물속에 들어가서 했는데 이제 세월이 흐르다 보니까
　　이제 양식을, 양식을 해 가지고 줄에다 이렇게 양식을 포자 해 가지고
　　이제 양이 많다 보니까 그렇게 해 가지고 저도 많이 벌었어요.】

조 배로 다 따시고요?

오: 예, 이제 가서 이렇게 딱 낫꾸로[23] 비고 지금은 기계로 이제 크레인 기
　　계로 착착착착 싣는데 옛날에는 다 손으로, 낫으로.

　　【예, 이제 가서 이렇게 딱 낫대로 베고 지금은 기계로 이제 크레인 기
　　계로 착착착착 싣는데 옛날에는 다 손으로, 낫으로.】

조 미역 끝나면 그다음에 뭐 하신가요?

오: 미역 끝나믄 또 할 일이 있어.

　　【미역 끝나면 또 할 일이 있어.】

---

23 낫에 긴 장대를 이어 댄 도구로 미역의 밑동을 자를 때 사용하는 '낫대'를 말하는
　　것 같다.

⊠ 뭐 하세요? 소라 하신가요? 아니면 해삼 하신가요?

오: 아, 그게 미역 채취할 때는 사리 때 하고 조금 때는 물질하고 그래요. 계속 머 미역할 때는 안 한 것이 아니에요.

【아, 그게 미역 채취할 때는 사리 때 하고 조금 때는 물질하고 그래요. 계속 뭐 미역을 할 때는 안 하는 것이 아니에요.】

⊠ 그럼 미역 채취 끝나면 그다음에는 이제 뭐 잡으러 가신가요? 뭐가 나와요?

오: 일 년 열두 달 계속 한지. 계속 나면은 해삼, 그 여름에 안 날 때는 소라, 성게.

【일 년 열두 달 계속 하는데. 계속 나면 해삼, 그 여름에 안 날 때는 소라, 성게.】

⊠ 소라, 성게는 몇 월에 하신가요?

오: 소라, 성게 다 하고 소라는 일 년 열두 달 다 있어요.

【소라, 성게 다 하고 소라는 일 년 열두 달 다 있어요.】

⊠ 소라는 다 하고 성게는 7월에서 8월 하시고요. 금어기도 있잖아요?

오: 금어 기간에는 안 하죠. 인제 잡아서 당가. 살려났다가 인제 풀리면 또 팔러 가고. 옛날에는 그런 금어 기간이 없잖아요. 지금은 있어. 옛날에는 그런 거 없었어요.

【금어 기간에는 안 하죠. 이제 잡아서 담가. 살려났다가 이제 풀리면 또 팔러 가고. 옛날에는 그런 금어 기간이 없잖아요. 지금은 있어. 옛날에는 그런 것 없었어요.】

⊠ 옛날에 모자반이나 톳도 하셨을까요?

오: 네, 모자반도 하고 톳도 해요.
　【네, 모자반도 하고 톳도 해요.】

조 이런 거는 일본에 수출하려고 하신 거예요? 그냥 드시려고 하는 거예
　요?
오: 우리는 모자반 같은 거는 이렇게 말려서 인제 장사들한테 냉기고 그래
　요. 수출하거나 그런 거는 일단 팔면 그 사람들이 얼로 어쩌게 수출한
　가 어짠가 그런 거는 몰르고 옛날에는, 옛날에는 엄청 심하게 했어요.
　있는 것도 아예 안 해. 먹을라문 쪼끔만 해고.
　【우리는 모자반 같은 거는 이렇게 말려서 인제 장사들한테 넘기고 그
　래요. 수출하거나 그런 거는 일단 팔면 그 사람들이 어디로 어찌 수출
　하는가 어떤가 그런 거는 모르고 옛날에는, 옛날에는 엄청 심하게 했
　어요. 있는 것도 아예 안 해. 먹으려면 조금만 하고.】

조 예전에는 많이 하셨죠!
오: 그렇죠. 동민이 다 나오셨어요. 동민들이 다 나와서.
　【그렇죠. 동민이 다 나오셨어요. 동민들이 다 나와서.】

조 거북손이나 따개비, 고둥 이런 것들도 하신가요?
오: 그것은 인제 먹을 거로만 하제. 부업으론 안 하고 그냥 먹을 거, 시간
　있을 때, 하는 사람하고 안 한 사람 안 하고. 옛날에는 그것도 막 해서
　팔아서 반찬하고 지금은 그렇게 안 해요.
　【그것은 이제 먹을 거로만 하지. 부업으로는 안 하고 그냥 먹을 것, 시
　간 있을 때, 하는 사람은 하고 안 하는 사람은 안 하고. 옛날에는 그것
　도 막 해서 팔아서 반찬하고 지금은 그렇게 안 해요.】

조 전복은 많이 나오나요?
오: 양식 전복요?
　【양식 전복요?】

조 아니, 자연산 전복요.
오: 자연산요.
　【자연산요.】

조 지금은 다 양식 하신가요?
오: 다 하고 우리들은 자연산 쪼끔.
　【다 하고 우리는 자연산 조금.】

조 그게 훨씬 더 비싼가요?
오: 그러죠. 몇 배가 비싸죠. 지금 1키로에 예를 들어서 한 세 마리 정도
　하면 20만 원, 20만 원 정도, 자연산이. 그만큼 귀압고 양식보다는 효
　과도 더 있고.
　【그렇죠. 몇 배가 비싸죠. 지금 1킬로에 예를 들어서 한 세 마리 정도
　하면 20만 원, 20만 원 정도, 자연산이. 그만큼 귀하고 양식보다는 효
　과도 더 있고.】

조 바다에 자연산 전복이 많이 없어졌죠.
오: 옛날에 많았었죠.
　【옛날에 많았었죠.】

조 뭘로 따세요?
오: 전복 따는 비창. 문어 잡으믄 갈쿠.[24]

【전복 따는 빗창. 문어 잡으면 갈퀴.】

조 댁에 다 있으세요?
오: 다 있어요.
    【다 있어요.】

조 여기서는 바다에 나는 풀은 뭐가 있을까요?
오: 풀요? 그 해초랑 몰자반²⁵ 같은 거, 그 개몰이라고 있어, 개몰. 파래,
    우묵가사리 같은 거.
    【풀요? 그 해초랑 모자반 같은 것, 그 개모자반이라고 있어, 개모자반.
    파래, 우뭇가사리 같은 것.】

조 이것들은 해서 드시는 거예요?
오: 아니, 그거는 우묵가사리는 해서 인제 먹어.
    【아니, 그거는 우뭇가사리는 해서 이제 먹어.】

조 파시기도 하신가요?
오: 아니, 그렇게 팔기는.
    【아니, 그렇게 팔기는.】

조 여기서 작살도 사용하셨나요?
오: 저는 작살을 해 봤어요. 고기 싸 봤어요. 강세도²⁶ 싸 보고 줄돔도²⁷ 싸

---

24 '갈퀴'는 미역을 건지거나 조개, 문어를 잡을 때 사용한다.
25 '모자반'의 전남 방언이다. 그리고 '몰'도 '모자반'의 전남 방언이다.
26 '감생이, 강생이'라고도 하는데 '감성돔'을 말한다.
27 '돌돔'을 가리키는데 옆구리에 일곱 줄의 검은 가로띠가 있어서 '줄돔'이라고도 부

보고.

【저는 작살을 해 봤어요. 고기 쏴 봤어요. 감성돔도 쏴 보고 돌돔도 쏴
보고.】

조 여기도 있나요?

오: 그렇죠.

【그렇죠.】

조 감셍이하고 줄돔하고 또 뭐 잡으셨을까요?

오: 도다리 같은 거, 능셍이[28] 같은 거.

【도다리 같은 것, 능성어 같은 것.】

조 예전에 작살은 물질하면서 같이 가지고 다니셨어요?

오: 아니죠. 그거 물때 봐서 해요. 물때, 고기가 되고[29] 오는 것이 아니죠.
물때 봐서 들물에[30] 오는 고기 있고 썰물에 오는 고기 있고.

【아니죠. 그거 물때 봐서 해요. 물때, 고기가 막 오는 것이 아니죠. 물
때 봐서 밀물에 오는 고기 있고 썰물에 오는 고기 있고.】

조 그때는 산소통 아니고 그냥 물에 들어가셨어요?

오: 아니어요. 산소통으로 해야죠. 금방 들어간디 고기를 언제 찾으겠소?
산소통 하니까 고기를 잡죠.

【아니에요. 산소통으로 해야죠. 금방 들어가는데 고기를 언제 찾겠소?

른다.

28 '능성어'의 전남 방언이다. 제주 방언은 '구문쟁이'라고 한다.

29 '함부로'의 전남 방언이다.

30 '밀물'의 전남, 제주 방언이다.

산소통 하니까 고기를 잡죠.】

조 배 타고 고기 잡으러 가신 적은 있으세요?
오: 배 타고요? 따로요? 그런 건 없어요.
　【배 타고요? 따로요? 그런 건 없어요.】

조 물질만 하셨어요?
오: 물질만 하면서.
　【물질만 하면서.】

조 먼바다까지 가서 고기 잡고 그런 건 안 하셨어요?
오: 주로 그런 건 안 해요. 그거 해 봐야 돈 되도 안하건디.
　【주로 그런 건 안 해요. 그거 해 봐야 돈이 되지도 안 할 것인데.】

조 예전에 보면 추자도까지 가서서 삼치잡이를 하신다고 하셔서요.
오: 그런 거 이런 데 사람들은 다니죠. 이런 데 사람들은 머 많이 다녀요.
　【그런 것 이런 데 사람들은 다니죠. 이런 데 사람들은 뭐 많이 다녀요.】

조 다니긴 하세요?
오: 예, 쏨뱅이도 잡으러 다니고.
　【예, 쏨뱅이도 잡으러 다니고.】

조 여기에서 해녀를 뭐라고 부르던가요?
오: 잠수.
　【잠수.】

조 그러면 제주도에서는 해녀를 뭐라고 불렀어요?

오: 그냥 해녀다 그러다기도 하고 잠수라고도 그러더라고.

【그냥 해녀다고 그러기도 하고 잠수라고도 그러더라고.】

조 제주도에서는 잠수라고 그래요?

오: 여기도 잠수라고.

【여기도 잠수라고.】

조 해녀 중에서 잘하는 해녀를 뭐라고 부른가요?

오: 상군.

【상군.】

조 여기서도 상군이라고 그래요?

오: 그러죠.

【그렇죠.】

조 그럼 그다음에 잘하는 해녀는?

오: 중군, 하군.

【중군, 하군.】

조 잘못하는 사람은 하군 말고 다른 말은 없어요?

오: 그냥 하군이라고.

【그냥 하군이라고.】

조 그럼 제주도는?

오: 제주도에서 하는 말 그대로 써요. 이게 무레질[31] 하는 거는 거의 다 비

숫하더라고.
【제주도에서 하는 말 그대로 써요. 이게 물질하는 거는 거의 다 비슷
하더라고.】

조 여기 동백리는 어떤 바다가 많나요? 모래가 많나요? 아니면 펄이 많나
요?

오: 뻘이 많죠.
【갯벌이 많죠.】

조 뻘이 많아요?
오: 뻘하고 자갈 있고.
【갯벌하고 자갈 있고.】

조 따로 그런 바다를 부르는 말이 있나요?
오: 그러니까 인제 뻘바다를 독밧이라고 그래.
【그러니까 인제 갯벌 바다를 돌밭이라고 그래.】

조 독밧이 자갈밭이죠?
오: 짜갈.[32] 짜갈이고 머득[33] 이렇게 독 하나씩 있고 짜갈이 있고 그런 데고.
【자갈. 자갈이고 머들 이렇게 돌 하나씩 있고 자갈이 있고 그런 데고.】

조 작지[34] 바당 그런 말은 안 쓰고요?

---

31 '물질'의 제주 방언이다.
32 '자갈'의 전남 방언이다.
33 보통 '머들'이라고 하며 '돌무더기'의 제주 방언이다.
34 자갈을 말하며 '작지'는 제주 방언이고 '짝지'는 전남 방언이다.

오: 작지 그런 바다 아니고 독밧, 독밧이라고. 독밧은 더 물이 맑다 이런 식으로.

【작지 그런 바다 아니고 돌밭, 돌밭이라고. 돌밭은 더 물이 맑다 이런 식으로.】

조 여기도 무슨 여 이런 것도 있나요?

오: 예, 있어요. 바다 여 있고.

【예, 있어요. 바다 여 있고.】

조 어떤 데에서 작업을 많이 하시나요? 작업하는 데를 무슨 여라고 부르나요?

오: 긍께 이제 물이 이렇게 많이 들었을 때는 그 여가 잠기고 나왔을 때는 그게 나오니까 숨은 여라고 하제. 숨었다가 인제 나왔다.

【그러니까 이제 물이 이렇게 많이 들었을 때는 그 여가 잠기고 나왔을 때는 그게 나오니까 숨은 여라고 하지. 숨었다가 인제 나왔다.】

조 여기서 작업하시나요?

오: 하죠.

【하죠.】

조 가까운 바다, 먼바다 부르는 이름이 따로 있나요?

오: 그냥 먼바다다 하고 그냥 앞바다 하고 그랍디다. 여기 가까운 이렇게 개창이다,[35] 앞에 잔잔하고.

【그냥 먼바다라고 하고 그냥 앞바다라고 하고 그럽디다. 여기 가까운

---

35 '바닷가'의 전남 방언이다.

이렇게 개창이다, 앞에 잔잔하고.】

조 바닷물이 들어오는 것을 뭐라고 해요?
오: 들물, 썰물.
【밀물, 썰물.】

조 물때는 한물부터 해서.
오: 다섯물까지는 조금이라고 봐야죠. 한조금부터 다섯물은 조금. 그다음
에 사리, 사리 때.
【다섯물까지는 조금이라고 봐야죠. 한조금부터 다섯물은 조금. 그다음
에 사리, 사리 때.】

조 사리는 여섯물부터요?
오: 여섯물부터 물이 씨죠.
【여섯물부터 물이 세죠.】

조 열두물까지 하나요?
오: 아니, 그냥 머냐면 대개끼라고 하는데 달력에 볼 때는 무세다고 하더
라고 무세.[36]
【아니, 그냥 뭐냐면 대객기라고 하는데 달력에 볼 때는 무시라고 하더
라고 무시.】

조 그러면 한물부터 열두물 하고 대객기 이렇게 세요?
오: 아니, 그렇게 아니라 한물, 두물, 일곱, 여덜, 아홉, 열한물, 열두물, 대

---

[36] 보통 '무시'라고 하며 조금 다음날을 말한다.

개끼, 아침조금, 한조금, 한물 이런 식으로.

【아니, 그게 아니라 한물, 두물, 일곱, 여덟, 아홉, 열한물, 열두물, 대객기, 아침조금, 한조금, 한물 이런 식으로.】

조 그러면 작업을 조금부터 다섯물까지 하시는 거예요?

오: 예, 그게 상황에 따라서 못 할 수도 있고 한조금은 아예 못 하고 태풍 불고 그럴 때는 한 달 내 쉴 수도 있고.

【예, 그게 상황에 따라서 못 할 수도 있고 한조금은 아예 못 하고 태풍 불고 그럴 때는 한 달 내내 쉴 수도 있고.】

조 물질은 아침에 하시나요? 오후에 하시나요?

오: 아침에요. 오전에.

【아침에요. 오전에.】

조 그러면 아침에 하는 물질은 따로 부르는 이름이 있나요?

오: 거의 아침에 가요. 물질은 오후에는 안 가잖아. 물이 잠자고 일어나면 물이 썰물이 내리잖아. 물 들어오는 물은 없어요. 들어와도 거의 아침에 가니까.

【거의 아침에 가요. 물질은 오후에는 안 가잖아. 물이 잠자고 일어나면 물이 썰물이 내리잖아. 물 들어오는 물은 없어요. 들어와도 거의 아침에 가니까.】

조 아침에 하는 물질을 따로 부르는 말은 없어요?

오: 없어. '물때 간다.' 이 말만 해.

【없어. '물때 간다.' 이 말만 해.】

조 옛날에 여기에도 추우니까 불 쬐는 곳 있었을까요?

오: 화닥.[37]

【화덕.】

조 화닥이 있었어요?

오: 우리 옛날에 있었어요. 배에다가 이렇게 장작을 피 가지고.

【우리 옛날에 있었어요. 배에다가 이렇게 장작을 피워 가지고.】

조 그러면 육지에 있는 건 아니고 배에 화닥을 만들어 놓았어요?

오: 예, 만들어서.

【예, 만들어서.】

조 탈의실 같은 거는 따로 예전에 있었을까요?

오: 탈의실 없고 그냥 기관실 밑에 실이라고 하면 되죠.

【탈의실 없고 그냥 기관실 밑에 실이라고 하면 되죠.】

조 그러면 보통 배에 있는 거고 배 말고 집에서 물질하러 나갈 때 바다 옆
에 그런 건 없었어요? 불턱이라든지 그런 거는?

오: 그런 데 없죠. 여기는 그냥 배 타고 가서, 제주도는 불떡이라고[38] 있는
데 여기는 배 타고 가서 그냥 어디 지점에 가서 그대로 빠져야 돼요.

【그런 데 없죠. 여기는 그냥 배 타고 가서, 제주도는 불턱이라고 있는
데 여기는 배 타고 가서 그냥 어디 지점에 가서 그대로 빠져야 돼요.】

---

37 '화덕'의 전남 방언이다.
38 '불턱'을 말하는데 해녀가 물질을 하다가 나와서 불을 피우며 쉬거나 옷을 갈아입
는 곳이다.

조 그럼 집에서 고무옷을 입고 배 타고 가요?

오: 지금은 거의 집에 와서 다 벗고 그래요.

【지금은 거의 집에 와서 다 벗고 그래요.】

조 예전에는 고무옷을 안 입고 그냥 배에서 갈아입으시고 들어가신 거예요?

오: 예.

【예.】

조 탈의장 그런 것도 따로.

오: 없어요.

【없어요.】

조 물에 들어갔다가 숨 쉬려고 '휴' 이렇게 하는 거를 뭐라고 하나요?

오: 순비소리.[39]

【숨비소리】

조 여기 완도에서 그걸 다른 말로 하는 거 혹시 들어보셨을까요?

오: 그냥 순비소리.

【그냥 숨비소리.】

조 여기 사람들이 다 순비소리라고 해요?

오: 예.

【예.】

---

39 전남 지방 해녀들은 '휘께소리'라고 말한다.

조 예전에 물적삼, 물소중이 그런 건 안 입으셨다는 거죠?

오: 안 입었어.

　【안 입었어.】

조 고무옷만 입으셨어요?

오: 고무옷만 입었어.

　【고무옷만 입었어.】

조 장갑은 뭘 끼셨어요?

오: 겨울에는 꼬무장갑 끼죠. 이런 꼬무장갑 말고 해녀복 딸리는 꼬무장갑.

　【겨울에는 고무장갑 끼죠. 이런 고무장갑 말고 해녀복에 달린 고무장갑.】

조 납은 직접 만드시나요? 사시나요?

오: 사실 지금은, 옛날에는 다 만들었는데.

　【사실 지금은, 옛날에는 다 만들었는데.】

조 재료는 어디서 사 와서 만드시나요? 마량에 가시나요?

오: 우리는 저 광주 같은 데 가요. 거기에 스쿠버 하는 데가 있더라고요. 다 모든 장비가 다 있더라고. 처음에 우리는 그 교육 받을 때 그 사람이 다 모든 거 다 갖다 줬어요. 납 같은 거나 머야, 이거 지금 거랑.

　【우리는 저 광주 같은 데 가요. 거기에 스쿠버 하는 데가 있더라고요. 다 모든 장비가 다 있더라고. 처음에 우리는 그 교육 받을 때 그 사람이 다 모든 것 다 갖다 줬어요. 납 같은 거나 뭐야, 이거 지금 거랑.】

조 그러면 스쿠버를 하신 게 몇 년도에 하신 거예요?

오: 정확히 저는 모르고 한 25년 정도 된 것 같아요.

【정확히 저는 모르고 한 25년 정도 된 것 같아요.】

조 그러면 그때 광주에 있는 스쿠버 하시는 분한테 교육을 받고 하신 거예요?

오: 예, 그래서 바로 했어요. 다섯 명 했는데 다 못 하고 두 명만. 그게 처음에 하면은 막 심장이 볶고[40] 숨이 차서 못해 가지고 일단은 하고 싶은 사람 다 하라 했잖아요. 못 했응께.

【예, 그래서 바로 했어요. 다섯 명 했는데 다 못 하고 두 명만. 그게 처음에 하면은 막 심장이 두근거리고 숨이 차서 못해 가지고 일단은 하고 싶은 사람 다 하라고 했잖아요. 못 했으니까.】

조 교육을 받으면 돈을 내고 했어요?

오: 아니, 아는 사람으로 해서. 하루 우리 바다에서 남자들이 전문적으로 막 고기 잡으러 체험하러 다니는 사람 있잖아요. 우리 바닥에 함부로 못 들어가요. 우리가 임대하면, 하면 이게 바닥값을 다 줘야 된께 우리가 하루 빌려주고 교육으로 한번 해달라고. 그래서 기술자가 오래 하지 마라 더라고 50대 되면. 나 그때 한 30대는 한 것 같애요. 거의 30년 된 것 같네요. 그런데 '그때까지만 하고 하지 마세요.', '왜요?' 항께 생명에 지장이 있다고 하더라고요. 긍께 그 레구르트[41] 이거를 딱 물잖아요. 이게 그 나쁜 공기가 엄청 많이 끼더라고요. 그래서 막 한 번씩 교체를 해요.

【아니, 아는 사람으로 해서. 하루 우리 바다에서 남자들이 전문적으로 막 고기 잡으러 체험하러 다니는 사람 있잖아요. 우리 바다에 함부로

---

40 '흉통'을 의미하는 것 같다.
41 다이버가 물속에서 숨을 쉴 수 있도록 지원하는 장비인 '레귤레이터(regulator)'를 말한다.

못 들어가요. 우리가 임대하면, 하면 이게 바다 값을 다 줘야 되니까 우리가 하루 빌려주고 교육으로 한번 해달라고. 그래서 기술자가 오래 하지 마라더라고 50대 되면. 나 그때 한 30대는 한 것 같아요. 거의 30년 된 것 같네요. 그런데 '그때까지만 하고 하지 마세요.', '왜요?' 하니까 생명에 지장이 있다고 하더라고요. 그러니까 그 호흡기 이거를 딱 물잖아요. 이게 그 나쁜 공기가 엄청 많이 끼더라고요. 그래서 막 한 번씩 교체해요.】

[조] 입에 무는 거요?

오: 예.

【예.】

[조] 신지도랑 약산이나 여기는 스쿠버 하시고 저쪽 흑산도는 스쿠버를 안 하시더라고요. 이쪽만 이렇게 스쿠버를 하시는 것 같아서 특이하더라고요.

오: 여기 약산도 우리 뒤로 했어요. 그분도 나 뒤로 했다고.

【여기 약산도는 우리 뒤로 했어요. 그분도 나 뒤로 했다고.】

[조] 최초로 하셨다고 그렇게 말씀하시더라고요.

오: 우리 뒤로 했어. 그분이 우리 배에 와서 타고 했어요. 하다가 안 하고 하면서 인제.

【우리 뒤로 했어. 그분이 우리 배에 와서 타고 했어요. 하다가 안 하고 하면서 인제.】

[조] 해녀가 약산도에는 있고 고금도는 없죠.

오: 그분이, 약산도 분이 제주도 분이에요.

【그분이, 약산도 분이 제주도 분이에요.】

조 그분은 활동도 많이 하시고 협회도 만들면 좋겠다고 하시는데 해녀들
  이 모이는 것이 힘들다고 하시던데요.
오: 안 돼요. 우리 같은 경우에도 이런 섬에도 이제 사동회 같은 경우는 해
  녀가 많애요. 그래서 이렇게 하고 이러면 지금 제주증이 있는 사람들
  이 거의 약국에 가도 다 무료. 병원에 가도 다 무료.[42] 꼬무옷 이런 것
  도 일 년에 한 번씩 다 공짜여. 근디 우리는 그런 것이 없어.
  【안 돼요. 우리 같은 경우에도 이런 섬에도 이제 사동회 같은 경우는
  해녀가 많아요. 그래서 이렇게 하고 이러면 지금 해녀증이 있는 사람
  들이 거의 약국에 가도 다 무료. 병원에 가도 다 무료. 고무옷 이런 것
  도 일 년에 한 번씩 다 공짜야. 그런데 우리는 그런 것이 없어.】

조 완도는 한 번 있었다고 그러더라고요.
오: 한 번 있었어. 딱 한 번 있었어. 어쩌라고 그때 한 번 있었어. 그래도
  엄청 그런 데는 제주도에는 특히 해녀에 대해서 관심이 많고 인간 문
  화제도 막 열리고 해녀 학교도 있고 해녀가 없어지다 보니까 그렇죠.
  옛날에 이 해녀 직업이 엄청 천덕스럽잖아요. 왜냐하면 그 물적삼 속
  옷 입어서 그 찬물에, 나 기억해요. 우리 엄마 거기 따라가서 이렇게
  불 딱 이렇게 피어 놓으면은 지금 스타킹도 안 신고 오리발도 없고 그
  래 가지고 나오면 이 살이 뻘게 가지고 그런 기억이 있었어요. 그러니
  까 아주 천덕스러운 일이잖아요.
  【한 번 있었어. 딱 한 번 있었어. 어쩌다 그때 한 번 있었어. 그래도

---

42 진료비는 제주 도내에 거주하며 현재 물질조업 하는 해녀로, 만 65세까지 그리고
15년 이상 해녀 생활을 했던 분을 지원한다고 한다.

엄청 그런 데는 제주도에는 특히 해녀에 대해서 관심이 많고 인간 문
화제도 막 열리고 해녀 학교도 있고 해녀가 없어지다 보니까 그렇죠.
옛날에 이 해녀 직업이 엄청 천덕스럽잖아요. 왜냐하면 그 물적삼 속
옷 입어서 그 찬물에, 나 기억해요. 우리 엄마 거기 따라가서 이렇게
불 딱 이렇게 피워 놓으면 지금 스타킹도 안 신고 오리발도 없고 그래
가지고 나오면 이 살이 뻘게 가지고 그런 기억이 있었어요. 그러니까
아주 천덕스러운 일이잖아요.】

조 별로 안 좋게 보는 거죠.

오: 예, 그렇잖아요. 다 이렇게 아주 꾀벗고[43] 거의 이제 그렇게 해서 돈을
벌면 그게 어떻게 해서도 직업인데 지금은 복장이 딱 이렇게 되니까
아무리 추운 날도 시간 맞춰서 딱 나오고.

【예, 그렇잖아요. 다 이렇게 아주 벌거벗고 거의 이제 그렇게 해서 돈
을 벌면 그게 어떻게 해서도 직업인데 지금은 복장이 딱 이렇게 되니
까 아무리 추운 날도 시간 맞춰서 딱 나오고.】

조 예전에 귀마개도 하셨을까요?

오: 지금도 해요.

【지금도 해요.】

조 뭘로 하셨어요?

오: 옛날에는 머이냐 그거 머, 쑥으로도 하고 지금은 수영 선수들 막는 거

---

43 '꾀벗다'는 '꾀+벗다'로, '꾀'는 '고의'에서 유래했는데 '고의'는 남자들이 여름에
바지 대신 입는 홑옷을 가리킨다. '고의'는 'ㄱ외〉고외〉고의'의 변화를 거쳤다. '꾀
벗다'는 '고의벗다〉괴벗다〉꾀벗다'의 변화를 거친 것이며 보통 '깨벗다'라고도 말
한다.

있잖아요. 그런 것도 하고 아니면 애들 그 즈그 놀이라는 거 있잖아요.
【옛날에는 뭐이냐 그거 뭐, 쑥으로도 하고 지금은 수영 선수들 막는 것
있잖아요. 그런 것도 하고 아니면 애들 그 자기 놀이라는 것 있잖아요.】

조 찰흙은 아니고?

오: 찰흑, 찰흑. 그걸 주물러 가지고 껌 있잖아요. 껌 그거랑 딱 섞어서 이
렇게 하면 단단하더라고.
【찰흙, 찰흙. 그걸 주물러 가지고 껌 있잖아요. 껌 그거랑 딱 섞어서
이렇게 하면 단단하더라고.】

조 껌하고 찰흙하고 섞어서 같이 하세요?

오: 그거 안 하면 안 돼요. 해야 돼.
【그거 안 하면 안 돼요. 해야 돼.】

조 예전에는 수경을 큰 걸로 하셨어요? 아니면 두 개짜리로 하셨어요?

오: 처음에 우리가 배울 때는 두 개짜리로 했는디 지금은 큰 걸로 하고 지
금은 다이빙 한 거는 따로.
【처음에 우리가 배울 때는 두 개짜리로 했는데 지금은 큰 것으로 하고
지금은 다이빙하는 것은 따로.】

조 다이빙 하는 거는 어떻게 돼 있나요?

오: 그냥 작업하는 사람들 물에 들어가면 안 되는데 그냥 일반 작업하는
사람들은 쫌 짝고 근데 다이버 하는 거는 잘 보이죠.
【그냥 작업하는 사람들 물에 들어가면 안 되는데 그냥 일반 작업하는
사람들은 좀 작고 그런데 다이버 하는 거는 잘 보이죠.】

조 다이버 하는 게 훨씬 더 큰가요?

오: 예.

　【예.】

조 예전에는 그물을 망사리라고 했어요?

오: 지금도 망사리다 해요. 그물 보고 망사리다 해요.

　【지금도 망사리라고 해요. 그물 보고 망사리라고 해요.】

조 작업 가실 때 조락[44] 가지고 다니세요?

오: 예, 조락.

　【예, 조락.】

조 거기에다 채취물을 다 넣으세요?

오: 해삼 너는 거 따로 있고 고동 넌 거 따로 고동하고 전복은 같이 넣을
　수 있고 해삼은 해삼만 넣어야 돼. 그러니까 두 개도 차고 다니고 세
　개도 차고 다녀.

　【해삼 넣는 것 따로 있고 고동 넣는 것 따로 고동하고 전복은 같이 넣
　을 수 있고 해삼은 해삼만 넣어야 돼. 그러니까 두 개도 차고 다니고
　세 개도 차고 다녀.】

조 그럼 조락 3개를 차고 다니시나요?

오: 응, 성게도 하나 다.

　【응, 성게도 하나 다.】

조 성게 따로 하고 해삼 따로 하고 그럼 그것을 목에다?

---

44 물질할 때 해녀가 테왁망사리에 묶거나 배에 차는 작은 그물주머니이다.

오: 다 걸어요.

【다 걸어요.】

조 그럼 세 개를 목에다 다 걸어요?

오: 아니, 이렇게 하나 있잖아요. 그럼 옆에다 차요. 옆에다 차. 그러께 인
제 잡을 때는 우리가 줄을 차고 다녀요. 쪼그마한 음료수병 하나 달아
매고 큰 걸로 차고 가면 힘이 들어서 물살에 씻어 빨리 안 오잖애요.
그래서 인제 나올 때는 목에서 벗고 몸만 나와 그러면 인제 아저씨가
이게 하다 보니까 빠지믄 어디쯤에서 나올 걸 알아요. 그러면 딱 어디
가 있다 그 시간 맞춰서 딱 오고 계속 따라다닌 것이 아니고 옛날에는
좀 불안해서 그랬는데 지금은 여기서 빠지믄 어디서 나올 걸 딱 알고
그 시간 되면 딱 나와서 나올 시간이 된다 이러면은, 배가 올 시간이
된다 이러면 욱에서 뱃소리가 이렇게 우리 뱃소리 다 지금 다 알아, 우
리 배가 왔구나 그렇게. 지금 작업하면 엄청 위험해. 왜냐하면 여기 사
람들 바다에 왔다 갔다 항께. 시간이 되면 딱 집중해요. 배가 오는 소
리가 난가 그 순간에 나와야죠. 지금 째내기가 엄청 빠르잖아요. 금방
와버리니까 그게 좀 불안해서.

【아니, 이렇게 하나 있잖아요. 그럼 옆에다 차요. 옆에다 차. 그러니까
인제 잡을 때는 우리가 줄을 차고 다녀요. 조그마한 음료수병 하나 달
아매고 큰 것으로 차고 가면 힘이 들어서 물살에 씻어 빨리 안 오잖아
요. 그래서 인제 나올 때는 목에서 벗고 몸만 나와. 그러면 인제 아저
씨가 이게 하다 보니까 빠지면 어디쯤에서 나올 걸 알아요. 그러면 딱
어디가 있다가 그 시간 맞춰서 딱 오고 계속 따라다닌 것이 아니고 옛
날에는 좀 불안해서 그랬는데 지금은 여기서 빠지면 어디서 나올 걸
딱 알고 그 시간 되면 딱 나와서 나올 시간이 된다 이러면 배가 올 시
간이 된다 이러면 위에서 뱃소리가 이렇게 우리 뱃소리 다 지금 다 알

아, 우리 배가 왔구나 그렇게. 지금 작업하면 엄청 위험해. 왜냐하면 여기 사람들 바다에 왔다 갔다 하니까. 시간이 되면 딱 집중해요. 배가 오는 소리가 나는 그 순간에 나와야죠. 지금 선내기가 엄청 빠르잖아 요. 금방 와버리니까 그게 좀 불안해서.】

☒ 추자도는 사고 방지를 위해 형광색 옷을 입더라고요.
오: 그거는 인제 그냥 작업하는 사람이 우리는 물속에서 계속 있잖아요. 물속에 있는 사람은 그런 거 모르잖아요. 그러니까 우리 아저씨가 중 간에다 세워. 아, 그러면 사람들이 여기 오늘 작업하구나 하면 쫌 바깥 으로 돌아가고 그런 저기가 있어요.
【그거는 인제 그냥 작업하는 사람이 우리는 물속에서 계속 있잖아요. 물속에 있는 사람은 그런 것 모르잖아요. 그러니까 우리 아저씨가 중 간에다 세워. 아, 그러면 사람들이 여기 오늘 작업하구나 하면 좀 바깥 으로 돌아가고 그런 저기가 있어요.】

☒ 구덕, 바구니 그런 건 없죠.
오: 네, 없어요. 제주도만 있죠.
【네, 없어요. 제주도만 있죠.】

☒ 아까 갈쿠 쓰신다고 그랬죠.
오: 네, 문어 잡는 거는 갈쿠, 전복은 비창.
【네, 문어 잡는 거는 갈퀴, 전복은 빗창.】

☒ 여기에서 미역 베는 거는?
오: 낫.
【낫.】

㉜ 제주도에서는 호멩이라고 그러던데요.

오: 갈쿠리 보고 호멩이라고 해. 여기는 갈쿠라고 그래. 저기는 호멩이라
고 해.

【갈퀴 보고 호멩이라고 해. 여기는 갈퀴라고 그래. 제주도는 호멩이라
고 해.】

㉜ 예전에 닻돌이나 닻줄도 사용하셨어요?

오: 네.

【네.】

㉜ 그러면은 닻돌은 뭘로 하세요?

오: 옛날에는 독으로 했는데, 돌로 했는데 가다 보니까 돌이 좀 납보다 좀
가볍더라고. 물이 쎌 때는 막 가불어. 인제 납은 무거우니까 인제 주로
납으로. 지금 가다 보니까 머리가 딱 뭘로 하면 되겠구나.

【옛날에는 돌로 했는데, 돌로 했는데 가다 보니까 돌이 좀 납보다 좀
가볍더라고. 물이 셀 때는 막 가버려. 인제 납은 무거우니까 인제 주로
납으로. 지금 가다 보니까 머리가 딱 뭘로 하면 되겠구나.】

㉜ 닻줄은 몇 자나 하세요?

오: 거시기에 따라서 수심 깊은 데 가믄 길게 일단은 한 25메타 정도 해서
수심이 깊은 데 가믄 수심이 앞은 데 가믄 쭐여서 어느 정도 몇 메타
정도 되겠다 하믄 그 정도 해서 딱 묶어서 하고.

【거시기에 따라서 수심 깊은 데 가면 길게 일단은 한 25미터 정도 해
서 수심이 깊은 데 가면 수심이 얕은 데 가면 줄여서 어느 정도 몇 미
터 정도 되겠다 하면 그 정도 해서 딱 묶어서 하고.】

조 물에 뜨는 거를 뭐라고 한가요? 하얀 거?

오: 두룽박, 두르박.

　【두름박, 두름박.】

조 제주도에서는?

오: 테왁.

　【테왁.】

조 예전에 그런 거는 주로 뭘로 만들었나요?

오: 스츠로포. 여기 제주도에는 박으로 했잖아요. 박, 박으로. 근데 지금 박이 없으니까 거의 이렇게 스트레프, 스트레프를 다 손으로 다 이렇게 일일이 재단을 해 가지고 형겁[45] 천으로 싸가지고 보두럽게.[46]

　【스티로폼. 여기 제주도에는 박으로 했잖아요. 박, 박으로. 그런데 지금 박이 없으니까 거의 이렇게 스티로폼, 스티로폼을 다 손으로 다 이렇게 일일이 재단을 해 가지고 형겊 천으로 싸 가지고 보드랍게.】

조 파래도 채취를 하시나요?

오: 청각은 채취는 하는데 파래는 할 필요 없어요. 그거 다 먹고 살아야 되니까.

　【청각은 채취는 하는데 파래는 할 필요 없어요. 그거 다 먹고 살아야 되니까.】

조 그걸로 뭐 하세요?

---

45 '헝겊'의 전남 방언이다.

46 표준어 '보드랍다'와 대응되는데 '보드랍다'에서 온 것이다. 전남 방언에서는 '보다랍다'라고도 한다.

오: 김치 담아 먹고 팔기도 하고.

【김치 담아 먹고 팔기도 하고.】

조 우뭇가사리는?

오: 우뭇가사리는 인제 머 푹 과: 가지고 우무묵 만들어. 우무묵, 이렇게
흘려 놓으면 우뭇가사리묵 되잖아요.

【우뭇가사리는 인제 뭐 푹 고아 가지고 우무묵 만들어. 우무묵, 이렇게
흘려 놓으면 우뭇가사리 묵 되잖아요.】

조 우뭇가사리를 다른 말로 뭐라고 해요?

오: 천초.

【천초.】

조 여기 사람들도 천초라고 하나요?

오: 여기 사람 천초라믄 몰라. 그냥 우무다 해야 돼. 제주도는 천초라고
해.

【여기 사람 천초라고 하면 몰라. 그냥 우무라고 해야 돼. 제주도는 천
초라고 해.】

조 소라는 열두 달 다 하신다고 그랬죠?

오: 예.

【예.】

조 소라나 고둥이나[47] 똑같은 거죠?

---

[47] 보통 '고둥'이라고 말하는데 연체동물문 복족강의 동물을 통틀어 이르는 말이다.

오: 여기서는 꾸지기다고[48] 하죠. 제주도는, 꾸지기다고. 여기는 그냥 뿔소
라라고 하더라고.

【여기서는 구제기라고 하죠. 제주도는, 구제기라고. 여기는 그냥 뿔소
라라고 하더라고.】

조 군벗이나 그런 것들도 하세요?

오: 우리는 안 해요.

【우리는 안 해요.】

조 전복을 따로 부르는 말이 있나요? 암컷, 수컷.

오: 암컷, 수컷은 잘 모르고 그냥 전복이여. 이거 따서 내장을 봐야 암컷,
수컷 알죠.

【암컷, 수컷은 잘 모르고 그냥 전복이야. 이거 따서 내장을 봐야 암컷,
수컷 알죠.】

조 여기에서 성게도 작업을 많이 하시나요?

오: 예.

【예.】

조 성게 하시면 그것도 자기가 다 가져가나요? 아니면 절반씩 나누나요?

오: 아니, 인제 저 같은 경우는 다 우리가, 우리 바닥이니까 다 하죠.

【아니, 인제 저 같은 경우는 다 우리가, 우리 바다이니까 다 하죠.】

소라, 총알고둥 따위처럼 대개 말려 있는 껍데기를 가지는 종류를 가리킨다.

48 '소라'의 제주 방언이다. '구제기'라고도 하는데 '꾸지기'는 '구제기'에서 'ㅔ〉ㅣ'의
변화가 일어나고 'ㄱ'이 'ㄲ'이 되는 어두 경음화가 일어나서 생긴 것 같다.

조 바다 사면은 다 자기가 가져가나요?

오: 예, 우리가 돈을 그 대신 5년 계약하면 한뻔에[49] 돈 내요. 예를 들어서 1억 5천이면 한뻔에 돈 내요.

【예, 우리가 돈을 그 대신 5년 계약하면 한꺼번에 돈 내요. 예를 들어서 1억 5천이면 한꺼번에 돈 내요.】

조 다른 데는 보니까 성게는 마을이랑 5대 4 이런 식으로 해서 나누더라고요.

오: 긍게 인제 그 대신에 바다 값이 싸잖아요. 우리는 그런 것까지를 안 하고 한뻔에 다 포함해서 얼마.

【그러니까 이제 그 대신에 바다 값이 싸잖아요. 우리는 그런 것까지를 안 하고 한꺼번에 다 포함해서 얼마.】

조 거기서는 해녀가 5, 마을 4, 경비 1 이런 식으로 하던데요.

오: 어촌게에서 운영한 데는 그래요.

【어촌계에서 운영하는 데는 그래요.】

조 여기는 어촌계가 없어요?

오: 어촌게도 있는데 그냥 쉽게 말해서 그냥 그 업자한테 한뻔에 팔아버려요.

【어촌계도 있는데 그냥 쉽게 말해서 그냥 그 업자한테 한꺼번에 팔아버려요.】

조 그냥 다 가져가 버려요? 어촌계 안 통하고.

---

49 '한꺼번에'의 전남 방언이다.

오: 예, 그러면 이제 예를 들어 12월 31일까지다. 1월 1일은 절대 못 들어
　　가요. 딱 그날까지만.
　　【예, 그러면 이제 예를 들어 12월 31일까지다. 1월 1일은 절대 못 들
　　어가요. 딱 그날까지만.】

㊣ 그럼 어촌계에서 하시는 분도 계시는 거죠?
오: 아니, 어촌계는 있어도 따른 전복 관리나 미역 관리, 다시마 관리나 이
　　러지 1종 개포라는 거는 전혀 그냥 기안할 때 돈만 주면 되니까.
　　【아니, 어촌계는 있어도 다른 전복 관리나 미역 관리, 다시마 관리나
　　이러지 1종 개포라는 거는 전혀 그냥 기안할 때 돈만 주면 되니까.】

㊣ 그럼 잡아서 팔아달라고 그런 것도 아니고요?
오: 전혀 없어. 우리가 알아서 다 해. 그냥 5년 동안은 우리 거여 다. 이
　　돌까지도 다 우리 거여.
　　【전혀 없어. 우리가 알아서 다 해. 그냥 5년 동안은 우리 거야 다. 이
　　돌까지도 다 우리 거야.】

㊣ 그럼 잡아서 파는 것도 다 알아서 하시는 거예요?
오: 잉, 다 알어서.
　　【응, 다 알아서.】

㊣ 어촌계가 있는 데는 나누고 그러는데.
오: 1종 개포면[50] 전체적으로 다. 5년까지는 우리 거, 5년 넘으면 그냥 아

---

50 5년 동안 바다를 사서 해산물을 채취할 수 있는 면허를 갖는 것을 '1종 개포'라고
　　하는 것 같다.

니고.

【1종 개포면 전체적으로 다. 5년까지는 우리 것, 5년 넘으면 그냥 아니고.】

조 해삼도 마찬가지고요?

오: 예.

【예.】

조 여기에서 참게도 잡으세요?

오: 그런 건 안 해.

【그런 건 안 해.】

조 해녀 조직은 지금 없는 거죠?

오: 없어요, 없어. 혼자니까. 옛날에는 머 한 3, 40명씩 됐는데 거의 다 이렇게 돌아가시고 늙고.

【없어요, 없어. 혼자니까. 옛날에는 뭐 한 3, 40명씩 됐는데 거의 다 이렇게 돌아가시고 늙고.】

조 저기 있는 분도 해녀이시죠. 그분은 다른 데서 작업하시나요?

오: 여기서 그냥 태어나서 쪼금, 가서 쪼금 심심풀이.

【여기서 그냥 태어나서 조금, 가서 조금 심심풀이.】

조 전문적으로 안 하시고요?

오: 전문적으로 안 하고, 여기 사람들은 바다에서 거의 헤엄 많이 치더라고, 우무 같은 거 그런 거 쪼금 하더라고. 청각 같은 거 하고.

【전문적으로 안 하고, 여기 사람들은 바다에서 거의 헤엄 많이 치더라

고, 우무 같은 것 그런 것 조금 하더라고. 청각 같은 것 하고.】

㊂ 저분들은 스쿠버를 안 하시고.
오: 아예 안 하고.
　【아예 안 하고.】

㊂ 그냥 수경 쓰고 잠깐 들어갔다 나와요?
오: 그냥 금일에서는 저 혼자예요. 저 혼자.
　【그냥 금일읍에서는 저 혼자예요. 저 혼자.】

㊂ 저분들은 물질하면서 소라도 잡고 전복도 잡고 하시는 거죠?
오: 옛날에 했어. 옛날에, 몇십 년 전에. 내가 처음에 왔을 때는 했었어요.
　근데 그 후로는 안 하더라고.
　【옛날에 했어. 옛날에, 몇십 년 전에. 내가 처음에 왔을 때는 했었어요.
　그런데 그 후로는 안 하더라고.】

㊂ 그러면 실질적으로 혼자만 하시는 거네요?
오: 예, 지금은 그렇죠.
　【예, 지금은 그렇죠.】

㊂ 회장님 다음에 회장님 못 하시면은 해녀 할 사람이 없네요.
오: 없어요. 아무도 없어. 이게 여기 동백리 같은 경우에 1종 개포고 저가
　하잖아요. 다음에 우리가 끝나면.
　【없어요. 아무도 없어. 이게 여기 동백리 같은 경우에 1종 개포고 제가
　하잖아요. 다음에 우리가 끝나면.】

조 뭐라고요?

오: 1종, 여기 보고 1종 개포다 해요.

【1종, 여기 보고 1종 개포라고 해요.】

조 1종 개포요, 여기 바다 사는 걸요?

오: 1종 개포라고 그래요. 그러면 머 지금 남자들이 전문으로 하는 사람 있잖아요. 완도 같은 데 읍에 가면.

【1종 개포라고 그래요. 그러면 뭐 지금 남자들이 전문으로 하는 사람 있잖아요. 완도 같은 데 읍에 가면.】

조 머구리 같은 사람요?

오: 그런 사람들이 나한테 팔 수밖에 없어. 저도 이제 나이가 있으니까 인제 삼 년 후에는 인제 계약 기간이 끝나는데 거의 그때 정도 되면은 칠십 아니 저거 육십 한 여덜이 된디 어찌게 하겠어요.

【그런 사람들이 나한테 팔 수밖에 없어. 저도 이제 나이가 있으니까 이제 삼 년 후에는 이제 계약 기간이 끝나는데. 거의 그때 정도 되면 칠십 아니 저거 육십 한 여덟이 되는데 어떻게 하겠어요.】

조 생일도도 혼자 계시더라고요. 그런데 몸이 안 좋으시고 연세도 많으시더라고요.

오: 거기도 칠십이 다 돼 가서.

【거기도 칠십이 다 돼 가서.】

조 지금 계신 분들이 안 하시면 이제 없어지더라고요.

오: 그러니까 그래서 제주도에가 이 해녀에서 막 학교가 생겨서 이제 하라고 이런데. 이게 한마디로 말해서 천덕스러운 직업이잖아요. 이 추운 엄동설

한에 물속에 들어간다는 거 이 좋은 세상에 누가 그렇게 살라고 하겠어요. 다 모든 거 지금 밥도 안 해 먹고 다 시켜 먹는 그런데. 돈을 우리도 지금 내일이라도 가면 춥잖아요. 그 날씨가 이렇게 좋은 것 같아도 물은 차가워요. 손도 물이 안 들어와도 차갑고 막 얼굴이 이렇게 느껴요. 그래서 갔다 와서 모욕 샤워하고 먹으면 그 생각이 없어져 버려요.

【그러니까 그래서 제주도에 이 해녀에서 막 학교가 생겨서 이제 하라고 이런데. 이게 한마디로 말해서 천덕스러운 직업이잖아요. 이 추운 엄동설한에 물속에 들어간다는 것 이 좋은 세상에 누가 그렇게 살려고 하겠어요. 다 모든 것 지금 밥도 안 해 먹고 다 시켜 먹고 그런데. 돈을 우리도 지금 내일이라도 가면 춥잖아요. 그 날씨가 이렇게 좋은 것 같아도 물은 차가워요. 손도 물이 안 들어와도 차갑고 막 얼굴이 이렇게 느껴요. 그래서 갔다 와서 목욕 샤워하고 먹으면 그 생각이 없어져 버려요.】

조 혹시 완도에 계시는 분들을 알고 계실까요?

오: 다 연세가 많애. 우리 배에 온 사람들이 그때 당시에는 오십대였잖아요. 그럼 지금 칠십들이 넘고 돌아가신 분도 많고.

【다 연세가 많아. 우리 배에 온 사람들이 그때 당시에는 오십대였잖아요. 그럼 지금 칠십들이 넘고 돌아가신 분도 많고.】

조 앞바다에서 작업 안 하고 멀리 많이 가신다고 그러더라고요.

오: 예, 여기저기 사 가지고 차 타고 가고 그래요.

【예, 여기저기 사 가지고 차 타고 가고 그래요.】

참고문헌

국립무형유산원(2015), ≪서남해 해녀, 퉁소음악, 한지장≫, 국립무형유산원.

김지숙(2020), 〈언어 접촉으로 육지 해녀의 언어에 나타난 제주 방언 연구〉, ≪방
　　　언학≫ 32, 한국방언학회, 191-220면.

송기태(2015), 〈서남해 무레꾼 전통의 변화와 지속〉, ≪실천민속한연구≫ 25, 실
　　　천민속학회, 207-245면.

양희주(2015), 〈제주해녀 어휘 연구〉, 제주대 석사학위논문.

이기갑(2003), ≪국어방언문법≫, 태학사.

이기갑·고광모·기세관·정제문·송하진(1998), ≪전남방언사전≫, 태학사.

이돈주(1978), ≪전남 방언≫, 형설출판사.

한국정신문화연구원(1991), ≪한국방언자료집Ⅵ 전라남도편≫, 한국정신문화연구
　　　원.

사이트: https://opendict.korean.go.kr 우리말샘

사이트: https://encykorea.aks.ac.kr 한국민족문화대백과사전

제2부 연구편

전남 완도군 해녀의 언어 연구

완도군 서부지역 자생해녀의 언어 연구

1. 서론

해녀는 제주도뿐만 아니라 동해안 지역, 서남해 지역에서 활동하고 있다. 서남해 지역 중에서 완도군에는 제주도에서 출향하여 완도에 정착한 출향해녀와 자생해녀가 함께 활동하고 있는데 현재 자생해녀는 점점 사라져 가는 상황이다. 본 연구는 전남 완도군의 서부지역 해녀 중 자생해녀의 언어를 대상으로 문법적, 음운론적, 어휘적 분석을 통해 자생해녀 언어의 특징을 밝히는 데 목적이 있다.

완도군은 265개의 섬들이 모여서 형성된 도서군으로, 완도군에는 3읍 9면이 있는데 섬들이 넓게 퍼져 있으므로 권역별로 나눠서 조사하는 것이 좋을 것 같다. 본 연구의 서부지역은 완도읍을 기준으로 오른쪽에 있는 노화읍, 보길면, 소안면을 말한다. 조사 지역에 추자면을 추가하였는데 추자면은 행정구역상으로는 제주도에 속해 있지만 사용하는 어휘나 생활 무대가 완도군과 가까워 조사 지역에 포함하였다.[1]

2014년 시·군 해양수산과에서 제공한 전남지역 해녀 현황자료를 보면

---

[1] 추자도는 완도항과 제주항에서 매일 여객선이 운행되고 있어서 추자도 사람들은 두 곳 모두 왕래가 잦은데 추자도 사람들이 사용하는 말은 전남 방언에 더 가까웠다. 그런데 아이들은 교육을 위해서 제주도로 보내는 경우가 많았다.

출향해녀와 자생해녀에 대한 구분 없이 완도 서부지역 해녀 수를 제시하고 있는데 노화읍과 보길면에서 활동하는 해녀는 파악이 안 되어 있고 소안면은 6명으로 조사되었다. 본 연구는 전남 완도군 노화읍, 보길면, 소안면, 추자면에 있는 자생해녀를 대상으로 면담을 하고 채록한 내용을 토대로 문법적, 음운론적, 어휘적 분석을 통해 전남 방언 화자인 완도군 서부지역 자생해녀 언어의 특징을 밝히려고 한다.

전남 완도군 해녀에 대한 선행연구를 살펴보면, 고광민(1992)의 평일도 해녀의 어로조직과 기술 연구, 곽유석(1991)의 청산도 해녀의 도구와 해초 채취 연구, 이경아(1997)의 신지도 패류 채취와 기술 연구, 양원홍(1998)의 완도에 정착한 제주해녀의 생애사가 있다. 완도군이 포함된 연구는 송기태(2015)의 신안과 완도의 무레꾼(해녀)의 정체성과 어로활동에 대한 연구, 박종오(2015)의 서남해 지역 해녀의 어로 기술 습득 방법과 어로 환경 적응 양상 연구, 전남여성플라자(2013)의 여수·신안·완도·고흥 지역 해녀의 실태연구, 국립무형유산원(2015)의 서남해 해녀, 퉁소음악, 한지장 연구가 있다. 선행 연구들은 민속학적 관점에서 해녀 생애사와 해녀의 해산물 채취 방법과 기술, 마을 어업과의 관계 등을 논의하는 연구로, 해녀가 사용하는 특정 어휘들을 확인할 수 있으나 전남 방언 화자인 해녀들의 언어적 특징을 확인하기는 어렵다. 본 연구는 서부지역 자생해녀 언어의 문법, 음운, 어휘적 특징을 분석하여 서부지역 해녀 언어의 특징을 밝힘으로써 완도군 해녀 언어의 특징을 밝히는 데 일조할 수 있을 것이다.[2]

완도군 서부지역의 자생해녀를 파악하기 위해 해녀와 관련된 자료집,

---

2 한 언어의 특징을 종합적으로 파악하려면 그 언어의 문법, 음운, 어휘적 특징을 파악하면 되는데 개인의 언어도 마찬가지이다. 서부지역 자생해녀의 언어를 파악하기 위해 해녀 언어의 문법, 음운, 어휘적 특징을 분석하는데 전남 방언과의 영향 관계는 문법, 음운론적 분석을 통해서 알 수 있고 제주해녀 어휘와의 차이점은 어휘적 분석을 통해서 확인할 수 있다.

동영상 등을 수집하였다.[3] 수집한 자료를 바탕으로 2021년 8월에 노화읍과 보길면을 현장 조사를 했는데 노화읍에서 활동하는 해녀는 찾지 못했다. 보길면 현장 조사는 2021년 8월 3일에 실시하였고 소안면은 2021년 8월 19일에 실시하였다. 그리고 추자면은 2021년 5월 19일부터 20일까지 실시하였다. 현장 조사에서 해녀 문화를 잘 알고 이야기하는 것을 좋아하는 제보자를 선정하고 미리 준비한 해녀 생애와 물질 작업에 대해 질문하면서 심층 면담을 실시하였다.[4]

　　면담을 통해 채록한 내용을 문법, 음운, 어휘로 나누어 분석하였다. 문법적 분석은 이기갑(2003)을, 음운론적 분석은 김경표(2013)을, 어휘적 분석은 양희주(2015)를 참고하였다.[5] 문법적 분석은 조사, 연결어미를 중심으로

3　완도군 자생해녀를 파악하기 위해 국립무형유산원(2015)에서 조사한 서남해 해녀의 자료를 참고하였고 소안면 해녀의 경우에는 먼저 해녀 관련된 동영상 자료를 확인하고 현지에 가서 수소문한 후에 찾을 수 있었다.

4　코로나 19로 외부인을 만나 대화하는 것이 쉽지 않았을 텐데 기꺼이 조사에 참여해 주신 제보자들에게 감사를 드린다. 제보자 인적 사항은 다음과 같다.

성함	성별	나이	조사 지역	조사 방식
황○○	여	76	보길면 중리	구술조사
신○○	여	78	소안면 미라리	구술조사
박○○	여	80	추자면 예초리	구술조사
오○○	여	80	추자면 예초리	구술조사
김○○	여	82	추자면 예초리	구술조사

5　이기갑(2003)의 ≪국어방언문법≫은 방언학자들이 이루어낸 성과를 바탕으로 저자의 연구를 보태어 국어 방언 문법 전체를 개괄하는 체계를 세운 것으로 전남방언의 문법 체계를 전체적으로 확인할 수 있고 다양한 예들이 많아 본 연구에 참고하였다. 그리고 김경표(2013)의 ≪전남 도서 방언의 음운론적 대비 연구≫는 완도군 청산면, 고금면, 금일읍을 조사한 연구로 본 연구의 조사 지역과 겹치는 지역이 없으나 완도 방언의 음운 현상을 참고할 수 있어서 본 연구에 참고하였다. 양희주(2015)의 ≪제주해녀 어휘 연구≫는 지금까지 연구된 제주해녀 어휘를 모아 유형별로 분류하여 완도 서부지역 해녀와 비교하기에 용이하여 본 연구에 참고하였다.

살피고 음운론적 분석은 모음의 완전순행동화, 활음화를 중심으로 살피며 어휘적 분석은 해녀 명칭, 바다 환경, 작업 도구를 중심으로 살핀다.

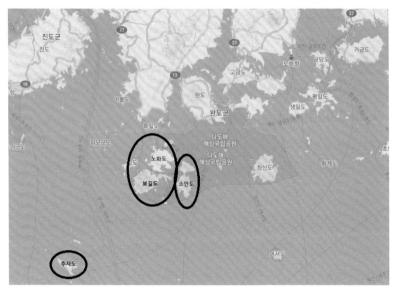

〈완도군 지도〉[6]

2. 서부 자생해녀 언어의 문법적 연구

완도군 서부지역 자생해녀 언어를 문법적으로 분석하기 위해 조사, 연결어미로 나누고 하위 층위에서 방언형과 표준어 형태가 공존하는 경우, 방언형만 나타나는 경우로 나누어 살펴보겠다.

---

6 이 지도는 카카오맵에서 가져와서 편집한 것이다.

2.1. 조사[7]

2.1.1. 방언형과 표준어 형태가 공존하는 경우

1) 처격조사 '에서'

처격은 어떤 일이 일어나는 범위뿐만 아니라, 어떤 행위가 그쪽으로 향해 가는 지향점을 가리키는 기능도 가지고 있다. 처격 조사 '에서'는 모든 방언에서 두루 쓰이며 전남 방언에서는 '이서'로도 나타난다.

(1) ㄱ. 해수욕장에서 이롱고 하다 봉께로 /
　　　　우리집서 신랑집으로 까메 타고 왔지라.[보길도]
　　ㄴ. 옛날에 다 시골에서 농사 짓고 / 집이서는 잔치하고[소안도]
　　ㄷ. 이 동네에서 결혼해서 살어요. / 집이서 밥을 쩌.[추자도]

처격 조사 '에서'는 보길도, 소안도, 추자도에서 모두 나타나는데 장소 명사 '집' 뒤에서만 방언형인 '이서'나 '서'로 나타나므로 세 지역 채록 자료에서 그 예를 확인해 보았다. 보길도 해녀의 경우 장소 명사 뒤에서 모두 '에서'가 사용되었는데 장소 명사 '집' 뒤에서는 100% '서'로 나타났다.[8] 소안도 해녀의 경우에는 처격 조사 '에서'가 50회 나타나는데 장소 명사 '집' 뒤에서 '에서'는 56%, '서'는 33%, '이서'는 11% 비율로 나타났다. 추자도 해녀의 경우에는 처격 조사 '에서'가 42회 나타났으며 장소 명사 '집' 뒤에서 '에서'는 70%, '이서'는 30% 비율로 실현되었다. 소안도에서는 처격 조사가 '에서>서>이서' 순으로 실현되고, 추자도에서는 '에서>이서'로

7　조사 중에서 주격 조사 '이/가', 목적격 조사 '을/를', 여격 조사 '한테', 공동격 조사 '하고', 접속 조사 '이랑'은 표준어와 차이가 없어서 본 연구에서는 제외하였다.
8　표준어 구어에서 '에서'의 '에'가 생략된 '서'가 홀로 쓰이는 경우가 많은데 보길도 해녀도 '이서'의 '이'가 생략된 '서'가 단독으로 쓰이고 있다.

실현되고 있어서 소안도와 추자도에서는 표준어 형태인 처격 조사 '에서'
의 실현 비율이 높은 것을 알 수 있다. 그런데 보길도의 경우에는 장소 명
사 뒤에서는 표준어 형태인 '에서'가 실현되는데 장소 명사 '집' 뒤에서는
모두 '서'로 실현되고 있어서 두 지역과 차이를 보이고 있다.

  2) 도구격 조사 '으로'
  도구격 조사 '으로'는 수단이나 재료를 나타내며 모든 방언에서 쓰인다.
전남 방언에서는 '이로'로도 실현된다.[9]

  (2) ㄱ. 손으로 뜯지요. / 옛날에는 손이로 하다가 [보길도]
     ㄴ. 송견으로 해갖고 밀이라고 있어.[10][소안도]
     ㄷ. 박으로 해갖고 둘박을 만들었어. / 돈이로 줬어요.[추자도]

  보길도, 소안도, 추자도에서 모두 도구격 조사 '으로'가 나타났으며 보
길도와 추자도에서는 방언형인 '이로' 용례가 나타났다.[11] 보길도 해녀의
경우 도구격 조사 '으로'는 57%, '이로'는 43%로 실현되었다. 소안도 해녀
는 모두 '으로'로 실현되었고 35회 나타났다. 추자도 해녀는 도구격 조사
'으로'는 89%, '이로'는 11%로 나타났다. 보길도는 도구격 조사가 '으로)이
로'로 실현되고 추자도는 '으로)이로'로 실현되고 있다. 소안도는 100%
'으로'로 실현되고 있어서 세 지역에서 도구격 조사의 실현 양상이 표준어

---

  9 신안군 가거도 해녀의 경우에도 도구격 조사 '이로'를 사용하였다.
 10 해녀들이 물질할 때 귀에 물이 들어가는 것을 방지하기 위해 보통 껌을 사용하는
    데 소안도 해녀들은 주로 송진을 사용하며 껌을 사용하는 경우에는 쑥을 섞어서
    사용한다고 한다.
 11 처격 조사 '으로'는 세 지역에서 모두 '으로'로 실현되고 '이로'로는 실현되지 않았
    다. 그런데 도구격 조사 '으로'는 '이로'로 실현되고 있어서 해녀들이 두 조사를 구
    분하여 사용하고 있음을 알 수 있다.

형태인 '으로'로 굳어지고 있는 것을 알 수 있다. 그런데 보길도의 경우에 방언형인 '이로'도 43%로 실현되고 있어서 다른 지역과 달리 표준어 형태와 방언형이 공존하는 것을 알 수 있다.

3) 보조사 '마다'

'마다'는 체언과 결합하는데 ≪표준국어대사전≫에서는 '낱낱이 모두' 또는 '앞말이 가리키는 시기에 한 번씩'이라고 제시하였다. 전남 방언에서는 '마다, 마닥, 마당, 마도, 마독, 마동, 마지'로 나타난다.[12]

(3) ㄱ. 사람마닥 다 달부제.[전남][13]

　　ㄴ. 우리가 갈 때마다 돈으로 했어요.[소안도]

　　ㄷ. 물때마다 인자 다음 물때는 또 그렇게 하고 / 사람마당 다 다러.[추자도]

소안도와 추자도에서 보조사 '마다'가 나타나는데 '앞말이 가리키는 시기에 한 번씩'의 뜻으로 사용되었다. 보길도 채록 자료에서는 나타나지 않았다. 추자도 해녀의 경우에 방언형인 '마당'을 사용하였는데 '낱낱이 모두'를 뜻한다. 추자도 채록 자료에서 '마다'는 33%, '마당' 67%로 나타났다. 소안도 해녀는 표준어 형태인 '마다'만을 사용하였으나 추자도 해녀는 '마당>마다'로 실현되고 있어 방언형이 더 우세한 것을 알 수 있다.

4) 보조사 '부터'

보조사 '부터'는 어떤 일이나 상태 따위에 관련된 범위의 시작임을 나

---

12 이러한 변이형은 받침에 'ㄱ'이나 'ㅇ'이 첨가되어 분화되었음을 알 수 있다.
13 [전남]으로 표시된 예문은 이기갑(2003) ≪국어방언문법≫에서 가져온 것이다.

타내는데 전남 방언에서는 받침에 'ㅁ'이 첨가된 '부텀'이 나타난다.

(4) ㄱ. 조상 때부터 물려 받은 거죠.[소안도]

ㄴ. 그때부터 인자 일하고 / 고등학교부텀은 제주로 가든가[추자도]

소안도와 추자도에서 보조사 '부터'가 나타나는데 보길도 채록 자료에서는 나타나지 않았다. 추자도 해녀는 방언형인 '부텀'을 사용하였는데 '부터'는 68%, '부텀'은 32% 비율로 나타났다. 소안도 해녀는 표준어 형태인 '부터'만을 사용하였지만 추자도 해녀는 '부터>부텀'으로 실현되고 있어 표준어 형태가 더 우세한 것을 알 수 있다.

2.1.2. 방언형만 나타나는 경우

1) 관형격 조사 '의'

관형격 조사는 체언과 체언을 연결한다. 표준어에서는 '의'로 실현되지만 전남 방언에서는 '에, 으, 우'로 나타난다.

(5) ㄱ. 벼룩에 간 / 남우 집[전남]

ㄴ. 동민에 날도 하고 그러는디 / 젊어서 놈우 바닥에 가문은 [소안도]

ㄷ. 놈우 빚 갚을라고[추자도]

(5ㄱ)처럼 전남 방언에서 관형격 조사는 보통 '에, 우'로 실현되는데 소안도에서는 '에, 우'로 실현되고 있다. 추자도에서는 '우'로 실현된 예만 나타났다. 전남 방언에서 관형격 조사 '우'는 남을 의미하는 '놈'과 결합할 때 실현되는데 두 지역 해녀들은 '놈' 뒤에서 '우'가 나타났다. 보길도 해녀는 채록한 자료에는 없었지만 관형격 조사 '에, 우'가 존재할 것이다.

2) 처격 조사 '에가'

처격은 어떤 일이 일어나는 범위뿐만 아니라, 어떤 행위가 그쪽으로 향해 가는 지향점을 가리키는 기능도 가지고 있다. 조사 '에가'는 표준어의 '에' 또는 '에서'에 해당하는 조사로 전남 방언에서 나타난다.

(6) ㄱ. 어디에가 있냐?/ 광주가 있다.[전남]
    ㄴ. 농협에가 생에 있었어요. / 우리 도련님은 서울가 사시고[소안도]
    ㄷ. 그 부근에가 인자 소라가 있어.[추자도]

(6ㄱ)처럼 전남 방언에서 처격 조사 '에가'나 '가'가 나타나는데 소안도와 추자도에서는 처격 조사 '에가'가 나타났다. 소안도 해녀의 경우 처격 조사 '에가'에서 '에'가 생략된 '가'도 나타났다. 보길도 해녀 채록 자료에서는 처격 조사 '에가'가 나타나지 않았다.

3) 비교격 조사 '처럼', '만큼'

정도나 우열의 비교에 쓰이나 그 다름이 아니라 같음을 나타내는 비교격 조사로 '처럼'과 '만큼'이 있다. 이기갑(2003:91-98)에서 전남 방언의 '처럼'은 '처럼'과 기원을 같이하는 것과 '만' 계열이 있다고 한다.[14] 본 연구의 채록 자료에서는 '처럼'과 기원을 같이하는 방언형이 나타나는데 '치로, 칠로, 철로' 등이 있다.[15] '만큼'은 '만큼, 만치, 만침'으로 나타난다.

(7) ㄱ. 진도 사람들치로 멋은 없었어라. / 사람 산 것마니 살등만 / 여그만치

---

14 '만' 계열은 대표적으로 '마니, 맹기, 맹키, 마냥, 만치로' 등이 있다.
15 '처럼'은 '톄로>텨로>쳐로>쳐롬>처럼'의 변화를 거친 것 같다. 방언형 '철로'는 '톄로>텨로>쳐로>처로>철로'의 변화에서 나온 것이고 '치로, 칠로'는 '톄로>텨로>쳐로>처로>치로>칠로'의 변화에서 나온 것이다.

좋은 디도 없어.[전남]

ㄴ. 욱에다가 인자 저구리치로 물옷이라고 그랬어.[추자도]

ㄷ. 물겡이 그만치 옛날하곤 틀려요.[소안도]

(7ㄱ)의 전남 방언에서 '처럼'과 기원을 같이하는 '치로'와 '만' 계열 '마니'가 나타나지만 채록 자료에서는 '처럼'과 기원을 같이하는 예만 나타난다. 추자도 해녀는 방언형인 '치로'를 사용하였다. (7ㄱ)의 전남 방언에서 '만큼'은 '만치'로 나타나지만 채록 자료에서는 방언형만 나타난다. 소안도 해녀는 '만치'가 나타났다. 채록 자료를 토대로 추측해 보면 비교격 조사 '처럼', '만큼'은 방언형이 우세한 것을 알 수 있다.

2.2. 연결어미

2.2.1. 방언형과 표준어 형태가 공존하는 경우

1) '-으니까'[16]

'이유'를 나타내기도 하며 때에 따라 '상황'을 뜻하기도 한다. 전남 방언에서는 보통 '-응께'로 실현되며 '-으니께(로), 응게(로)'로도 나타난다.

(8) ㄱ. 진작부터 말허니께 안 듣고 / 내가 강께로 다들 모였등만.[전남]

ㄴ. 사람 죽었응께 갖다 묻어불문 돼라. / 지금 안 항께 모르겄소.[보길도]

ㄷ. 돈 없응께 못 찾아 묵제. / 지금은 다 합쳐서 지내니께[소안도]

ㄹ. 못 자석이니까 제사도 있죠. / 수영을 자연적으로 했응께[추자도]

---

16 이기갑(2003:387)에서 '으니까'의 '까'는 방언에 따라 '께', '꺼', '끼'로 실현되는데 '께'는 서북 방언, 충청 지역어, 서남 방언, 동남 방언에서 확인되고 '꺼'는 서북 방언, 강원도 지역어, 육진 방언에서 나타나며 '끼'는 서북 방언에서 보인다고 한다.

연결어미 '-으니까'는 소안도와 추자도에서는 방언형과 표준어 형태가 모두 나타나고 보길도는 방언형만 나타났다. 보길도 해녀는 방언형인 '-응께'만 사용하였고 소안도 해녀는 표준어 형태인 '-으니까'는 28%, 방언형인 '-응께'는 72% 비율로 나타났다. 추자도 해녀는 '-으니까'는 62%, '-응께'는 38% 비율로 나타났다. 보길도 해녀는 '-응께'만 사용하고 소안도 해녀는 '-응께〉-으니까'로 실현되고 있어서 두 지역은 방언형이 더 우세한 것을 알 수 있다. 그런데 추자도 해녀는 '-으니까〉-응께'로 실현되고 있어서 표준어 형태가 더 우세한 것을 알 수 있다. 연결어미 '-으니까'는 보통 전남방언에서 '-응께'로 실현되는 비율은 높은데 추자도 해녀의 경우에는 아마도 추자도가 두 지역에 비해 많은 관광객이 찾아오고 방송 매체의 영향을 받아서 표준어 형태인 '-으니까'를 더 많이 사용하는 것 같다.

2) '-으면'

조건이나 가정의 뜻을 나타내는 어미이다. 방언에 따른 의미 차이는 없는데 전남 방언에서는 '-으면'으로 실현된다.[17]

(9) ㄱ. 니가 가먼 쓰것다.[전남]

　　ㄴ. 노물은 한 서너가지껏 하문 돼요.[보길도]

　　ㄷ. 빚 갚아야지 안 갚으문 되겠소.[소안도]

　　ㄹ. 시집 가문은 양동우라고 해서 / 한 번 들어가면 5시간, 6시간도 작업을 하고[추자도]

연결어미 '-으면'은 보길도, 소안도, 추자도에서 '하문, 갚으문, 가문'처

---

17 ≪한국방언자료집 전라남도편≫의 완도군 자료를 보면 '잡으면, 물면, 알면, 깜으면, 없으면, 더러먼, 모르먼, 흐르먼, 드물먼, 부드러먼'처럼 모두 '-으면'으로 실현되는 것을 알 수 있다.

럼 '-으문'으로 나타나고 있어서[18] (9ㄱ)의 전남 방언에서 나타나는 '-으면'
과 차이가 있다. 보길도와 소안도는 방언형인 '-으문'만 나타났고 추자도
는 표준어 형태인 '-으면'도 나타나는데 그 비율은 10% 정도이고 90%는
'-으문'으로 실현되었다. 보길도와 소안도는 '-으문'만 사용하고 추자도는
'-으문〉-으면'으로 방언형인 '-으문'을 더 많이 사용하였다. 이는 전남 방
언 '-으면'과 차이가 있는데 채록 자료를 토대로 추측해 보면 연결어미 '-
으면'은 '-으면'에서 '-으문'으로 바뀌었으며 '-으문'이 더 보편화되고 있음
을 확인할 수 있다.

2.2.2. 방언형만 나타나는 경우

1) '-으면서'

'-으면서'는 둘 이상의 사실을 겸하고 있음을 나타내거나 둘 이상의 사
실이 서로 상반되는 관계에 있음을 나타내는 어미이다. 모든 방언에서 공
통으로 나타나며 전남 방언에서는 '-음서, -음선, -음성, -음스로, -음스러,
-음시로, -음시롱'으로 나타난다.[19]

(10) ㄱ. 갈침서 배우제.[전남]

　　　ㄴ. 모도 하는 거 보고 따러 댕기문서 하기도 하고[추자도]

연결어미 '-으면서'는 전남 방언에서 다양한 변이 형태로 나타나는데
(10ㄱ)에서 '갈침서'처럼 '-음서'로 실현된다.[20] (10ㄴ)에서 추자도 해녀는

18　연결어미 '-으문'은 중부 방언과 동북 방언에서 나타나며 김경표(2021)의 신안군
　　해녀의 경우에도 '-으문'이 나타난다.

19　가거도 해녀는 '-음스로', 비리 해녀는 '-문서'를 사용하였다.

20　이는 '-으면서〉-으먼서〉-음서'의 변화에서 온 것이며 이 때의 '서'는 탈락되지 않

'댕기문서'를 사용하고 있는데 전남 방언과 달리 '-문서'로 실현되었다. 이는 연결어미 '-으면'이 전남 방언에서 보통 '-으문'으로 실현되는 것에 영향을 받은 것 같다. 보길도와 소안도 채록 자료에서는 나타나지 않았다.

2) '-으려고'

어떤 행위의 의도를 나타내거나 곧 일어날 움직임을 나타내는 어미이다. 전남 방언에서는 '-을라고'로 실현된다.

(11) ㄱ. 멋 헐라고 인자 오냐?[전남]

ㄴ. 따러 묵을라고 따로 오고 그래요 / 반찬할라고 어디든지 갔어.[소안도]

ㄷ. 놈우 빚 갚을라고 / 힘들고 못 이기고 그라니까 안 할라고 해.[추자도]

전남 방언에서 연결어미 '-으려고'는 (11ㄱ)처럼 '-을라고'로 실현된다. 소안도와 추자도에서도 '묵을라고, 반찬할라고, 갚을라고, 할라고'처럼 나타나고 있는데 받침이 있는 경우에는 '-을라고', 받침이 없는 경우에는 '-ㄹ라고'로 실현된다. 채록 자료를 통해 두 지역 해녀들의 연결어미 '-으려고' 사용 양상은 전남 방언과 차이가 없었다. 보길도 채록 자료에는 나타나지 않았다.

3) '-지'

연결어미 '-지'는 이어지는 두 절의 내용이 대립하는 경우에 쓰이며 이미 알고 있는 사실을 서술하거나 물음, 명령, 요청을 나타내며 문장을 끝맺는 어미로도 쓰인다. 전남 방언에서는 '-제'로 실현된다.[21]

는다고 한다(이기갑 2003:356).

21 중부 방언에서는 '-지'와 '-제'로 나타나고 동남 방언에서는 '-제'로 나타나며 제주 방언에서는 '-주'로 나타난다.

(12) ㄱ. 즈그가 했제 내가 했가니? / 일은 다 했제?[전남]

　　ㄴ. 옛날에 입었던 옷이 아는 것이제 알겄소. / 엄마랑 같이 왔제.[보길도]

　　ㄷ. 농사 짓고 그런 거 했겄제 뭣 했겄어. / 그것이 생게가 됐제.[소안도]

　　ㄹ. 미역국만 끓여 먹었제. / 평상 때는 보리만 먹었제.[추자도]

전남 방언에서 연결어미 '-지'는 '-제'로 나타나는데 (12ㄱ)처럼 연결어미로 쓰이기도 하고 '일은 다 했제?'처럼 종결어미로도 쓰인다. 연결어미 '-제'는 보길도에서는 5%, 소안도에서는 17%, 추자도에서는 6%로 실현되었다. 그리고 '같이 왔제, 생게가 됐제, 보리만 먹었제'처럼 종결어미로도 사용되는데 보길도는 95%, 소안도는 83%, 추자도는 94%로 실현되었다. 세 지역 채록 자료에서 '-제'는 보통 종결어미로 실현되는 것을 알 수 있다.

3. 서부 자생해녀 언어의 음운론적 연구

완도군 서부지역 해녀 언어의 음운론적 특징을 모음의 완전순행동화, 활음화를 중심으로 살피고 완도 방언과 비교하고자 한다.[22]

3.1. 모음의 완전순행동화

모음의 완전순행동화는 '이, 에' 말음 어간이나 'ㅎ, ㆆ' 말음 어간이 모음으로 시작하는 어미와 결합할 때 후행하는 어미의 모음이 어간말음절의 모음과 같아지는 것이다. 채록 자료에서 2음절 어간을 살펴보자.[23]

---

22 채록 자료에 해녀 언어의 음운론적 특징을 밝힐 수 있는 자료가 많지 않아 모음의 완전순행동화, 활음화를 중심으로 논의를 진행한다.

23 채록 자료에서 1음절 어간의 예는 나타나지 않아서 2음절 어간을 중심으로 논의

(13) ㄱ. 남자 집서 여자를 데려 간다고 / 밥 한상 차려 놔요.[보길도]

　　ㄴ. 망사리에다 갖고 댕겨요. / 조락에다 해갖고 땡게놓고[24] / 술 한 잔

　　　　따라놓고 내려오더만이라.[소안도]

　　ㄷ. 그런 거 갖고 댕겨 / 둘박에 헝서리다 차고 댕게요.[25] / 둘박이 떠내

　　　　려 가버리니깨[추자도]

　　ㄹ. 댕겨서, 모지레서[완도][26]

　　ㅁ. 땡게서, 내레라, 드셌다, 비베서, 다체서, 지달려라[완도읍][27]

　(13)에서 보길도 해녀의 경우 ‘/차리-+어/→/차려/→[차례](차라-, 備)’에
서 보듯이 활음화 이후에 ‘이+어→여’형이 나타나는데 100%로 실현되었다.
그런데 소안도와 추자도 해녀의 경우에는 ‘/댕기-+어/→/댕겨/→[댕계]/
[댕게](댕기-, 行)’에서 보듯이 활음화 이후에 실현되는 ‘이+어→여’형과 ‘여
→에’ 축약 이후에 실현되는 ‘이+어→에’형이 공존하고 있다. 소안도는 ‘이
+어→여’형은 53%, ‘이+어→에’형은 47%로 비슷하게 실현되었다. 추자도
는 ‘이+어→여’형은 70%, ‘이+어→에’형은 30%로 실현되어 ‘이+어→여’형
실현 비율이 높은 것을 알 수 있다. (13 ㄹ)은 김경표(2013)의 자료로, 조사
지점이 다른 완도 방언으로 자료가 많지 않지만 ‘이+어→여’형과 ‘이+어→
에’형이 공존하고 있다. (13 ㅁ)은 한국정신문화연구원(1991)의 자료로, ‘이

　를 진행한다.

24 조락은 허리에 차는 작은 주머니로, 물속에서 채취물을 가지고 나올 때 사용한다.

25 둘박은 해녀들이 작업할 때 바다에 가지고 가서 타는 물건으로 ‘테왁’이라고 하며
흑산도에서는 ‘두름박’이라고 한다. 헝서리는 해녀가 채취한 해물을 담아 두는 그
물로, 제주도는 ‘망사리’라고 하고 흑산도에서는 ‘멍서리, 홍수레’라고도 한다.

26 이 자료는 김경표(2013)에서 완도군 자료만 추출한 것으로, 조사 지역은 완도군
고금면, 청산면, 금일읍이며 이후 자료도 동일하다.

27 이 자료는 한국정신문화연구원(1991)에서 완도군 완도읍을 조사한 자료만 추출한
것이다. 전남 방언에서는 ‘ㅐ’와 ‘ㅔ’의 구별이 없어져서 음성기호 ‘E’로 표기한다.
본고에서는 편의상 ‘ㅔ’로 표기한다.

+어→에'형이 더 많은 것을 알 수 있다. (13 ㄹ,ㅁ) 자료를 통해 완도 방언은 '이+어→여'형도 있지만 '이+어→에'형이 더 일반적인 것을 알 수 있다. 서부 자생해녀의 경우에 보길도 해녀는 '이+어→여'형만 나타났고 소안도와 추자도 해녀는 두 형태가 공존하고 있다. 완도 방언 자료와 비교해 보면 서부 자생해녀는 '이+어→여'형이 더 보편화되고 있음을 추정할 수 있다.

3.2. 활음화

활음화는 어간 말음이 모음인 경우, 모음으로 시작하는 어미와 결합할 때 모음충돌을 회피하기 위해 일어나는 음운현상으로 w-활음화와 y-활음화가 있다.

3.2.1. w-활음화

w-활음화는 어간말음절의 모음 '오, 우'가 어미초 '아'나 '어'와 결합할 때 활음 'w'가 되는 음운현상이다. 먼저 어간말음절의 모음이 '오'인 경우를 살펴보자.

(14) ㄱ. 여가 와서 컸어요./ 잔치는 했다고 바:야지요.[보길도]

　　ㄴ. 숨 가쁘게 나와서 / 청년들이 여름 해수욕장 바:갖고[소안도]

　　ㄷ. 인자 나와서 불 째고 또 들어가고 / 사고 날까 바:서[추자도]

　　ㄹ. 와서, 바:서[완도]

　　ㅁ. 와서, 왔다, 바:서, 봤:대[완도읍]

(14)에서 세 지역 해녀 모두 w-활음화가 일어났는데 보길도는 67%, 소안도는 97%, 추자도는 73%로 실현되었다. 그리고 세 지역 모두 '보-(看)' 용언

은 활음화 이후 활음 'w'가 탈락하였는데 보길도는 33%, 소안도는 3%, 추자도는 27%로 실현되었다. (14 ㄹ,ㅁ)의 완도 방언에서 w-활음화가 일어났고 '보-(看)' 용언에서는 활음화 이후에 활음 'w'가 탈락하였다. 서부 자생해녀는 완도 방언처럼 활음화가 일어난 경우와 활음화 후에 활음 'w' 탈락이 일어난 경우가 공존하고 있는데 w-활음화가 일어나는 경우가 더 우세했다.

(15) ㄱ. 돈 얼마썩 나눠주고 그랬어요.[소안도]

ㄴ. 갯갓에 가서 이렇게 모욕하고 그렇게 배워요. / 전에는 반으로 나나서 했거든/ 인자 해가 바꿔지면은[추자도]

ㄷ. 키워서, 키와서, 가둬서, 가더서[완도]

ㄹ. 바꿔, 싸왔다, 배워라, 가꽈라, 가다라[완도읍]

(15)는 어간말음절의 모음이 '우'인 어간으로, 활음화가 일어났는데 소안도는 100%, 추자도는 60%로 실현되었다. 추자도 해녀의 경우에 '나나서'처럼 어간말음절에 초성이 있으면 활음화가 일어나고 그 후에 활음 'w'가 탈락한 경우도 나타나는데 40% 비율로 실현되었다. (15 ㄷ,ㄹ)에서 완도 방언은 활음화가 일어난 형태가 더 일반적이고 활음화 후에 활음 'w'가 탈락한 형태도 나타난다. 서부 자생해녀의 경우에 두 형태가 공존하겠지만 활음화만 일어나는 형태가 더 일반화될 것 같다.[28]

3.2.2. y-활음화

y-활음화는 어간말음절의 모음 '이'가 모음으로 시작하는 어미와 결합

---

[28] 신안군 해녀의 경우에는 활음화 후에 활음 'w'가 탈락한 형태가 일반적이어서 차이가 난다.

할 때 활음 'y'가 되는 음운현상이다.

(16) ㄱ. 장갑 쪄요. / 밥 한상 차려 놔요.[보길도]

ㄴ. 고무장갑 쪄야 되고 / 개 못 댕겨라. / 조락에다 해갖고 땡게놓고[소
안도]

ㄷ. 미연 장갑 그거 쪄요. / 호멩이도 안 갖고 댕겨 / 둘박에다 차고 댕
게[추자도]

ㄹ. 쪄서, 댕겨서, 데려서, 비벼서, 비베서, 이게서[완도]

ㅁ. 쪄서, 땡게서, 내레라, 드셌다, 비베서, 지달려라[완도읍]

(16)에서 보길도, 소안도, 추자도 해녀 모두 y-활음화가 일어났다. (16
ㄱ,ㄴ,ㄷ)에서 '쪄요, 쪄야'는 '끼-(揷)' 어간에 ㄱ-구개음화가 일어난 '찌-'
에 모음으로 시작하는 어미가 결합하여 y-활음화가 일어난 것이다. 보길
도 해녀는 활음화 이후에 '이+어→여'형이 100%로 나타났지만 소안도와
추자도 해녀는 활음화 이후에 '이+어→여'형뿐만 아니라 '이+어→에'형도
나타났다. 소안도는 '이+어→여'형은 53%, '이+어→에'형은 47%로 실현되
었고 추자도는 '이+어→여'형은 70%, '이+어→에'형은 30%로 실현되었다.
(16ㄹ)을 보면 '이+어→여'형과 '이+어→에'형이 공존하고 있지만 '이+어
→여'형이 더 일반적인 것 같다. (16ㅁ)을 보면 두 형태가 공존하고 있지만
'이+어→에'형이 더 일반적인 것 같다. (16ㄹ)은 2013년 자료이고 (16ㅁ)
은 1991년 자료로, 완도 방언의 y-활음화는 활음화 이후에 '이+어→여'형
이 더 일반화될 것 같다. 보길도 해녀는 완도 방언과 같은 모습을 보이나
소안도와 추자도 해녀는 두 형태가 공존하고 있지만 완도 방언처럼 활음
화 이후에 '이+어→여'형이 더 일반화될 것 같다.[29]

---

29 신안군 해녀의 경우에도 y-활음화는 '이+어→여'형이 더 일반적이었다.

4. 서부 자생해녀 언어의 어휘 연구

완도군 서부지역 자생해녀 언어의 어휘적 특징을 해녀 명칭, 바다 환경, 작업 도구 등으로 나누어 살피고 제주도 해녀 어휘와 비교한다.

4.1. 해녀 명칭

해녀 명칭은 해녀의 능력과 기량에 따라 분류하는데 서부 자생해녀 명칭은 다음과 같다.

(17) ㄱ. 해녀 이름, 아무개 / 상군, 똥군[보길도]
　　　ㄴ. 해녀 / 영자[소안도]
　　　ㄷ. 해녀, 아무개 엄마 / 머구리, 반가[추자도]
　　　ㄹ. 해녀, 줌녀 / 상군, 중군, 하군[제주도][30]

(17)에서 서부지역 해녀들은 제주도 해녀와 달리 해녀를 부를 때 '해녀'라고만 불렀다. 그런데 보길도 해녀는 해녀의 이름을 부르기도 하고 추자도 해녀는 아이의 엄마라고 부르기도 하였다. (17ㄹ)에서 제주도 해녀는 물질의 능력과 기량에 따라 그 명칭을 상군, 중군, 하군으로 분류하고 있는데 서부 자생해녀들은 명칭 구분이 덜 세분화되었다.[31] 보길도 해녀는 제주도 해녀의 영향을 받아서 그런지 '상군, 똥군'을 사용하였는데 '똥군'은 물질을 갓 배운 서툰 해녀를 이르는 말이다.[32] 소안도 해녀는 상군을

30　양희주(2015)에서 가져온 자료이다.
31　신안군 해녀는 상군에 대장해녀, 상무레꾼, 중군에 보통해녀, 하군에 하빠리라고
　　하였다.
32　제주어 사전(2009)에는 하군으로 '깍줌녜, 돌파리, 블락줌녜, 족은줌녜, 핫바리'

'영자'라고 했는데 그 뜻을 알기는 어렵다. 추자도 해녀는 상군을 '머구리'라고 했는데 헬멧을 쓰고 산소 호스와 연결되어 오랫동안 작업하는 잠수부를 생각하며 상군으로 여기는 것 같다. 반면에 하군을 '반가'라고 했는데[33] 그 어원을 알기 어렵다.

4.2. 바다 환경

해녀들이 작업하는 바다는 재료와 공간으로 분류할 수 있다.

(18) ㄱ. 모래바다[보길도]

ㄴ. 모살바다, 자갈바다(머들) / 고래여, 웅퉁개[소안도]

ㄷ. 뗀섬, 넌지[추자도]

ㄹ. 모살바당, 작지바당, 펄바당 / 엉덕, 여[제주도]

해녀들의 작업장인 바다는 그 환경이 다른데 '바위, 모래, 자갈, 펄 등의 재료에 따라 바다를 다르게 부르고 있다. 보길도 해녀는 물질하는 곳에 모래가 많아 '모래바다'라고 하였다. 소안도 해녀는 물질 장소에 모래는 별로 없고 자갈이 많아 '자갈바다'라고 하는데 자갈을 '짝지'라고도 하며 자갈이나 돌이 쌓인 곳을 '머들'이라고 하였다. 추자도는 작업하는 바다에 모래나 펄이 없고 바위가 많이 있어서 그곳을 '뗀섬'이라고 불렀고 바다의 바닥에 깔려 있는 돌을 '넌지'라고 하였다. 서부 자생해녀들이 작업하는 바다 명칭은 제주 해녀들과 다르지 않으며 '머들'이나 '넌지'는 제주 해녀의 영향을 받아 사용하는 어휘임을 알 수 있다. 공간과 관련된 어휘는 소

등이 있다.

33 '반가'를 본래의 값의 절반을 이르는 '반가(半價)'로 보면 이에 유추하여 물질 능력이 절반밖에 되지 않는 해녀를 '반가'라고 부르는 것 같다.

안도 해녀 자료에서 나타났는데 목섬에 가면 '고래여'가 있고 그 너머에
가면 '웅통개'가 있다고 한다.

4.3. 작업 도구

해녀들이 물질을 할 때 사용하는 작업 도구는 채집용 도구, 채취용 도
구, 보조 도구로 분류할 수 있다.

(19) ㄱ. 망아리 / 호무, 피창 / 두름박[보길도]
　　ㄴ. 망사리, 조락 / 깔꾸, 피창 / 두름박, 땃배[소안도]
　　ㄷ. 멍서리, 헝서리 / 까꾸리, 빈창 / 둘박[추자도]
　　ㄹ. 망사리, 홍사리 / 갈퀴, 빗창 / 테왁, 닷줄[제주도]

해녀들이 바다에서 채취한 해산물을 담아 넣는 그물을 제주도 해녀는
'망사리'라고 하는데 '망'은 한자어 '그물 망(網)'이고 '사리'는 실 따위를 동
그랗게 포개어 감은 뭉치를 뜻하는 것 같다. 서부 자생해녀는 '망아리, 망
사리, 멍서리'라고 부르는데 제주도와 차이가 없다. 추자도 해녀는 '헝서
리'라고도 하는데 제주도의 '홍사리'와 관련이 있다.[34] '조락'은 망사리보다
작고 옆구리에 차거나 목에 걸고 물에 들어가며 해삼을 넣는다고 한다.[35]
채취용 도구로 해조류를 건져 올릴 때나 문어를 잡을 때 사용하는 갈고리
를 제주도 해녀는 '갈퀴, 호멩이, 까구리'라고 한다. 서부 자생해녀는 '호
무, 깔꾸, 까꾸리'라고 하였다. 전복을 따는 도구를 제주 해녀는 '빗창, 비

---

34 추자도 자료에서만 '헝서리'라는 어휘가 나타나는데 이는 제주도와 가까워서 그렇
다고 생각할 수 있으나 신안군 해도 '헝서리, 홍사리'라고 말하므로 해산물 채취
용 그물은 제주도 해녀의 어휘를 그대로 사용하고 있다고 볼 수 있다.
35 해삼을 다른 해산물과 같이 넣으면 해삼이 상하기 때문에 조락에 넣는다고 한다.

창'이라고 하는데 '빗'은 제주도 신앙에서는 '전복'을 의미하므로 '전복을 따는 창(槍)'이라 볼 수 있다. 서부 자생해녀는 '피창, 빈창'이라고 하는데 제주 해녀의 영향을 받은 것 같다. 보조 도구로 해녀들이 수면 위에서 몸을 의지하거나 헤엄칠 수 있도록 만든 것을 '테왁'이라고 하는데 서부 자생해녀는 제주 해녀와 달리 '두룸박, 둘박'이라고 하였다. 망사리와 닻돌을 연결하는 줄을 '닻줄'이라고 하는데 소안도 해녀는 제주 해녀와 달리 '땃배'라고 하였다.

5. 결론

완도군 서부지역 자생해녀의 언어적 특징을 밝히기 위해 해녀들을 심층 면담한 후 채록하여 해녀 언어를 문법적, 음운론적, 어휘적으로 분석하였다.

해녀 언어를 문법적으로 분석하였는데 조사에서 방언형과 표준어 형태가 공존하는 경우에는 처격 조사 '에서', 도구격 조사 '으로', 보조사 '마다', '부터'가 있었다. 처격 조사 '에서'는 세 지역에서 표준어 형태인 '에서'로 실현되는 경향이 높았으며 방언형인 '이서'나 '서'는 장소 명사 '집' 뒤에서 실현되는데 그 비율이 높지 않았다. 도구격 조사 '으로'는 세 지역에서 표준어 형태인 '으로'로 실현되는 경향이 강하였고 방언형인 '이로'로 실현되는 비율은 높지 않았다. 보조사 '마다'는 소안도 해녀는 표준어 형태인 '마다'만을 사용하였으나 추자도 해녀는 두 형태를 다 사용하였는데 방언형 '마당'이 더 우세하였다. 보조사 '부터'는 소안도 해녀는 표준어 형태인 '부터'만을 사용하였지만 추자도 해녀는 두 형태를 다 사용하는데 표준어 형태가 더 우세하였다. 방언형만 나타나는 경우에는 관형격 조사 '의', 처격 조사 '에가', 비교격 조사 '처럼', '만큼'이 있었다. 관형격 조사

'의'는 전남 방언에서 '에, 으, 우'로 실현되는데 소안도 해녀는 '에, 우'를 사용하였고 추자도 해녀는 '우'를 사용하였다. 관형격 조사 '우'는 남을 의미하는 '놈'과 결합할 때 실현되었다. 처격 조사 '에가'는 전남 방언에서 '에가'나 '가'로 나타나는데 소안도와 추자도 해녀는 '에가'를 사용하였다. 소안도 해녀는 '가'도 사용하였다. 비교격 조사 '처럼', '만큼'은 추자도 해녀는 '치로'를, 소안도 해녀는 '만치'를 사용하였다.

연결어미에서 방언형과 표준어 형태가 공존하는 경우에는 '-으니까', '-으면'이 있었다. 연결어미 '-으니까'는 보길도와 소안도 해녀는 방언형인 '-응께'가 우세한 반면 추자도 해녀는 표준어 형태인 '으니까'가 더 우세하였다. 연결어미 '-으면'은 전남 방언 '-으먼'과 달리 세 지역에서 방언형인 '-으문'으로 실현되었다. 추자도 해녀는 표준형인 '-으면'도 사용하였는데 그 비율은 높지 않았다. 방언형만 나타나는 경우에는 '-으면서', '-으려고', '-지'가 있었다. 연결어미 '-으면서'는 전남 방언과 달리 추자도 해녀는 '-문서'를 사용하였다. 연결어미 '-으려고'는 소안도와 추자도 해녀는 '-을라고'를 사용하였다. 연결어미 '-지'는 세 지역에서 모두 '-제'로 나타났는데 종결어미로도 쓰였다. 세 지역 채록 자료에서 종결어미 '-제'가 더 많이 나타났다.

해녀 언어를 음운론적으로 분석하였는데 완도 방언과 다르지 않았다. 모음의 완전순행동화는 2음절 어간의 경우에 보길도 해녀는 '이+어→여' 형만 나타났지만 소안도와 추자도 해녀는 '이+어→여'형과 '이+어→에'형이 공존하고 있었다. 완도 방언 자료와 비교해 보면 서부 해녀는 '이+어→여'형이 더 보편화되고 있음을 추정할 수 있다. w-활음화는 세 지역에서 나타나는데 어간말음절의 모음이 '오'인 경우에 활음화가 일어난 경우와 활음화 후에 활음 'w' 탈락한 경우가 공존하고 있다. 어간말음절이 '우'인 경우는 두 형태가 공존하겠지만 활음화만 일어나는 형태가 더 일반적이었다. y-활음화는 세 지역에서 나타나는데 보길도 해녀는 활음화 이후에 '이'

+어→여'형만 나타났지만 소안도와 추자도 해녀는 활음화 이후에 '이+어 →여'형뿐만 아니라 '이+어→에'형도 나타났다. 서부 자생해녀는 완도 방 언처럼 활음화 이후에 '이+어→여'형이 더 일반화될 것 같다.

해녀 언어를 어휘적으로 분석하였는데 서부 자생해녀들은 '해녀'라고만 불렀고 제주 해녀와 달리 상군은 '영자, 머구리', 하군은 '반가'라고 하였 다. 바다 환경과 관련하여 보길도는 '모래바다', 소안도는 '자갈바다', 추자 도는 '뗀섬'에서 물질 작업을 하며 '머들'이나 '넌지'처럼 제주 해녀의 영향 을 받은 어휘들도 사용하였다. 바다 공간과 관련하여 소안도 해녀 자료에 는 '고래여', '웅퉁개'가 나타났다. 작업 도구와 관련하여 서부 자생해녀들 은 바다에서 채취한 해산물을 담아 넣는 그물을 '망아리, 망사리, 멍서리, 헝서리'라고 불렀는데 제주도 해녀와 다르지 않았다. 채취용 도구를 '호무, 깔꾸, 까꾸리'라고 하고 전복을 따는 도구를 '피창, 빈창'이라고 하는데 제 주 해녀의 영향을 받은 것 같다. 보조 도구로 해녀들이 수면 위에서 몸을 의지하거나 헤엄칠 때 사용하는 것을 '두룸박, 둘박'이라고 하였는데 제주 해녀와 달랐다. 그리고 소안도 해녀는 망사리와 닻돌을 연결하는 줄을 '땃 배'라고 하였다.

본 연구에서는 완도군 서부지역 자생해녀의 언어를 문법적, 음운론적, 어휘적으로 분석하였으나 완도군 전체 해녀를 대상으로 연구를 하지 못하 였고 완도군에 정착한 제주해녀에 대한 연구도 진행하지 못하였다. 그러 나 완도군 서부 자생해녀의 언어를 문법적, 음운론적, 어휘적으로 분석한 것은 완도군 해녀 언어 연구의 초석을 다졌다는 데 의의가 있다. 차후에 완도군 해녀 전체를 대상으로 해녀 언어를 분석하는 동시에 주변 지역 방 언과 비교한다면 완도군 해녀 언어의 특징이 명확하게 드러날 것이다.

* 이 글은 2022년 11월 한국언어문학회에서 발간한
≪한국언어문학≫ 122집에 실린 것을 재수록한 것이다.

참고문헌

고광민(1992), 〈平日島 '무레꾼'(海女)들의 組織과 技術〉, ≪島嶼文化≫ 10, 목포
　　　대 도서문화연구원, 97-122면.
곽유석(1991), 〈청산도의 민속문화-생업도구를 중심으로〉, ≪도서문화≫ 9, 목포
　　　대 도서문화연구소, 125-248면.
국립무형유산원(2015), ≪서남해 해녀, 퉁소음악, 한지장≫, 국립무형유산원.
김경표(2013), 〈전남 도서 방언의 음운론적 대비 연구〉, 전남대 박사학위논문.
김경표(2021), 〈전남 신안군 해녀의 언어 연구〉, ≪한국언어문학≫ 116, 한국언어
　　　문학회. 5-31면.
문옥희·이아승(2013), ≪전남지역 해녀실태조사≫, 전남여성플라자.
박종오(2015), 〈서남해 해녀의 어로방식 변화 고찰〉, ≪島嶼文化≫ 46, 목포대 도
　　　서문화연구원, 119-146면.
송기태(2015), 〈서남해 무레꾼 전통의 변화와 지속〉, ≪실천민속학연구≫ 25, 실
　　　천민속학회, 207-245면.
양원홍(1998), 〈완도에 정착한 제주해녀의 생애사〉, 제주대 석사학위논문.
양희주(2015), 〈제주해녀 어휘 연구〉, 제주대 석사학위논문.
이기갑(2003), ≪국어방언문법≫, 태학사.
이경아(1997), 〈채취기술의 변화에 따른 어촌사회의 적응전략: 신지도 貝類 채취
　　　조직과 기술을 중심으로〉, 영남대 석사학위논문.
한국정신문화연구원(1991), ≪한국방언자료집 Ⅵ 전라남도편≫, 한국정신문화연
　　　구원.

표준국어대사전, https://stdict.korean.go.kr/main

▣ 김경표

전남대학교 대학원 문학석사
전남대학교 대학원 문학박사
전남대학교 한국어문학연구소 학술연구원

저서 및 논문:
『지역어문학 기반 국어학 연구의 도전과 성과』(공저, 2019)
『전남 신안군 해녀의 언어 연구』(2020)
『말의 자리』(공저, 2021)
「전남 신안군 해녀의 언어 연구」(2021)
「완도군 서부지역 자생해녀의 언어 연구」(2022)
「대방언권, 중방언권, 소방언권 사전 현황 및 기술 내용 분석」(2022)

전남 완도군 해녀의 삶과 언어

초판 1쇄 발행 2023년 05월 20일
초판 2쇄 발행 2023년 12월 15일

지은이   김경표
펴낸이   신학태
펴낸곳   도서출판 온샘

등 록   제2018-000042호
주 소   서울시 용산구 한강대로62다길 30, 트라이곤 204호
전 화   (02) 6338-1608   팩스 (02) 6455-1601
이메일   book1608@naver.com

ISBN   979-11-92062-21-1   93700
값 26,000원

ⓒ2023, Onsaem, Printed in Korea
* 잘못 만들어진 책은 구입하신 서점에서 교환해 드립니다.